日本語教育学入門

Introduction to Teaching Japanese as a Foreign Language

姫野伴子／小森和子／柳澤絵美 著

KENKYUSHA

まえがき

　本書は、これから日本語教育に携わっていきたいと考えている初学者を対象とした日本語教育学の入門書です。日本語教師を目指している方や、学習者の日本語学習を支援したいと思っている方を主な対象者としていますが、日本語教育の現場経験がある方にも、日本語教育に関わる基礎知識を再確認する目的でお使いいただけます。

　本書では、普段、みなさんが何気なく使っている日本語を、1つの体系を持つ言語として客観的に捉え直し、日本語がどのような特徴を持つ言語なのか、他の言語と比較して、どんな共通点や相違点があるのかについて概観していきます。そして、日本語とは異なる特徴や体系を持った言語を母語とする人が日本語を学習する際には、どのような点が課題となり、なぜそういった問題が起こるのかについても音声学・音韻論、意味論・形態論、統語論・語用論、第二言語習得論などの言語理論を踏まえながら解説していきます。さらに、理論だけではなく、実際の教育現場で観察された学習者の誤用や、そこから得られた知見についても紹介し、指導時の留意点や具体的な指導法などにも触れていきます。

　本書は、3つの分野で構成されており、一冊で、日本語の「音声」「語彙」「文法」について学ぶことができます。各課末には、練習問題があり、巻末には解答もついていますので、その課で勉強した内容を自分で復習し、確認することができます。また、課ごとに推薦図書が挙げてありますので、その分野についてさらに詳しく知りたい場合は、それらの文献にあたって、理解を深めていくことも可能です。

　以下で、本書で扱う3つの分野と、その構成を紹介します。

　第1部「音声」では、日本語の音声の基礎を学びます。第1課「音声と音声学」では、音声の特徴と音声学の位置づけ、および発声の仕組みについて、第2課「単音」では、日本語の母音と子音の特徴について解説します。第3課「音素」では、日本語の音声の体系について音素という概念を用いて考えます。第4課「環境や時代による音変化」では、隣接する音の影響や時代の流れによる発音の変化を取り上げます。第5課「音のまとまりとリズム」では、音節とモーラ、および、言語のリズムについて扱います。第6課「アクセント」と第7課「イントネーション・プロミネンス・ポーズ」では、声の高さの変化によって語の意味や発話意図の解釈などが変化する現象について解説します。第8課「学習者の音声と発音指導」では、学習者の日本語発話に

見られる発音上の特徴や具体的な発音指導の方法を紹介します。以上を通して、日本語の音声の特徴について理解を深め、発音指導や音声教育について考えていきます。

第 2 部「語彙」では、日本語の語彙の基礎を学びます。第 9 課「語と語構成」では、学習者は語をいくつ覚える必要があるのかを考えながら、語の単位、語の構造について解説します。第 10 課「文字」では、漢字を中心に日本語の文字について、第 11 課「語の分類 (1) 語種と位相」では、和語、漢語、外来語の分類とその違いについて整理します。第 12 課「語の意味とコーパスの活用」では、語の意味と用法、語と語の意味関係、語の意味用法を分析するのに有用なコーパスに触れます。第 13 課「語の分類 (2) 品詞とオノマトペ」では、品詞と意味の関係、音と意味の関係から、語を見つめます。最後の第 14 課「第二言語の語彙知識と知識の測定」と第 15 課「第二言語の語彙習得過程と心内辞書」は、第二言語習得の観点から、語彙の学習、テストの方法、習得の難易の要因などについて考えます。以上を通して、日本語の語彙にはどのような特徴があり、どのような点が学習者にとって習得が困難なのか考えていきます。

第 3 部「文法」では、日本語教育文法の基礎を学びます。第 16 課「語と文」では、品詞の見分け方や文の種類、第 17 課「格と主題」では、格助詞、補語、主題などを取り上げ、第 18 課「活用」では、日本語教育文法における活用の整理が学校文法とどのように異なるのか考えます。第 19 課「テンス・アスペクト」は、「する」「した」「している」などの形式、第 20 課「ヴォイス」は、自動詞・他動詞、受身、使役など、第 21 課「方向性と恩恵」は、「行く・来る」「あげる・もらう」などを扱う課です。第 22 課「モダリティ」では、文に現れる話し手の主観的な把握、最後の第 23 課「待遇表現とポライトネス」では、敬語、発話行為、ポライトネスなどがテーマです。以上を通して、日本語を外国語として学ぼうとする人に理解しやすい日本語文法を考えていきます。

本書の執筆にあたっては、言語学や日本語学、第二言語習得論などの多くの先行研究や学説を参考にさせていただきました。本書が初学者向けの入門書であるということを考慮して、全ての先行研究を出典として本文中には挙げてはおりません。これまで日本語教育学の発展に尽力してこられた先生方に、この場をお借りして、心より感謝申し上げます。

最後に、本書の編集においては、研究社の佐藤陽二さんと高野渉さんに大変お世話になりました。厚く御礼申し上げます。

本書が、これから日本語を携えて世界へ羽ばたいていこうとしている方の一助となれば幸いです。

執筆者一同

まえがき —— iii

目次

第1部 音声 —— 001

第1課 音声と音声学 —— 002
1.1 音声の性質と研究の領域 —— 002
1.2 調音器官：音声を作る場所と声の道 —— 004
1.3 音声を作る仕組み：ノドがブルブルする —— 006

第2課 単音 —— 009
2.1 日本語の母音：「*疲れていたので、たくさん煮ました」—— 009
2.2 日本語の子音：「*退学に行きます」「?ありがとうごじゃいます」「*びっくにしました」—— 011

第3課 音素 —— 020
3.1 音声学と音韻論："Light" も "Right" も「ライト」？ —— 020
3.2 特殊拍音素：「*様を食べます」「*ピカソは学科です」「*毎日ビルを飲みます」—— 022
3.3 音と表記の対応 —— 024
COLUMN 1 外来語に見られる母音挿入 —— 028

第4課 環境や時代による音変化 —— 029
4.1 同化：「やばい」は「やべえ」になる —— 029
4.2 現代の日本語に見られる音変化：「『つくえ』に『う』がありません」—— 030
4.3 歴史的な音変化 —— 033
COLUMN 2 音位転倒 —— 037

第5課 音のまとまりとリズム —— 038
5.1 音節：「たまご」は3つで「たんご」は2つ —— 038
5.2 モーラ：「たまご」は3つで「たんご」も3つ —— 040
5.3 フット：1モーラ+1モーラ=1フット —— 042
5.4 リズム：日本語は機関銃のリズム？ —— 043

第6課 アクセント —— 046
6.1 アクセントとは何か：「まっちゃいろ」は何色？ —— 046
6.2 アクセントの規則・機能・型：「あなた」と「わたし」は違うグループ？ —— 048
6.3 特定の条件下におけるアクセント —— 050

第7課 イントネーション・プロミネンス・ポーズ —— 054
- 7.1 イントネーション：「これじゃない」は「これ」なのか「これじゃない」のか？ —— 054
- 7.2 イントネーションの種類 —— 056
- 7.3 プロミネンスとポーズ：目立たせたり、黙ったり —— 058

第8課 学習者の音声と発音指導 —— 062
- 8.1 学習者の日本語音声に見られる特徴 —— 062
- 8.2 発音指導の方法：三角形をなぞってリズムの練習？ —— 064
- 8.3 発音指導について考える —— 066

第2部 語彙 —— 071

第9課 語と語構成 —— 072
- 9.1 言語習得の出発点：「* 国の家族を見たいです」「* 変えってください」 —— 072
- 9.2 語の単位：「食べる」「食べた」「たべて」は同じ語か違う語か —— 074
- 9.3 語の構成：「* 私に対して15万円の家賃は高すぎる」 —— 076
- COLUMN 3 「目の薬」と「目薬」、「大きな穴」と「大穴」 —— 082

第10課 文字 —— 083
- 10.1 文字と音の関係：「* ええがをみます」 —— 083
- 10.2 漢字の学習：「いきる」「うまれる」「なま」「がくせい」「いっしょう」 —— 085
- 10.3 漢字の知識：「* 髪の毛を整理しました」 —— 087

第11課 語の分類(1) 語種と位相 —— 091
- 11.1 語種：「* 友だちに会う約束を解約しました」 —— 091
- 11.2 位相と文体：「* お父さん、あなたは今日何時に帰りますか？」 —— 093

第12課 語の意味とコーパスの活用 —— 097
- 12.1 語の意味：「? スーパーで10キロのご飯を買いました」 —— 097
- 12.2 語と語の関係：「? クーラーがついているので、暑くないです、寒いです」 —— 099
- 12.3 比喩：「『医者のタマゴ』は、『医者が食べるタマゴ』という意味ですか？」 —— 101
- 12.4 コーパスの活用：共起語や意味の違いを比較するために —— 104

第13課 語の分類(2) 品詞とオノマトペ —— 107
13.1 品詞:「? 一流なホテルに泊まりたいです」—— 107
13.2 オノマトペ:「* ドアがバタン閉まりました」—— 111

第14課 第二言語の語彙知識と知識の測定 —— 115
14.1 知識の側面:意味はわかるが読めない語もある —— 115
14.2 語彙知識の測定(1):テストの方法 —— 117
14.3 語彙知識の測定(2):テストで測る知識の側面 —— 119
14.4 語彙知識の測定(3):テストの良し悪し —— 121

第15課 第二言語の語彙習得過程と心内辞書 —— 125
15.1 学習のしやすさ:「電気」を「つく」?「つける」? —— 125
15.2 語彙の学習方法:「込んでいる= comb でいる」—— 127
15.3 心内辞書と意味推測:「『洗い出す』は『洗ってから出す』という意味ですか?」—— 129
COLUMN 4 第二言語の語彙習得が第一言語の語彙習得と異なる点は? —— 133

第3部 文法 —— 135

第16課 語と文 —— 136
16.1 文法:「* が全員 覚えるさせるられるますた を教科書。」—— 136
16.2 品詞:「* 欲しいます」「* 病気な人」—— 139
16.3 文の種類:「* 試験が終わると、遊びに行きましょう」—— 141

第17課 格と主題 —— 145
17.1 格助詞:「猫がネズミを追いかけた/猫をネズミが追いかけた」—— 145
17.2 間違えやすい格助詞:「* 図書館に勉強します」—— 147
17.3 主題:「開けた人は閉めてください/開けたドアは閉めてください」—— 150

第18課 活用 —— 154
18.1 動詞活用:文を終止できるのは終止形だけ? —— 154
18.2 五段動詞(I型)と一段動詞(II型):「* 雪が降て、5センチ積もました」—— 156
18.3 形容詞の活用:「* 昨日は、忙しいでした」—— 158

COLUMN 5　未来の丁寧体活用表？――― 162

第19課　テンス・アスペクト――― 163
19.1　主節のテンス：「中野にキャンパスがある／中野でコンサートがある」――― 163
19.2　従属節のテンス：「*走った前に準備体操をしました」――― 165
19.3　アスペクト：「もうお花見しましたか」「*いいえ、しませんでした」――― 168

第20課　ヴォイス――― 172
20.1　動詞の自他と「ている／てある」：「*電気がつけています」――― 172
20.2　受身：「かばんが盗まれた／かばんを盗まれた」――― 174
20.3　使役・可能・自発・「見える／聞こえる」：「??あ、富士山が見られます!」――― 177

第21課　方向性と恩恵――― 181
21.1　移動：「?田中さんが私に宅配便を送りました」――― 181
21.2　授受：「*彼は私に本をあげました」――― 184
21.3　恩恵の授受：「#私はあなたにお土産を買ってきてあげました」――― 186

第22課　モダリティ――― 190
22.1　モダリティの種類：「*悪いけど、私、もう帰ろう」――― 190
22.2　対事モダリティと関連づけのモダリティ：「*来るだろうが、来ないだろう」――― 192
22.3　対人モダリティ：「*いいですねと思います」――― 195

第23課　待遇表現とポライトネス――― 199
23.1　敬語：「*昨日はお風呂にお入りした後、テレビを拝見しました」――― 199
23.2　発話行為：「#すみません、1,000円お貸しになりませんか」――― 201
23.3　ポライトネスと配慮：「ねえ、さっちゃん、教科書、一緒に見よう」――― 204
COLUMN 6　文法と語用論――― 208

練習問題の解答――― 209
参考文献――― 220　　　索引――― 231

本書の表記について

本文中で使われている記号の意味は、それぞれ以下の通りである。

*　：文法的に容認されない文（非文）、または、音声的、語彙的な側面で不適格な語や句、文など

?　：非文とは言えないが、容認度が低く、不自然に感じられる文、または、音声的、語彙的な側面で不自然に感じられる語や句、文など

??　：?より容認度や自然さがさらに低く感じられる語や句、文など

#　：与えられた文脈において不適切な語や句、文など

第1部
音声

第1課
音声と音声学

1.1 音声の性質と研究の領域

1.1.1 音声の特徴とは？

　私たちは、普段、いろいろな人とさまざまな話題について音声を用いてコミュニケーションをしていますが、何気なく生成しているこの音声は、どのような特徴を持っているのでしょうか。ここでは、音声の特徴について概観していきたいと思います。

　みなさんは「りんご」という語と「みかん」という語を同時に発音することができますか。おそらくできる人はいないでしょう。これは、ヒトが2つの言語音を同時に発音することができず、一つひとつの音を時間軸上に順番に並べることしかできないからです。このような音声の特徴を、言語学の用語で**線条性**と言います。

　次に、音声は目に見えないという特徴があります。作文やレポートを書いて、後で内容や表現などを確認したいとき、私たちは書いた文章をもう一度見て、読み直すことができます。しかし、音声の場合は、同じようにはいきません。例えば、"Right"という語を発音して、Rの音が正しく発音できていたか確認したいとき、音声の場合は、録音をしていない限り、同じ音声をもう一度聞いて確認することはできません。これは、音声が現れては消える音の連続体であり、文字のように跡を残すことがないという特徴を持っているためです。発音や口頭表現の授業では、学習者の音声を録音し、学習者自身が自分の発音を分析・評価する課題を課すことがあります。この場合は、同じ音声を何度でも聞き直すことができますが、ある音の発音が適切かどうかを聞き分ける力がなければ、自分が苦手な発音を見つけて練習していくことはできません。そのため、音声の学習には、話す力だけでなく、聞く力も必要になります。

　さらに、音声には、多くの要素が含まれていることもその特徴として挙げられます。例えば、「あめ（雨）」と「あめ（飴）」は高さが違いますし、「ビル」と「ビール」は長さが違います。意見を強く主張したいときと控えめに話したいときでは、声の大きさや息の強さなどが異なります。部屋で友だちと2人で話しているときと、広いホールで大勢の人の前でスピーチをするときでは、話す速度やポーズ（短い休み）の有無、滑舌や声の張りなども違ってくるでしょう。このように、音声には多くの要素が含まれ

ており、そのおかげで、私たちは自分の意見や感情を豊かに表現することができるのです。

1.1.2 音声学の分野

1.1.1で見てきたように、音声は1人の発音においては、時間軸上に一つずつしか音が並ばないという点でシンプルですが、その姿は目に見えないため確認が難しく、さらに、高さ、長さ、速さ、音質などのさまざまな要素を含んでいるため、その学習と習得は一筋縄ではいきません。したがって、学習者だけでなく、言語を教える側の教師も、効果的な発音指導につなげていくために、音声について体系的に学び、学習者や自身の音声を分析していく力を身につけておくのが理想的です。それでは、そもそも、音声はどのように分析したり記述したりしていけばよいのでしょうか。

音声について研究する分野を**音声学**と言います。音声学には、いくつかの種類があり、その種類によって分析の仕方も変わってきます。音声が発せられる場面を考えてみましょう。そこには、「音声を発音する人」と「音声を聞く人」、さらに、両者の間には、空気中を伝わる「物理的な音の波」が存在します（図 1.1 参照）。音声学の分野は、この3つのどの点に注目するかによって分類されています。

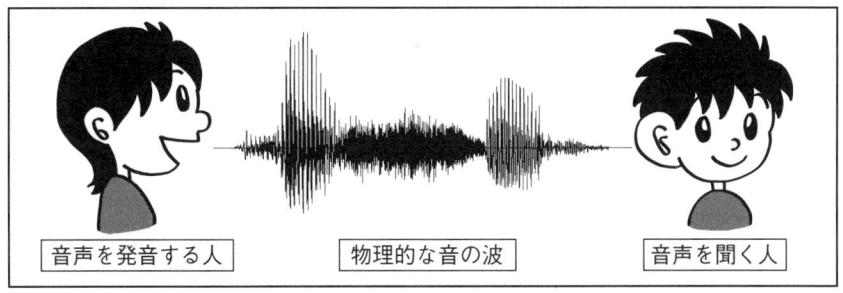

図 1.1 音声が発せられる場面

まず、「音声を発音する人」が唇や舌などをどのように動かしてその音を発音しているのかを研究する分野を**調音音声学**と言います。次に、発音された音声は、音の波となって空気中を伝わっていきますが、その波が物理的にどのような特徴を持っているのかを研究する分野を**音響音声学**と言います。最後に、音声を聞く人がどのように音声を知覚・認識するのかを研究する分野を**聴覚音声学**と言います。

1.2 調音器官: 音声を作る場所と声の道

　学習者に発音の指導をする際、教師は、学習者の音声がどのように発音されたもので、どこに問題があるのか、そして、どう修正すれば目標とする発音に近づけるのかを分析・検討していかなければなりません。そのためには、まず、口や鼻などの**調音器官**（**音声器官**）の構造を知っておく必要があります。ここでは、発音に関わる各器官の位置と名称を確認していきましょう。図1.2に、首から上の部分を真ん中から縦に2つに割った**声道断面図**（**正中断面図**、**口腔断面図**）を示します。

　まず、鼻の中の空洞を(A)**鼻腔**、口の中の空洞を(B)**口腔**と言います。次に、上顎の部分を前から順番に見ていくと、一番前に唇があります。音声学では「うわくちびる」ではなく、①**上唇**と呼びます。上唇の後ろには、前の歯があります。これを②**上歯**と言います。上歯の後ろの少し盛り上がっている部分は、前と後ろに分かれており、前の方を③**歯茎**、後ろの方を④**後部歯茎**（**硬口蓋歯茎**）と言います。盛り上がっている部分の後ろにはドーム状の硬い骨のある部分があります。ここも前後に分かれており、前の部分を⑤**歯茎硬口蓋**、後ろの部分を⑥**硬口蓋**と言います。さらに、口の奥へ進むと、硬い部分がなくなり、骨のない軟らかい部分が出てきます。ここを⑦**軟口蓋**と言います。軟口蓋の後部全体は(C)**口蓋帆**と呼ばれ、その先端を⑧**口蓋垂**と言います。口蓋帆は、鼻への息の通り道を開けたり閉じたりする重要な働きをする器官です。

　次に、下顎の部分を見ていくと、まず、⑨**下唇**があります。その後ろには、下の歯と下の歯茎がありますが、これらの器官は発音には関わりません。次に、**舌**の各部分を見ていきましょう。まず、舌の先端の尖った部分を⑩**舌尖**と言い、舌の一番前の平面の部分を⑪**舌端**と言います（舌尖と舌端を合わせて**舌先**と言うこともある）。舌端に続く前の方の舌を⑫**前舌**、後ろの方の舌を⑬**後舌**と言います（前舌と後舌の間の部分を**中舌**と言うこともある）。そして、舌の付け根の部分を**舌根**と言います。

　最後に、ノドの部分を見ていきましょう。まず、口を開けたときに前から見えるノドの壁を⑭**咽頭壁**と言います。そして、咽頭壁や口蓋垂などがある浅い部分のノドを(D)**咽頭**、咽頭より深い部分のノドを(E)**喉頭**と言います。喉頭には振動することで基本的な声を作る⑮**声帯**があります。さらに、声帯の間の隙間を⑯**声門**と言います。ノドの奥は二股に分かれており、肺へと通じる息の通り道を⑰**気管**、胃へと通じる飲食物の通り道を**食道**と言います。そして、飲食物が気管に入るのを防ぐ弁の役割をしている部分を⑱**喉頭蓋**と言います。

　ここまで調音に関わる各器官を見てきましたが、声帯から上の息の通り道を**声道**と

言います。声道には、「口のみ」「鼻のみ」「口と鼻の両方」という3つの種類があり、口からのみ息を通す音を**口音**、鼻からのみ息を通す音を**鼻音**と言います。そして、口と鼻の両方に息を通す音を**鼻母音**と言います。

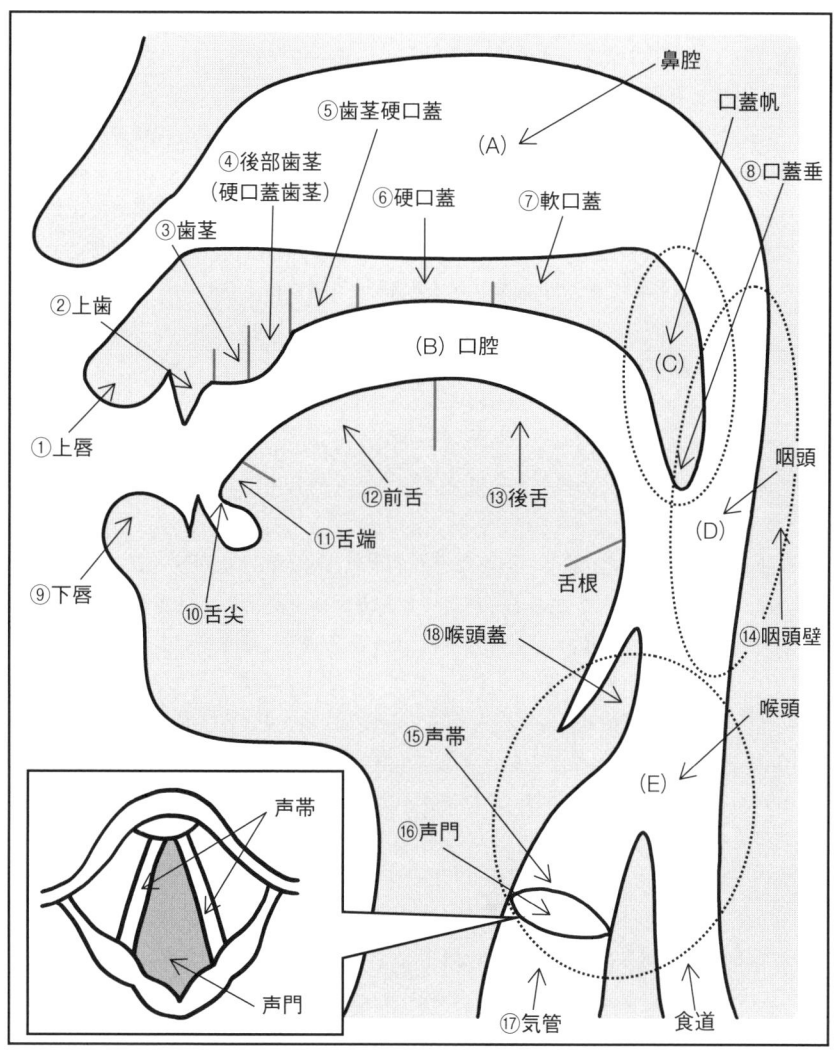

図1.2 声道断面図と調音器官

1.3 音声を作る仕組み：ノドがブルブルする

1.3.1 音声の作り方

料理を作るとき、私たちは、野菜、肉、魚などの材料を用意して、その材料を煮たり焼いたりして、料理を完成させます。音声を作るときにも料理と同じように、「材料」と「加工」が必要です。音声を作る材料は、息の流れです。息の流れには2種類あり、1つは、吸う息の**吸気**、もう1つは、吐く息の**呼気**です。日本語を発音する際には、主に呼気を使います。次に、その材料（＝息）を加工します。音声の加工には、2つの段階があり、まず、声帯を振動させて基本的な声を作ります。これを**発声**と言います。次に、唇や舌を動かしたり鼻に息を通したりすることで、さまざまな音を生成します。これを**調音**と言います。音声の作り方をまとめると次のようになります。

[呼気 または 吸気] ＋ [発声] ＋ [調音] ＝ [音声]

1.3.2 声帯と声帯振動

「パリへ行きました」と「バリへ行きました」という文を聞いたとき、日本語母語話者は、フランスへ行ったのか、インドネシアへ行ったのかがすぐにわかります。しかし、日本語学習者は、この違いを区別できないことがあります。それはなぜでしょうか。「パリ」と「バリ」をローマ字で書くと「pari」と「bari」になり、この2つの語は、「p」と「b」の部分が違っていることがわかります。「p」と「b」は、音声学的に何が違うのでしょうか。そこには、声帯の動きが大きく関係しています。

声帯とは、首の真ん中辺り（男性の「喉仏」がある辺り）に位置する左右一対の筋肉の塊で、上記1.3.1で述べた発声をする器官です。ノドに手をあてて、「静かにしてください」という意味で使う「シー」と言ってみましょう。次に、「アー」と言ってみましょう。「アー」を発音したときに、手にブルブルと振動が伝わってくるのがわかるでしょうか。これを**声帯振動**と言います。そして、「アー」のように声帯振動を伴って発音する音を**有声音**、「シー」のように声帯振動を伴わずに発音する音を**無声音**と言います。先ほどの「p」と「b」を比べると、「p」は無声音、「b」は有声音であり、声帯振動の有無が「p」と「b」の音声的違いであることがわかります。日本語には無声音と有声音の対立があるため、日本語母語話者は、その違いがすぐにわかります。しかし、その対立を持たない言語（中国語や韓国語など）の母語話者には、「パリ」も「バリ」も同じように聞こえるため、区別が難しいのです。反対に、中国語や韓国語では対立があり、日本語では対立がない音もあります。その1つは、**有気音**と**無気音**です。

肺からの強い呼気（帯気/気音/アスピレーション）を伴う音を**有気音**、伴わない音を**無気音**と言います。どのような音かイメージしづらい場合は、ティッシュペーパーを広げて口の前にかざし、「パ」という音を発音してみましょう。ティッシュペーパーが大きく揺れれば有気音、全く揺れなければ無気音です。

　有声音、無声音、有気音、無気音は、声帯振動が起こるタイミングで説明することができます。図 1.3 に、声帯振動が起こるタイミングを示します。図の縦線①は口を閉じた時点（閉鎖の開始）を、縦線②は口を開いた時点（閉鎖の開放）を表しています。斜線の部分は母音「a」を示しており、＿＿線は声帯振動を表しています。(A) のように口を閉じている子音の段階から声帯振動が始まっている「b」は有声音です。一方、(B) や (C) のように、口を閉じているときには声帯振動がなく、口を開けた後で声帯振動が始まる「p」や「pʰ」は無声音です。無声音の中で、(C) のように口を開けてから声帯振動が始まるまでに少し時間があり、そこに帯気があるものは有気音、(B) のように帯気がないものは無気音です。なお、母音の「a」はすべて有声音です。

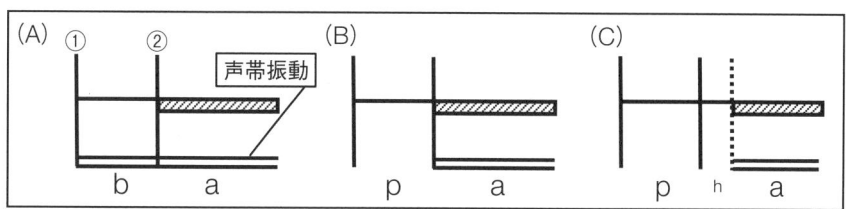

図 1.3　声帯振動のタイミング

　無声音や有声音の例で見たように、声帯がどのような状態にあるかによって発音される音声に違いが出てきます。図 1.4 の (a) ～ (d) に、声帯のおおまかな形状を示します。(a) は有声音の発音時の形状で、声帯振動によって開閉を繰り返している声帯が閉じた瞬間を切り取った図です。(b) はささやき声、(c) は無声音の発音時の形状です。(d) は呼気や吸気が自由に通過できる状態で、呼吸をしているときの形状です。

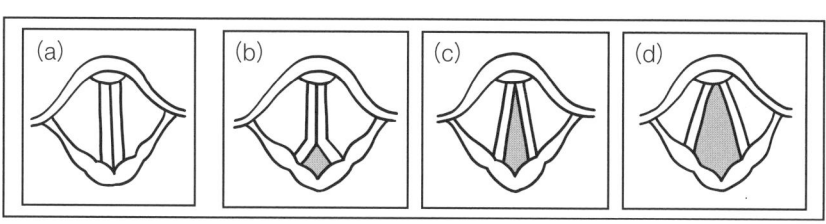

図 1.4　声帯の形状

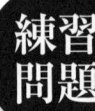 第1課 音声と音声学

【練習問題1】
　以下の(1)〜(4)の動作をするとき、声帯は振動していますか。実際にその動作をして、確認してみてください。

　　(1) ローソクの火を吹き消すとき
　　(2) 鼻歌を歌っているとき
　　(3) 遠くにいる友だちに向かって「おーい！」と呼びかけるとき
　　(4) 寒いので両手に「は〜っ」と息を吹きかけているとき

【練習問題2】
　以下の図の調音器官の名称を選択肢①〜⑩の中から選んでください。

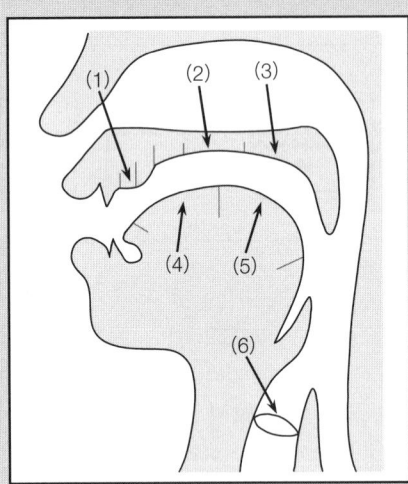

① 後部歯茎
② 軟口蓋
③ 歯茎
④ 後舌
⑤ 硬口蓋
⑥ 舌根
⑦ 声帯
⑧ 口蓋垂
⑨ 歯茎硬口蓋
⑩ 前舌

【推薦図書】
小泉保 (2003)『改訂 音声学入門』大学書林.
福盛貴弘 (2010)『基礎からの日本語音声学』東京堂出版.
松崎寛・河野俊之 (1998)『よくわかる音声』(日本語教師・分野別マスターシリーズ) アルク.

第2課
単音

2.1 日本語の母音:「*疲れていたので、たくさん煮ました」

2.1.1 母音と子音の違い

　言語の発音や綴りを学ぶ際、母音と子音という用語がよく使われますが、この2つは、何が違うのでしょうか。

　母音は、基本的に①鼻を使わない音（口音）であり、②声帯振動を伴う音（有声音）です。そして、③肺からの呼気を妨害せずに、口腔内で共鳴を起こすことで作られる音です。例えば、母音の「a」は鼻をつまんでも問題なく発音でき、ノドを触ってみるとブルブルするので、声帯振動があることがわかります。そして、鏡を見ながら発音してみると、口の中がよく見え、唇や舌が邪魔をしていないことがわかるでしょう。

　子音は、①口を使う音（口音）も鼻を使う音（鼻音）もあり、②声帯振動を伴う音（有声音）も伴わない音（無声音）もあります。そして、③唇や舌を使って、閉鎖を作ったり、狭めを作ったりして、呼気や吸気を妨害することで作られる音です。例えば、「m」と「s」を発音してみると、「m」は鼻をつまむと発音できませんが、「s」は問題なく発音できます。次に、ノドを触ってみると、「m」は声帯振動がありますが、「s」は声帯振動がありません。そして、「m」は両唇で口腔に閉鎖を作ることで、「s」は舌を歯茎に近づけて息の通り道を狭めることで、肺からの息の流れを邪魔していることがわかるでしょう。

　この母音や子音といった音を記述するために、広く用いられているのが、**IPA**（International Phonetic Alphabet）と呼ばれる記号です。日本語では、**国際音声記号**、または、**国際音声字母**と言います。IPAは、国際音声学会によって定められたもので、[a]、[m]、[s] などのように [ ] の中に入れて示します。この IPA には、一つひとつの音の細かい特徴までできるだけ正確に記述しようとする**精密表記**と、なるべく簡単に記述しようとする**簡易表記**があります。IPAを用いて示される音声学におけるもっとも小さい単位を**単音**と言います。本書でも、これ以降は、発音を示す際に IPA を使っていきたいと思います。

2.1.2 母音を分類する要素

日本語の母音は、「あ」「い」「う」「え」「お」の5つです。上記 2.1.1 で、母音と子音の違いについて述べましたが、それでは、この5つの母音にはどのような違いがあるのでしょうか。母音の分類には、3つのポイントがあります。

1) 唇の丸めの有無：唇を丸めて発音しているかどうか
　唇の丸めを伴う母音を**円唇母音**、伴わない母音を**非円唇母音**と言います。

2) 舌の前後の位置：舌のもっとも盛り上がっている点が口腔の前寄りか後寄りか
　舌の盛り上がりが口腔の前寄りにある母音を**前舌母音**、後寄りにある母音を**後舌母音**と言います。

3) 口の開き具合（舌の盛り上がりの高さ）：口の開き具合が広いのか狭いのか
　口の開き具合が広い母音を**広母音（低母音）**、狭い母音を**狭母音（高母音）**と言います。そして、広母音と狭母音の間に位置する母音を**中母音（半狭・半広母音）**と言います。

以上の 1)〜3) の観点で分析していくと、母音を分類することができます。また、1)〜3) の特徴を順番に並べると、各母音の名称になります。

図 2.1 に、日本語の母音の特徴を示した模式図と各母音の名称、および、IPA を示します。（「あ」は舌の前後位置が後ろ寄りの母音ですが、それについては特に示さず、非円唇広母音と呼ばれることが多いです。「う」は非円唇母音であり、IPA は [ɯ] を用います。円唇の場合は [u] で示されます。）

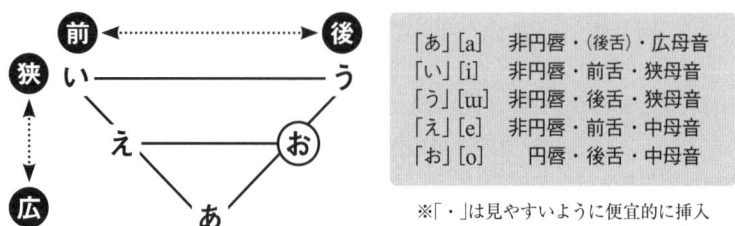

図 2.1　日本語の母音

母音には、「あさ [asa]」や「おと [oto]」のように短く発音されるものと、「おかあさん [okaːsaɴ]」や「コート [koːto]」（[ː] は、その前にある音が伸びていること

を表す記号)のように長く発音されるものがあります。また、母音が連続したとき、英語の「eye」のように、2つの母音の間に切れ目がなく、滑らかに変化していく母音を**二重母音**、日本語の「愛（あい）」のように、切れ目があり、それぞれの母音がはっきりと発音される母音を**連母音**と言います。

　日本語を学ぶ学習者の母語の母音体系が日本語の母音体系とは異なる場合、日本語の母音が適切に発音されないことがあります。例えば、母語が [a] [i] [u] の3母音体系の言語を母語とする学習者の場合、「寝ました [nemaçita]」と発音したつもりが、日本語母語話者には「煮ました [nimaçita]」のように聞こえることがあります。母音は、調音の際に舌が上顎に接触しないため、舌の位置などを自分で確認して内省することが難しいのですが、口の開き具合や唇の形などを意識して練習することで、発音の改善につなげていくことができます。

2.2　日本語の子音:「*退学に行きます」「?ありがとうごじゃいます」「*びっくにしました」

2.2.1　子音を分類する要素

　2.1で見たように、子音には口音も鼻音もあり、有声音も無声音もあります。では、一つひとつの子音は、どのように分類すればよいのでしょうか。子音の分類には、3つのポイントがあります。

1) 声帯振動の有無: 声帯が振動しているかどうか

　日本語には、有声音と無声音の対立があるため、声帯が振動しているかどうかは、日本語の子音を分類するための重要なポイントの1つです。

2) 調音点（調音位置）: 息を妨害する場所

　子音を調音するために、唇や舌を使って息を止めたり、息の通り道を狭くしたりする場所のことを**調音点**と言います。

3) 調音法（調音様式）: 息を妨害する方法

　子音を調音するために、鼻への息の通り道を開閉したり、唇や舌を使って閉鎖や摩擦などを作ったりして息を妨害する方法のことを**調音法**と言います。

　上記の1)〜3)の観点で分析していくと、子音を分類することができます。また、1)

〜3）の特徴を順番に並べると、子音の名称になります。ここでは、この3つのポイントを確認しながら、日本語の子音の特徴について見ていきます。[　]にIPA、「：」以下に子音の名称を示し、その子音を調音する際の声道断面図も表示します。

① **カクケコの子音 [k]　キ・キャ行の子音 [kʲ]：無声軟口蓋破裂音**

カクケコ

キ・キャ行

カ行・キャ行の子音は、声帯振動を伴わない無声音です。調音の際には、後舌を軟口蓋に接触させて閉鎖を作るため、調音点は**軟口蓋**です。そして、その閉鎖を一気に開放し、破裂させることで発音するため、調音法は**破裂音**（**閉鎖音**）と呼ばれます。

イ段の子音である「キ」には、口蓋化が起こります。**口蓋化**とは、イ段の子音を調音している最中に、次に来る母音 [i] の準備が始まることによって、舌の中舌面が硬口蓋に向かって盛り上がる現象です。IPAでは、調音点が変化しない程度の口蓋化の場合は、音声の特徴を細かく記述するための**補助記号** [ʲ] を付けて、[kʲ] のように表します。また、口蓋化した子音に [a]、[ɯ]、[o] が後続すると、小さい「ャ、ュ、ョ」がついた**拗音**になります。IPAの表記をまとめると、カ行は、[ka] [kʲi] [kɯ] [ke] [ko]、キャ行は、[kʲa] [kʲɯ] [kʲo] のようになります。なお、拗音は、補助記号の [ʲ] を用いた [kʲa] だけではなく、補助記号 [ʲ]、および、[j] を用いた [kʲja] や、[j] のみを用いた [kja] のように表記されることもあります。

② **ガグゲゴの子音 [g]　ギ・ギャ行の子音 [gʲ]：有声軟口蓋破裂音**
　ガグゲゴの子音 [ŋ]　ギ・ギャ行の子音 [ŋʲ]：軟口蓋鼻音

ガグゲゴ
（鼻音）

ギ・ギャ行
（鼻音）

ガ行・ギャ行の子音には、2つの調音の仕方があります。1つは、①のカ行の子音の調音点と調音法は変化させずに、声帯を振動させて有声音で発音する [g] と [gʲ] です。もう1つは、口蓋帆を下げて、鼻に息を通して発音する [ŋ] と [ŋʲ] です（ここではかなに「°」を付けて表示）。この子音は、ガ行鼻濁音（☞ 4.2）と言われ、語中の環境において、観察されることがあります。調音には鼻を使うため、調音法は**鼻音**と呼ば

れます。イ段の「ギ」「ギ」と「ギャ行」「ピャ行」の子音は、破裂音の場合も鼻音の場合も口蓋化して発音されます。

③サスセソの子音 [s]　：無声歯茎摩擦音
　シ・シャ行の子音 [ɕ]：無声歯茎硬口蓋摩擦音

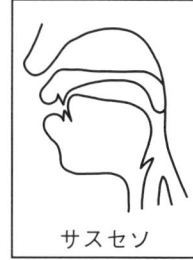
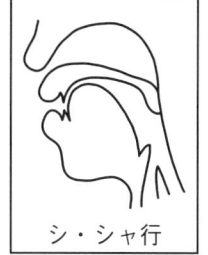

　　サ行・シャ行の子音は、声帯振動を伴わない無声音です。サ・ス・セ・ソの調音の際には、舌先を歯茎に近づけて狭い隙間を作るので、調音点は**歯茎**です。そして、その隙間に息を通して摩擦を起こすことで発音するため、調音法は**摩擦音**と呼ばれます。イ段の「シ」と「シャ行」の子音を調音する際には、口蓋化が起こって舌の盛り上がりが歯茎より後ろにずれるため、調音点は**歯茎硬口蓋**に移動します。口蓋化によって調音点が変化した場合、IPA表記では、補助記号の [ʲ] は用いず、シは [ɕi]、シャは [ɕa] のように、口蓋化していない子音とは異なるIPAを用いて表します。

④ザズゼゾの子音　[z]　：有声歯茎摩擦音
　　　　　　　　[dz]：有声歯茎破擦音
　ジ・ジャ行の子音 [ʑ]　：有声歯茎硬口蓋摩擦音
　　　　　　　　[dʑ]：有声歯茎硬口蓋破擦音

　　ザ行・ジャ行の子音には、2つの調音の仕方があります。1つは、③のサ行の子音の調音点と調音法は変化させずに、声帯を振動させて、有声音で発音した摩擦音の [z] と [ʑ] です。もう1つは、調音の際に、舌を上顎に接触させて閉鎖を作り、その後、舌と上顎の間に狭い隙間ができる程度にその閉鎖を開放し、息を通すことで摩擦を作る音です。この調音法は、破裂音的な要素と摩擦音的な要素の両方を持っているため**破擦音**と呼ばれ、IPAでは、[dz] と [dʑ] を用いて表されます。イ段の「ジ」、および、「ジャ行」の子音は、摩擦音の場合も破擦音の場合も口蓋化して発音され、調音点は、**歯茎硬口蓋**に移動します。

⑤タテトの子音 [t]　　　：無声歯茎破裂音
　チ・チャ行の子音 [tɕ]：無声歯茎硬口蓋破擦音
　ツの子音 [ts]　　　　：無声歯茎破擦音

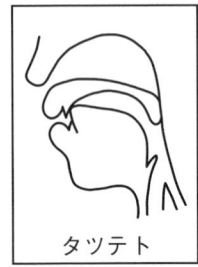

タ行・チャ行の子音は、声帯振動を伴わない無声音です。タ・ツ・テ・トは、舌先と歯茎で閉鎖を作って調音される音であるため、調音点は**歯茎**です。イ段の「チ」と「チャ行」の子音は、口蓋化し、調音点が**歯茎硬口蓋**に移動します。調音法については、タ・テ・トは**破裂音**、チとツは**破擦音**で発音されます。IPAでは、タ・テ・トは [t]、チは [tɕ]、ツは [ts] で表されます。

⑥ダデドの子音 [d]：有声歯茎破裂音

ダ行の子音は、⑤のタ・テ・トの子音の調音点と調音法は変化させずに、声帯を振動させて、有声音で発音した音です。なお、「ヂ」と「ヅ」は、④で説明したザ行の「ジ」「ズ」と調音点や調音法、IPAの記号などがすべて同じです。

⑦ナヌネノの子音 [n]　：歯茎鼻音
　ニ・ニャ行の子音 [ɲ]：歯茎硬口蓋鼻音

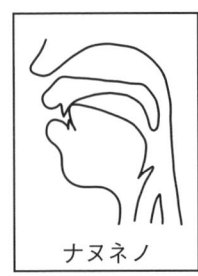
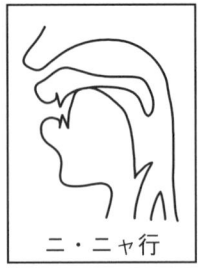

ナ行・ニャ行の子音は、すべて声帯振動を伴う有声音で発音されます（同じ調音点と調音法で、有声・無声の対立がなく、有声音の子音しかない場合は、子音の名称に「有声」と明記しなくてもよい）。ナ・ヌ・ネ・ノの調音点は**歯茎**ですが、イ段の子音である「ニ」と「ニャ行」の子音の調音点は、口蓋化によって調音点が移動するため**歯茎硬口蓋**になります（[ɲ] は硬口蓋鼻音を示すIPAだが、歯茎硬口蓋は前部硬口蓋とも呼ばれ、硬口蓋の一部であるため、硬口蓋鼻音のIPAを用いて表す）。ナ行の子音は、口蓋帆を下げて、鼻に息を通すことで発音されるため、調音法は**鼻音**です。

⑧ハヘホの子音 [h]　：無声声門摩擦音
　ヒ・ヒャ行の子音 [ç]：無声硬口蓋摩擦音
　フの子音 [ɸ]　　　：無声両唇摩擦音

ハヘホ

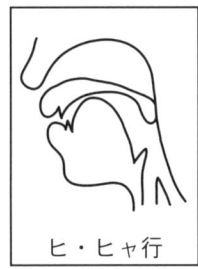
ヒ・ヒャ行

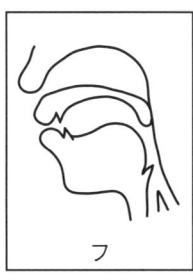
フ

　ハ行とヒャ行の子音は、声帯振動を伴わない無声音です。調音点は、ハ・ヘ・ホは**声門**、イ段の子音で口蓋化するヒは**硬口蓋**、フは上唇と下唇を近づけて調音されるため**両唇**です。調音法は、口腔内に狭い隙間を作り、その隙間に息を通すため**摩擦音**です。IPAでは、ハ・ヘ・ホは [h]、ヒ・ヒャ行は [ç]、フは [ɸ] で表されます。

⑨ パプペポの子音 [p]　ピ・ピャ行の子音 [pʲ]：**無声両唇破裂音**

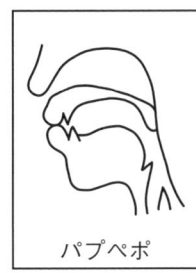
パプペポ

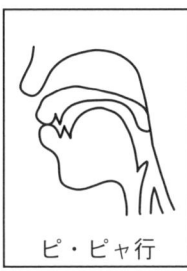
ピ・ピャ行

　パ行・ピャ行の子音は、声帯振動を伴わない無声音です。上唇と下唇で閉鎖を作るため、調音点は**両唇**です。そして、その閉鎖を一気に開放し、破裂させることで発音するため、調音法は**破裂音**です。イ段の「ピ」、および、「ピャ行」の子音は、口蓋化しますが、調音点が変わるほどの大きな舌の移動はないため、IPA では、パ・プ・ペ・ポの子音 [p] に補助記号の [ʲ] を付けて [pʲ] で表します。

⑩ バブベボの子音 [b]　ビ・ビャ行の子音 [bʲ]：**有声両唇破裂音**
　バ行・ビャ行の子音は、⑨のパ行の調音点と調音法は変化させずに、声帯を振動させて、有声音で発音した音です。イ段の「ビ」、および、「ビャ行」の子音は、口蓋化するため、IPA では、補助記号の [ʲ] を付けて [bʲ] のように表します。

⑪マムメモの子音 [m]　ミ・ミャ行の子音 [mʲ]：両唇鼻音

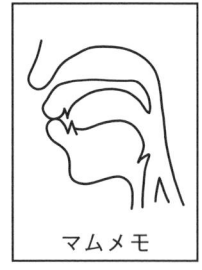
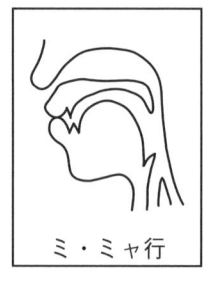

マ行・ミャ行の子音は、声帯振動を伴う有声音です。上唇と下唇を接触させて唇を閉じて調音するため、調音点は**両唇**です。そして、口蓋帆を下げ、鼻に息を通して発音するため、調音法は**鼻音**です。イ段の子音「ミ」、および、「ミャ行」の子音は、口蓋化するため、IPAでは、補助記号の [ʲ] を付けて [mʲ] のように表します。

⑫ヤユヨの子音 [j]：硬口蓋接近音

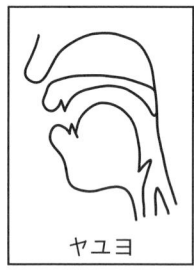

ヤ行の子音は、声帯振動を伴う有声音です。舌の盛り上がりは、硬口蓋で一番高くなるため、調音点は**硬口蓋**です。ヤ・ユ・ヨの子音は、口腔内に摩擦音ほどは狭くない隙間を作り、そこに息を通すことで発音されます。舌が上顎に近づくため、この調音法は**接近音**と言われます。ヤ行の子音を発音するときの口の形は、母音の [i] と似ているので、**半母音**と呼ばれることもあります。

⑬ラルレロの子音 [ɾ]　リ・リャ行の子音 [ɾʲ]：歯茎弾き音

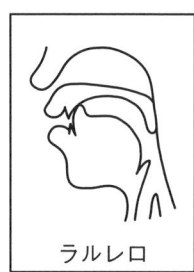
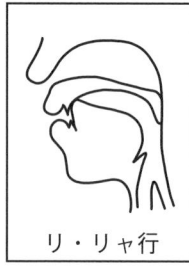

ラ行・リャ行の子音は、声帯振動を伴う有声音です。舌が歯茎に軽く接触するので、調音点は**歯茎**です。舌先で歯茎を軽く叩くことで発音されるため、調音法は**弾き音**と言われます。イ段の「リ」、および、「リャ行」の子音は、口蓋化するため、IPAでは、補助記号の [ʲ] を付けて [ɾʲ] のように示します。

⑭ ワの子音 [ɰ]：軟口蓋接近音

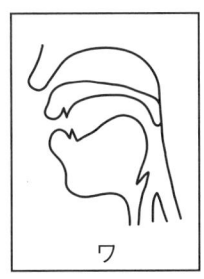

　　ワの子音は、声帯振動を伴う有声音です。舌の盛り上がりが軟口蓋にあるので、調音点は**軟口蓋**です。ワの子音の調音法は、口腔内に摩擦音ほどは狭くない隙間を作り、そこに息を通して発音する**接近音**です。ワの子音を発音するときの口の形は、母音の [ɯ] と似ているため、**半母音**と呼ばれることもあります。

⑮ ン（後続音がない場合）[N]：口蓋垂鼻音

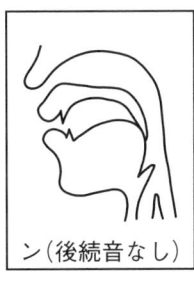

　　「ン」には、いくつかの異音があり（☞ 3.2.1）、後続する音によって異なる音で実現されます。ここでは、「にほん」「読みません」などのように、後続する音がない場合の「ン」について紹介します。この「ン」は、声帯振動を伴う有声音です。舌と口蓋垂で閉鎖を作って口腔への呼気の通り道をふさぐため、調音点は**口蓋垂**です。そして、鼻腔に呼気を通して調音するため、調音法は**鼻音**です。IPA では、[N] を用いて表されます。

　ここまで見てきたように、子音の分類には、1) 声帯振動の有無、2) 調音点、3) 調音法の3つが重要なポイントになります。そして、それぞれのポイントを適切に調整して発音しないと、日本語母語話者には、異なる語や意味のない語に聞こえてしまう場合があります。例えば、学習者の日本語発話には、有声音である [d] を無声音の [t] で発音してしまい、「大学に行きます」と言ったつもりが「*退学に行きます」のように聞こえてしまう例が観察されます。また、調音点が歯茎の [z] から歯茎硬口蓋の [ʑ] にずれてしまった結果、「ありがとうございます」が「?ありがとうじゃいます」のように聞こえたり、調音法を間違えて、弾き音の [ɾ] が鼻音の [n] になってしまったために、「びっくりしました」が「*びっくにしました」と聞こえてしまうこともあります。こういった発音上の間違いは、意思の疎通や円滑なコミュニケーションに支障をきたす原因となる可能性があるため、注意が必要です。
　次のページに、日本語の子音の調音点、調音法、声道断面図、IPA をまとめた表を示します。各子音の特徴について整理しておきましょう。

表 2.1　日本語の子音（調音点・調音法・声道断面図・IPA）

法＼点	両唇音	歯茎音	歯茎硬口蓋音	硬口蓋音	軟口蓋音	口蓋垂音	声門音
鼻音	[m] マ行・ミャ行	[n] ナヌネノ	[ɲ] ニ・ニャ行		[ŋ] ガ行鼻濁音	[N] 後続音なしのン	
破裂音	[p] パ行・ピャ行 [b] バ行・ビャ行	[t] タテト [d] ダデド			[k] カ行・キャ行 [g] ガ行・ギャ行		
摩擦音	[ɸ] フ	[s] サスセソ [z] ザズゼゾ	[ɕ] シ・シャ行 [ʑ] ジヂ・ジャヂャ行	[ç] ヒ・ヒャ行			[h] ハヘホ
破擦音		[ts] ツ [dz] ザズゼゾ	[tɕ] チ・チャ行 [dʑ] ジヂ・ジャヂャ行				
弾き音		[ɾ] ラ行・リャ行					
接近音				[j] ヤ行	[ɰ] ワ		

第2課 単音

【練習問題1】

以下の (1)〜(6) に挙げる語のペアは、それぞれ発音が1か所異なります。その相違点を①〜③の中から選んでください。

(1) カイコク / ガイコク　　(2) デンキ / ネンキ　　(3) ツウカ / チュウカ
(4) シンロ / シンド　　(5) ヒロイ / シロイ　　(6) カシ / カチ

　　① 調音点　　② 調音法　　③ 声帯振動の有無

【練習問題2】

以下に示す (1)〜(5) 声道断面図はどんな子音を調音しているときの形状ですか。選択肢の中から選んでください。※以下の図では有声音と無声音の区別はしていません。

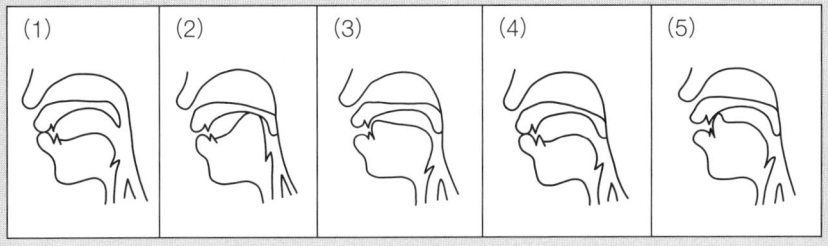

① [s]　② [n]　③ [ŋ]　④ [k]　⑤ [ç]
⑥ [m]　⑦ [t]　⑧ [ɾ]　⑨ [ɸ]　⑩ [b]

【推薦図書】

猪塚恵美子・猪塚元 (2003)『日本語の音声入門 解説と演習 全面改訂版』(日本語教師トレーニングマニュアル1) バベル・プレス.
斎藤純男 (2006)『日本語音声学入門 改訂版』三省堂.
国際交流基金 (2009)『音声を教える』(国際交流基金日本語教授法シリーズ2) ひつじ書房.

第3課 音素

3.1 音声学と音韻論:"Light"も"Right"も「ライト」?

3.1.1 単音と音素

　ヒトが発音する音声を対象に研究を行う領域には、「音声学」と「音韻論」という2つの分野があります。**音声学**は、言語音がどのように調音され、その音声は、物理的にどのような特徴を持っていて、ヒトはそれをどのように聴取するのかということを研究する分野です。音声学における最小の単位は、2.1で紹介した単音であり、IPAを使って表されます。IPAは、世界中のさまざまな言語の音をできるだけ正確に記述できるようにするために、例えば、日本語のラ行の子音である歯茎弾き音は [ɾ]、英語のLの子音である歯茎側面接近音は [l]、Rの子音である歯茎接近音は [ɹ]、スペイン語の語頭などに見られる歯茎震え音(巻き舌などと言われる子音)は [r] というように、1つの音に1つの記号が対応するように作られています。また、口蓋化を示す [ʲ] や、有気音を示す [ʰ] などの補助記号を用いて、その単音の特徴をさらに詳しく記述することができます。

　それに対して**音韻論**は、ある特定の言語における音の体系や構造を研究する分野です。音韻論における最小の単位を**音素**と言い、/ / で括って表します。音素とは、その言語において1つの音として認識されるものであり、音素が変われば、語の意味も変わります。例えば、日本語の /kaikoku/ と /gaikoku/ は、/k/ と /g/ の違いによって「開国」と「外国」という意味が異なる語になります。したがって、日本語では、/k/ と /g/ は異なる音素ということになります。「開国」と「外国」の /k/ と /g/ のように、1ヶ所だけ音素が異なる1組の語のことを**ミニマルペア**(**最小対**)と言います。/taki/(滝)と /kaki/(柿)や、/noru/(乗る)と /neru/(寝る)などもミニマルペアです。

　ある音素を別のある音素と区別するための特徴を**弁別素性**(**弁別的特徴**)と言います。弁別素性は、プラスとマイナスの記号を使って表されます。例えば、/k/ と /g/ では、調音に鼻を使わないので「－鼻音性」、唇の丸めを伴わないので「－唇音性」、軟口蓋で調音されるので「＋後舌性」という点が共通しています。しかし、/k/ は無声音なので「－有声性」、/g/ は有声音なので「＋有声性」という点が異なり、これが2つ

の音素を区別する弁別的な特徴であると分析することができます。

　日本語には、5つの母音音素 /a/ /i/ /u/ /e/ /o/ と、15個の子音音素 /k/ /s/ /t/ /c/ /n/ /h/ /m/ /j/ /r/ /w/ /g/ /z/ /d/ /p/ /b/、および、3つの特殊拍音素（☞ 3.2）/Q/（促音）/N/（撥音）/R/（長音）があるという考え方が一般的です。/c/ は、/ci/ で「チ」、/cu/ で「ツ」を表します。/j/ はヤ行の子音を示し、他の子音と組み合わせて /kja/ で「キャ」、/mju/ で「ミュ」のように拗音も表します（/j/ の代わりに /y/ が用いられる場合もある）。また、鼻濁音の /ŋ/ を1つの音素とする考え方もあります。

3.1.2 異音

　強い帯気を伴って発音される [kʰ]、弱い帯気を伴って発音される [k]、全く帯気を伴わずに発音される [kˢ] は、音声学においては、すべて異なる音として分類されます。しかし、これらの音を使って日本語の「川（カワ）」という語を発音した場合（[kʰaɰa]、[kaɰa]、[kˢaɰa]）、物理的な音としては違っていても、日本語母語話者にとっては「川」という語に聞こえ、語の意味が変わることはありません。これは、日本語において、この3つの単音がすべて1つの音素 /k/ として認識されているためです。このように、物理的には異なる音であっても、1つの音素として認識される音のことを**異音**と言います。日本語では、[kʰ]、[k]、[kˢ] は /k/ の異音です。そして、これらの /k/ の異音は、語頭に現れても語中に現れても、後続する母音が変わってもかまいません。このように、どんな環境にあっても語の意味に影響を与えず、自由に現れることができる異音を**自由異音**と言います。一方、日本語のサスセソの子音 [s] とシの子音 [ɕ] は、どちらもサ行の音素 /s/ の異音ですが、[s] は、[a] [ɯ] [e] [o] の前にのみ現れ、[ɕ] は、[i] の前にのみ現れます。このように、現れる条件が決まっている異音を**条件異音**と言います。同様に、ハ行の音素 /h/ にも、[a] [e] [o] の前にのみ現れる [h]、[i] の前にのみ現れる [ç]、[ɯ] の前にのみ現れる [ɸ] という条件異音があります。サ行やハ行の子音のように、1つの音素の中で、ある音が現れる環境では、別のある音は現れず、それぞれの音がお互いに補い合って分布している状態を**相補分布**と言います。相補分布の例として、表 3.1 にサ行とハ行の子音の分布を示します。

表 3.1　相補分布の例

サ行 /s/ の異音

条件 異音	[a] [ɯ] [e] [o] の前	[i] の前
[s]	○	×
[ɕ]	×	○

ハ行 /h/ の異音

条件 異音	[a] [e] [o] の前	[i] の前	[ɯ] の前
[h]	○	×	×
[ç]	×	○	×
[ɸ]	×	×	○

音素は、言語によって異なるため、ある言語では明確に区別されていても、別のある言語では区別されていないということが起こります。例えば、中国語や韓国語を母語とする日本語学習者にとっては、「開国（カイコク）」と「外国（ガイコク）」、「天気（テンキ）」と「電気（デンキ）」の聞き分けや発音が困難な場合があります。それは、有声音と無声音の対立がない中国語や韓国語では、[k] と [g]、[t] と [d] がそれぞれ同じ音素に属すからです。日本語母語話者は、L と R の聞き取りや発音が苦手だとよく言われますが、これも、英語では異なる音素として区別されている L と R の子音が日本語では /r/ という1つの音素として捉えられているからです。そのため、"Light" も "Right" も同じ「ライト」と認識されるのです。

3.2 特殊拍音素：「*様を食べます」「*ピカソは学科です」「*毎日ビルを飲みます」

日本語には、母音音素、子音音素に加えて、撥音、促音、長音という**特殊拍音素**があります。ここでは各特殊拍の特徴や異音について見ていきましょう。

3.2.1 撥音の特徴と異音

撥音は、音声的には、鼻音、または、鼻母音を1モーラ（☞ 5.2）分伸ばして実現される音素です。しりとりで最後に「ン」がつくと、そこで終わってしまうことからもわかるように、共通語では語頭には現れず、「漢字（カンジ）」や「日本（ニホン）」のように、語中や語末に現れます。撥音には、複数の異音があり、それらは後続する音によって決まる条件異音です。

撥音の異音と後続する音を表 3.2 に示します。後続する音が、①口腔内のどこかで接触をして調音される音（破裂音・破擦音・鼻音・弾き音）の場合は、その音と同じ調音点の鼻音になります。例えば、「散歩（サンポ）」では、撥音に [p] が後続しているので、[p] と同じ調音点を持つ

表 3.2　撥音の異音と後続する音

撥音の異音		後続する音	例
①	[m]	[p] [b] [m]	サンポ
	[n]	[t] [d] [ts] [dz] [r] [n]	アンテイ
	[ɲ]	[tɕ] [dʑ] [ɲ]	デンチ
	[ŋ]	[k] [g] [ŋ]	サンカ
②	鼻母音	[ɸ] [s] [ɕ] [ç] [h] [j] [ɯ] [a] [i] [ɯ] [e] [o]	カンサイ コンヤ レンアイ
③	[N]	なし	〜ダモン。

両唇鼻音の[m]が異音として現れ、[sampo]と発音されます。後続する音が、②口腔内で接触をしないで調音される音（摩擦音・接近音・母音）の場合は、鼻と口の両方から息が出る鼻母音になります。例えば、「関西（カンサイ）」では、撥音に摩擦音の[s]が後続するため、鼻母音で[kaĩsai]と発音されます（鼻音化した音は、[~]を付けて表します）。最後に、③後続する音がない場合は、口蓋垂鼻音の[N]になります。例えば、「ピクニックには行かない。今日は雨だもん」などの「ダモン」は[damoN]と発音されます。

日本語学習者は、「千円[seẽeN]」を「千年[senneN]」、「本を[hoõo]」を「本の[honno]」と発音することがあります。これは、鼻母音で発音すべき撥音の異音を歯茎鼻音の[n]で発音した結果起こるもので、語の意味や助詞が変わってしまうので注意が必要です。

3.2.2 促音の特徴と異音

促音は、音声的には、何も音のない無音区間、または、摩擦音を1モーラ分伸ばして実現される音素で、「切手（キッテ）」や「雑誌（ザッシ）」のように、基本的には、語中の無声子音の前に現れます。促音にも、撥音と同様に、いくつかの異音があり、それらは、後続する音によって決まる条件異音です。

促音は、後続する子音と同じ口の構えをして、その状態を1モーラ分継続することで発音されます。例えば、「一杯（イッパイ）」は、促音に破裂音の[p]が後続しているので、促音部は[p]と同じ口の構え、つまり、両唇を接触させて閉鎖を作った状態を1モーラ分保つことで実現されます。これは、後続する[p]の無音区間が1モーラ分長くなったと考えることもできるため、IPAでは、[ippai]、または、[ipːai]のように表します。促音に後続する子音が破裂音や破擦音の場合、促音部は無音区間になります。

一方、促音に後続する子音が摩擦音の場合は、その子音の摩擦部分が1モーラ分継続します。例えば、「一緒（イッショ）」は、摩擦音の[ɕ]が後続しているので、[ɕ]と同じ口の構えをしたまま、呼気を出し続け、摩擦音を1モーラ分継続することで発音します。IPAでは、[iɕɕo]、または、[iɕːo]のように表します。促音は、基本的に無声子音の前に現れますが、外来語（☞11.1）を中心として、「ベッド[beddo]」「バッグ[baggu]」のように、有声子音の前でも観察されることがあります。

促音は、しばしば「つまる音」と説明されるため、摩擦音で発音される促音があることを知らない学習者もおり、摩擦音で発音すべき促音にも無音区間を挿入して発音してしまうことがあります。これは、語の意味が変わるほどではないものの、無音区

間が長すぎると日本語母語話者には違和感のある発音に聞こえてしまう可能性があるので、注意が必要です。

3.2.3 長音の特徴と異音

長音（ちょうおん）は、先行する母音と同じ母音を1モーラ分継続させることで実現される音素で、「おねえさん」「コピー」のように、語中と語末に現れる音素です。長音には5つの異音がありますが、後続する音によって異音が決まる撥音や促音とは異なり、例えば、「おかあさん」は長音に先行する [ka] の [a] の母音が、「ノート」は [no] の [o] の母音が1モーラ分長く発音されます。長音は、「工事（コウジ）」や「経済（ケイザイ）」のように、表記と発音が一致しない場合があります。学習者が発音をそのまま文字に反映させると、「*コオジ」や「*ケエザイ」となってしまい、辞書が引けない・漢字変換ができないといった問題が起こることがあるため、長音では表記と発音の違いを指導していくことも大切です。

3.2.4 学習者に見られる特殊拍の問題

特殊拍は、日本語のリズム（☞ 5.4）と深く関わっています。学習者にもっとも多く見られる特殊拍の発音上の問題は、特殊拍の長さが不十分であったり（「秋刀魚（サンマ）」→「様（サマ）」、「ビール」→「ビル」）、本来は特殊拍がない部分に特殊拍が挿入されたように聞こえたりすること（「画家（ガカ）」→「学科（ガッカ）」）です。日本語において、撥音・促音・長音は、それぞれ1つの音素であり、その有無によって語の意味が変わったり、意味のない語になってしまったりするため、発音や聞き取りにおいては注意が必要です。また、発音指導や練習でも、子音や母音の長さの調整を意識して行い、特殊拍の有無を明確に区別して生成や知覚ができるようにしていくことが重要です。

3.3 音と表記の対応

第2課では、音声学の最小単位である単音について、第3課の前半では、音韻論における最小単位である音素について学びました。ここからはさらに、IPAと音素を加えた**拡大五十音図**（表3.3、26頁）を見ながら、表記（かな）との関係における日本語の音の分類について見ていきたいと思います。なお、かなは単音や音素とは異なり、「カ [ka]」のように1文字が「子音＋母音」で構成されるものが多いため、ここでは

かな1文字に対応する音を「拍」（☞ 5.2）と呼びたいと思います。

まず、「ア」や「キ」などのように、かな1文字で表される拍を**直音**と言います。次に、「キャ」や「シュ」のように、小さい「ャ、ュ、ョ」を付けて、かな2文字で表される拍を拗音と言います。拗音は、音声的に見ると、口蓋化した子音に母音の [a] [ɯ] [o] が後続した拍と考えることができます。さらに、「ン」「ッ」「ー」で表記される特殊拍があります。3.2 で見てきたように、撥音と促音は、後続する音によって実際に発音される音が変化するため、ある1つのIPAだけで表記することはできません。長音は、5つの異音がありますが、すべて先行する母音を1モーラ分伸ばすことで実現されるため、IPAでは、前の音を伸ばすことを意味する [ː] を用いて表します。なお、特殊拍以外の拍を**自立拍**（**普通拍**）と呼びます。

もう少し詳しく見ていくと、直音と拗音の中には、**濁点**「゛」がついているかなと、**半濁点**「゜」がついているかながあります。濁点がついている拍を**濁音**、半濁点がついている拍を**半濁音**と言い、濁点も半濁点もついていない拍を**清音**と言います。清音と濁音が対になっているかなとその発音を比べてみると、「カ [ka]」と「ガ [ga]」、「タ [ta]」と「ダ [da]」のようになるので、清音＝無声音、濁音＝有声音と考えてしまうかもしれませんが、清音のナ行やラ行、ミャ行やニャ行の子音なども有声音で発音されます。また、半濁音は、濁音という言葉が入っていますが、子音部は [p] で発音される無声音です。

日本語には、全部でいくつの音があるのでしょうか。表3.3 を見ながら、ア行で5つ、カ行で5つと数えていくと、かな1文字（拗音はかな2文字）が1音と思うかもしれません。しかし、かなは違っても発音上は同じ音になるものがいくつかあります。ワ行のヲは、ア行のオと同じ音です。また、ザ行のジはダ行のヂと、ザ行のズはダ行のヅと同じ音です。直音70音に拗音の33音を足し、そこから発音が重なっている上記の3音を除くと、全部でちょうど100音になります。これに特殊拍3音を加えて103音と考えることもできます。また、表3.3 には載せていませんが、主に外来語の発音に用いられる「ファ」や「ジェ」、「ドゥ」や「ウォ」などもあります。外来語の表記については、文化庁のホームページに外来語の表記に用いるかなと符号の表が示されていますので、興味がある人は確認してみるとよいでしょう。

表3.3 音と表記の対応([ ]：IPA / /：音素)

特殊拍	自立拍													
	半濁音	濁音			清音								
ン	パ	バ	ダ	ザ	ガ	ワ	ラ	ヤ	マ	ハ	ナ	タ	サ	カ	ア
※	[pa]	[ba]	[da]	[dza]/[za]	[ga]	[ɯa]	[ɾa]	[ja]	[ma]	[ha]	[na]	[ta]	[sa]	[ka]	[a]
/N/	/pa/	/ba/	/da/	/za/	/ga/	/wa/	/ra/	/ja/	/ma/	/ha/	/na/	/ta/	/sa/	/ka/	/a/
ッ	ピ	ビ	ヂ	ジ	ギ		リ		ミ	ヒ	ニ	チ	シ	キ	イ
※	[pʲi]	[bʲi]	[dʑi]/[ʑi]	[dʑi]/[ʑi]	[gʲi]		[ɾʲi]		[mʲi]	[çi]	[ɲi]	[tɕi]	[ɕi]	[kʲi]	[i]
/Q/	/pi/	/bi/	/zi/	/zi/	/gi/		/ri/		/mi/	/hi/	/ni/	/ci/	/si/	/ki/	/i/
ー	プ	ブ	ヅ	ズ	グ		ル	ユ	ム	フ	ヌ	ツ	ス	ク	ウ
[ː]	[pɯ]	[bɯ]	[dzɯ]/[zɯ]	[dzɯ]/[zɯ]	[gɯ]		[ɾɯ]	[jɯ]	[mɯ]	[ɸɯ]	[nɯ]	[tsɯ]	[sɯ]	[kɯ]	[ɯ]
/R/	/pu/	/bu/	/zu/	/zu/	/gu/		/ru/	/ju/	/mu/	/hu/	/nu/	/cu/	/su/	/ku/	/u/
	ペ	ベ	デ	ゼ	ゲ		レ		メ	ヘ	ネ	テ	セ	ケ	エ
	[pe]	[be]	[de]	[dze]/[ze]	[ge]		[ɾe]		[me]	[he]	[ne]	[te]	[se]	[ke]	[e]
	/pe/	/be/	/de/	/ze/	/ge/		/re/		/me/	/he/	/ne/	/te/	/se/	/ke/	/e/
	ポ	ボ	ド	ゾ	ゴ	ヲ	ロ	ヨ	モ	ホ	ノ	ト	ソ	コ	オ
	[po]	[bo]	[do]	[dzo]/[zo]	[go]	[o]	[ɾo]	[jo]	[mo]	[ho]	[no]	[to]	[so]	[ko]	[o]
	/po/	/bo/	/do/	/zo/	/go/	/o/	/ro/	/jo/	/mo/	/ho/	/no/	/to/	/so/	/ko/	/o/
	ピャ	ビャ		ジャ	ギャ		リャ		ミャ	ヒャ	ニャ	チャ	シャ	キャ	
	[pʲa]	[bʲa]		[dʑa]/[ʑa]	[gʲa]		[ɾʲa]		[mʲa]	[ça]	[ɲa]	[tɕa]	[ɕa]	[kʲa]	
	/pja/	/bja/		/zja/	/gja/		/rja/		/mja/	/hja/	/nja/	/cja/	/sja/	/kja/	
	ピュ	ビュ		ジュ	ギュ		リュ		ミュ	ヒュ	ニュ	チュ	シュ	キュ	
	[pʲɯ]	[bʲɯ]		[dʑɯ]/[ʑɯ]	[gʲɯ]		[ɾʲɯ]		[mʲɯ]	[çɯ]	[ɲɯ]	[tɕɯ]	[ɕɯ]	[kʲɯ]	
	/pju/	/bju/		/zju/	/gju/		/rju/		/mju/	/hju/	/nju/	/cju/	/sju/	/kju/	
	ピョ	ビョ		ジョ	ギョ		リョ		ミョ	ヒョ	ニョ	チョ	ショ	キョ	
	[pʲo]	[bʲo]		[dʑo]/[ʑo]	[gʲo]		[ɾʲo]		[mʲo]	[ço]	[ɲo]	[tɕo]	[ɕo]	[kʲo]	
	/pjo/	/bjo/		/zjo/	/gjo/		/rjo/		/mjo/	/hjo/	/njo/	/cjo/	/sjo/	/kjo/	

直音（カ行〜オ段）／拗音（ヤ段以降）

※撥音と促音は、後続する音によって変化するため、1つのIPAでは示せない。
※拗音のIPA表記は、例えば「キャ」の場合、[kʲa]だけでなく、[kja]や[kʲja]と示されることもある。また、音素では、/kja/ではなく、/kya/で示される場合もある。

練習問題 第3課 音素

【練習問題1】

以下の(1)〜(5)の下線部の撥音は、①〜⑥のどの異音で発音されますか。番号を書いてください。

(1) ニホ_ン_　　(2) カ_ン_パイ　　(3) ア_ン_ナイ　　(4) マ_ン_ガ　　(5) ウ_ン_エイ

①両唇鼻音［m］　　②歯茎鼻音［n］　　③歯茎硬口蓋鼻音［ɲ］
④軟口蓋鼻音［ŋ］　　⑤口蓋垂鼻音［N］　　⑥鼻母音

【練習問題2】

日本語において、ミニマルペアになる語を2組書いてください。

(1) _____ と _____

(2) _____ と _____

【推薦図書】

小泉保（1993）『日本語教師のための言語学入門』大修館書店.
斎藤純男（2010）『言語学入門』三省堂.
菅原真理子（編）（2014）『音韻論』（朝倉日英対照言語学シリーズ3）朝倉書店.

COLUMN 1　外来語に見られる母音挿入

　英語の "sandwich" や "strike" という語を聞いたとき、外来語（☞ 11.1）の「サンドイッチ」や「ストライク」とは発音が異なると感じた人は多いのではないでしょうか。A言語の語をB言語が借用する際に、B言語がA言語のような音節構造や音の連続を持たない場合には、B言語で許容される発音に変換して借用されることがよくあります。例えば、上記の "strike" という語を日本語で借用する場合には、[sɯtoɾaikɯ] のように発音され、英語の [stɹaɪk] にはない母音が挿入されていることがわかります。日本語は、英語と比べて母音で終わる開音節（☞ 5.1）が多いため、子音連続が多い英語の語を借用する際には、日本語の発音体系に合わせて母音が挿入されます。どのような音環境でどの母音が挿入されるかには、ある程度の傾向があるので、以下にいくつか例を挙げて紹介します。みなさんが普段使っている外来語についても、どこにどんな母音が挿入されているか分析してみると面白いかもしれません。

① **挿入されることがもっとも多い母音は [ɯ] である**
　例）soup [suːp] → スープ [sɯːpɯ]、school [skuːl] → スクール [sɯkɯːɾɯ]
　　　Christmas [kɹɪsməs] → クリスマス [kɯɾʲisɯmasɯ]

② **原語が [t]、[d] の場合、その後ろは [o] になりやすい**
　例）sheet [ʃiːt] → シート [ɕiːto]、drill [dɹɪl] → ドリル [doɾʲiɾɯ]

③ **原語の語末が [tʃ]、[dʒ] の場合、その後ろは [i] になりやすい**
　例）beach [biːtʃ] → ビーチ [bʲiːtɕi]、age [eɪdʒ] → エイジ [eizi]

第4課
環境や時代による音変化

4.1 同化:「やばい」は「やべえ」になる

　音声は、「お・は・よ・う・ご・ざ・い・ま・す」のように、一つひとつばらばらに発音されるわけではなく、時間軸上に並んだ音が連続して滑らかに発音されます。そのため、ある音が隣接する別のある音から影響を受けて、その音に似た特徴を持つ音として実現されることがあります。これを**同化**と言います。ここでは、どのぐらい同化するのかという「同化の程度」と、どこから影響を受けるのかという「同化の方向」による分類を紹介します。

4.1.1 同化の程度による分類

　音の変化において、隣接する音と全く同じ音に変化することを**完全同化**と言います。例えば、「三枚 [sammai]」における撥音の異音 (☞ 3.2) は、後続する [m] の影響を受けて、全く同じ音である [m] に同化して実現されたと考えることができます。

　次に、隣接する音と一部分が同じ音に変化することを**部分同化**と言います。例えば、「三台 [sandai]」における撥音の異音は、後続する [d] の影響を受けて、[d] と同じ調音点で発音される鼻音の [n] として実現されたと分析することができます。

4.1.2 同化の方向による分類

　同化において、先行する音に同化することを、**順行同化**（**前進同化**、**進行同化**）と言います。例えば、「手紙 [teɡami]」の [kami] が [ɡami] になるのは、無声音である [k] が先行する有声音の [e] の影響を受けて、同じ有声音の [ɡ] になったと考えられます。また、長音の異音も順行同化の例だと言えます。

　次に、後続する音に同化することを、**逆行同化**（**退行同化**、**遡行同化**）と言います。例えば、「切手 [kʲitte]」における促音の異音は、後続する子音が [t] であるため、その子音に同化して [t] と同じ口の構えで実現されます。促音と撥音の異音は、後続する音によって決定されるので、すべて逆行同化に分類されます。

　最後に、隣接する音がお互いに影響し合って同化することを**相互同化**と言います。

例えば、最近のくだけた言い方に見られる、「やばい [jabai]」が「やべえ [jabe:]」になる例や、「〜しない [ɕinai]」が「〜しねえ [ɕine:]」になる例がこれに当たります。これらは、広母音の [a] と、狭母音の [i] がお互いに影響し合って、中母音の [e] になり、さらに、もともとの語の長さを保つために長音化して、[e:] に変化したものだと考えられます。このように、同化という概念を使うと、ある音がどこから影響を受けて、どの程度変化したのかを分析することが可能になります。

4.2 現代の日本語に見られる音変化:「『つくえ』に『う』がありません」

現在、私たちが使っている日本語に見られる音変化の例をいくつか紹介します。

1) 母音の無声化

母音は、通常、声帯振動を伴う有声音として発音されますが、母音が置かれた環境によっては、声帯振動を伴わずに発音されることがあります。それを**母音の無声化**と言います。IPA では、母音の下に補助記号の [̥] を付けて [u̥] のように表します。母音の無声化は、狭母音の「イ」と「ウ」においてもっともよく観察され、無声化が起こる代表的な音環境としては、以下の 2 つが挙げられます。

① **無声子音に挟まれた環境**
  草 [ku̥sa] 機械 [kʲi̥kai] スタジオ [su̥tazio]

② **無声子音の後ろで後続する音がない環境**
  〜です [desu̥] 〜ます [masu̥] 都市 [toɕi̥]

上記の環境下であっても、一つひとつの音を丁寧に発音した場合や、「行きます？」のように疑問文にした場合などは、母音の無声化が起こらなくなります。また、「キツツキ [kʲi̥tsu̥tsu̥kʲi]」のように、無声化が起こる環境が連続した場合は、すべての母音ではなく、一部の母音のみが無声化することが多いです。母音の無声化は、狭母音だけではなく、「カカト [kḁkato]」や「ココロ [ko̥koro]」など、アクセント核(☞ 6.2) が置かれない「カ」「コ」「ハ」「ホ」で始まる語でも観察されることがあります。

母音の無声化は、日本語母語話者の中でも地域差や個人差が見られる音声現象であ

り、無声化した「草 [ku̥sa]」でも、無声化しない「草 [kɯsa]」でも、語の意味には影響がないため、日本語の授業において、わざわざ母音の無声化を取り上げて指導する必要はないという考え方が一般的です。ただし、学習者の中には母音の無声化を聞き取り、[tsɯkɯe]の[ɯ]が無声化して子音の[ts]しか聞こえなくなったため、「先生、『つくえ』に『う』がありません。どうしてですか」と質問をしてきたり、ディクテーションの際に表記に戸惑ったりする人がいます。そういった場合には、母音の無声化について説明できるようにしておくとよいでしょう。

2) 連濁

「本」は「ホン」、「棚」は「タナ」と発音します。しかし、この2つの語が接続されて「本棚」になると、発音は「ホンダナ」になります。このように、語と語を接続して複合語（☞ 9.3）を作る際に、もともとは清音であった後ろの語の最初の音が濁音になる現象を**連濁**と言います。ただし、後ろの語の語頭が清音であれば、必ず連濁が起こるというわけではありません。「一次関数（イチジカンスウ）」「記念講演（キネンコウエン）」などの漢語、「ビデオカメラ」「フルコース」などの外来語、「カラカラ」「チクチク」などのオノマトペ（☞ 13.2）は連濁を起こしにくいと言われています。また、「後ろの語に濁音がある場合は、連濁を起こさない」という規則もあります。例えば、「鳥肌（トリハダ）」「花言葉（ハナコトバ）」などは、「ハダ」「コトバ」のように、後ろの語に濁音が含まれているため、語頭音が濁音にはならず、連濁が起こりません。これは、この法則を最初に発表した B. S. Lyman の名前にちなんで**ライマンの法則**と言われます。ほかにも、「傷付く」が「*キヅヅク」ではなく「キヅツク」になるような「連濁の結果、同種・類似の音が連続する場合は、連濁を起こしにくい」という規則や、「人々（ヒトビト）」や「国々（クニグニ）」のように「名詞や動詞の畳語は連濁を起こしやすい」といった規則などがあります。連濁の規則については、佐藤（1989）に詳しくまとめられていますので、興味がある人は参考にしてみてください。

3) 転音

連濁の一例として、「雨（アメ）」と「傘（カサ）」が接続されて「雨傘（アマガサ）」になる例がありますが、この変化では、後ろの語の語頭子音が清音から濁音に変化するだけでなく、「アメ」の「メ」が「マ」に変化しています。これは、複合語を作る際に、前の語の母音が変化する現象で、**転音**と言います。この現象は、「酒（サケ）」と「屋（ヤ）」が接続されて「酒屋（サカヤ）」になる例や、「金（カネ）」と「具（グ）」が接続されて「金具（カナグ）」になる例などにも観察されます。

4) ガ行鼻濁音

ガ行音の子音には、有声軟口蓋破裂音の[g]だけでなく、鼻を使って発音される軟口蓋鼻音の[ŋ]があります。この音を**ガ行鼻濁音**（**ガ行鼻音、鼻濁音**）と言います。

ガ行鼻濁音は、「鍵[kaŋʲi]」「上がる[aŋaɾɯ]」などの語中のガ行音や、「これが[koɾeŋa]」「わたしが[ɯataɕiŋa]」などの助詞の「ガ」、そして、「笑い声[ɯaɾaiŋoe]」「立ち食い[tatɕiŋɯi]」のような連濁によってできたガ行音の環境で観察されます。しかし、「学校[gakko:]」「ごめん[gomeɴ]」のような語頭位置や、「マダガスカル[madagasɯkaɾɯ]」などの外来語（例外：「イギリス」「オルガン」などの馴染みのある外来語）、「ギラギラ[gʲiɾagʲiɾa]」などのオノマトペ（☞ 13.2）、「15[dʑɯ:go]」などの数字の5（例外：「十五夜」「大五郎」など）、「お元気[ogeŋkʲi]」などの接頭辞の「お」に続くガ行音などは、ガ行鼻濁音になりません。

ガ行鼻濁音を用いるかどうかは、地域、世代、職業（アナウンサー、歌手など）によって異なります。また、「鍵」を[kagʲi]と発音しても、[kaŋʲi]と発音しても、語の意味には影響がないため、日本語の授業では、ガ行鼻濁音をわざわざ取り上げて扱うことはあまりありません。しかし、学習者がガ行鼻濁音を耳にした際に、それがガ行の音であることがわかるように、説明をしておく必要はあるでしょう。

5) 縮約形

音の脱落や融合によって、もとの語形や形式より簡略化されて発音される例として、**縮約形**があります。例えば、「食べている」や「飲んでいる」の「い」の母音が脱落して、「食べてる」「飲んでる」になる例、「書いておく」や「読んでおく」の「て」や「で」の「え」の母音が脱落して、「書いとく」「読んどく」のようになる例などがあります。少し複雑なケースとしては、「寝てしまう」が「寝ちまう」や「寝ちゃう」になる例や、「しなければ」が「しなきゃ」になる例などがあります。

6) 長母音の短母音化

「取る[toɾɯ]」と「通る[to:ɾɯ]」では、意味が異なることからもわかるように、日本語では、母音の長短が意味の弁別に関わるため、その区別は非常に重要です。しかし、話し言葉の中では、母音が脱落して、長母音が短母音で発音されることがあります。これを**長母音の短母音化**と言います。例えば、「格好いい」や「面倒くさい」などは、「カッコイイ」や「メンドクサイ」のように短母音で発音されます。

7）拗音の直音化

　拗音の「シュ」や「ジュ」は、話し言葉において、しばしば、直音の「シ」や「ジ」として発音されます。これを**拗音の直音化**と言います。例えば、「技術（ギジュツ）」や「宿題（シュクダイ）」が「ギジツ」や「シクダイ」のように発音されることがあります。ただし、「出講（シュッコウ）」と「執行（シッコウ）」や、「受講（ジュコウ）」と「時効（ジコウ）」のように、語の意味が変わってしまう場合には、拗音の直音化は避けた方がよいとされています。

8）促音化・撥音化

　自立拍が「ッ」や「ン」の特殊拍で発音されることがあります。促音になることを**促音化**、撥音になることを**撥音化**と言います。促音化は、母音が無声化したり脱落したりして、無声子音が連続した際に起こります。例えば、「洗濯機［sentakɯkʲi］」の下線部の［ɯ］が無声化した結果、「センタッキ［sentakkʲi］」のように促音化することがあります。「三角形（サンカッケイ）」や「奨学金（ショウガッキン）」なども促音化の例です。撥音化では、「ワカラナイ」が「ワカンナイ」になったり、「アノトキ」が「アントキ」になるなど、もともとラ行やナ行だった自立拍が撥音に変化します。

　5）〜8）の音変化は、発音上は問題がなくても、表記においては本来の形で書かなければ辞書が引けなかったり、漢字変換ができなかったりすることがあるので、注意が必要です。また、「寝ちゃう」「寝ちまう」などは、「寝てしまう」と比べて、かなりくだけた話し方になるので、話す相手や場面などにも気をつけなければなりません。さらに、話し言葉では問題がなくても、書き言葉ではこれらの形はあまり使わないことも併せて指導していく必要があると言えるでしょう。

4.3　歴史的な音変化

　言語は、時間の流れとともに変化していくものであり、音声も例外ではありません。現代の日本語では「なぜ？」と思うようなことでも、歴史的な背景を知ることで、「なるほど、そういうことだったのか！」と納得できることも少なくありません。ここでは、日本語の音韻史における音の変化について、いくつかの例を挙げながら見ていきたいと思います。

1) ハ行音の歴史

「カ」に濁点を付けると「ガ」、「タ」に濁点を付けると「ダ」、「ハ」に濁点を付けると「バ」になります。表記の上では、「゛」が付くという全く同じことが起こっていますが、音声的にはどうでしょうか。表4.1にそれぞれの子音の特徴を示します。

表4.1　カ・ガ、タ・ダ、ハ・バの子音の特徴

	声帯振動	調音点	調音法
カ [k]	無声	軟口蓋	破裂音
ガ [g]	有声	軟口蓋	破裂音
タ [t]	無声	歯茎	破裂音
ダ [d]	有声	歯茎	破裂音
ハ [h]	無声	声門	摩擦音
バ [b]	有声	両唇	破裂音

カとガ、タとダは声帯振動の有無が異なるだけですが、ハとバは調音点も調音法も異なっていて、ハの子音を有声化させてもバにはなりません。では、カとガやタとダと同じ関係になるのは、どんな音の組み合わせなのでしょうか。それは、パとバです。実は、ハ行の子音は、奈良時代以前は [p] だったと言われています。この時代の日本語では、パとバが対になっており、カとガ、タとダの対立と同じ関係を持っていたと考えられています。

古代の日本語では [p] であったと考えられているハ行の子音は、奈良時代になると、無声両唇摩擦音 [ɸ] で発音されるようになります。そして、平安時代には、[ɸ] が語中において、[w] に変化し始め、「うるはし」が「うるわし」、「こひ」が「こゐ」と発音されるようになります。このように、ハ行が語中においてワ行で発音されるようになった現象を**ハ行転呼**と言います。ハ行転呼は鎌倉時代には一般化し、その後、江戸時代になって、語頭の [ɸ] に [h] と [ç] が加わり、現在のハ行の体系になったと考えられています。ハ行音の変化に見られるような、唇の緊張が徐々に弱まっていく現象を**唇音退化**と言います。

昔のハ行音については、いくつかの文献に記述が残されています。例えば、『後奈良院御撰何曽』(1516) には「母には二たび会ひたれども、父には一たびも会はず」(会うのは何か？) というなぞなぞが載っています。答えは「唇」で、「母」の発音では [ɸaɸa] と唇が2度会う (接近する) ことを示しています。それから約180年後の『蜆縮涼鼓集』(1695) の「新撰音韻之図」では、ハ行子音が「変喉 (＝ノドで出す音)」に分類されており、江戸時代には、ハ行の調音に唇が関わっていなかったことが示されています。こういった資料は、録音機材がなかった時代の音声を知る上で非常に貴重です。

2) 四つ仮名

ザ行の「ジ」と「ズ」、ダ行の「ヂ」と「ヅ」の4つを**四つ仮名**と言います。現在、

日本語の共通語において、「ジ」と「ヂ」、「ズ」と「ヅ」は、表記は異なっていますが、発音は区別されていません。しかし、この4つの音は、もともとは区別して発音されていたと言われています。

奈良時代には、「ジ」と「ズ」は、摩擦音の[ʑ]と[z]、「ヂ」と「ヅ」は、どちらも破裂音の[d]で発音されており、その違いが明確であったと考えられています。しかし、室町時代に入ると「ヂ」と「ズ」が破擦化を起こし、[dʑ]と[dz]のように発音されるようになったため、混同が生じ、江戸時代には、四つ仮名の区別が失われて、現在の共通語に見られるような**二つ仮名**の体系になったと考えられています。現在も、地域によっては、**一つ仮名**（東北）、**三つ仮名**（大分）、**四つ仮名**（高知、九州の一部）が見られますが、日本語教育においては、二つ仮名が採用されています。四つ仮名の混同を示す資料として、よく知られているのが、ハ行音の歴史の部分でも触れた『蜆縮涼鼓集』（1695）です。この本は「蜆（シジミ）、縮（チヂミ）、涼（スズミ）、鼓（ツヅミ）」を書名にしたもので、四つ仮名の混同によって起こった表記の間違いを指摘し、四つ仮名の区別を正確に示そうとした書物です。

3）音便

音便は、平安時代以降に起こった音韻変化の1つであり、**イ音便、ウ音便、撥音便、促音便**と呼ばれる4つのことを指します。音便は、音声的に見ると、すべて音の脱落によって起こる現象であり、イ音便とウ音便は、子音の脱落、促音便と撥音便は、母音の脱落によって起こります。以下に、それぞれの音変化の例を示します。

- **イ音便**：「咲きて[sakite]」の[k]が脱落した結果、「咲いて[saite]」になる。
- **ウ音便**：「思ひて[omoɸite]」の[ɸ]が脱落して[omoite]になり、さらに、[oi]が、同化（☞4.1）によって[oː]に変化した結果、「思うて[omoːte]」になる。※現在、ウ音便の形は、関西を中心に残っています。
- **撥音便**：「読みて[jomite]」の[i]が脱落して[jomte]になり、さらに、[mt]が同化によって[nd]に変化した結果、「読んで[jonde]」になる。
- **促音便**：「取りて[torite]」の[i]が脱落して[torte]になり、さらに、[rt]が同化によって[tt]に変化した結果、「取って[totte]」になる。

日本語教育の現場で、音便という用語を使うことはほとんどありませんが、音便は、日本語教育文法における五段動詞のテ形とタ形（☞18.2）で問題になるものであり、初級前半レベルの学習者にとっては文法の大きな山の1つになっています。

第4課 環境や時代による音変化

【練習問題1】
下線部の音の現れ方について、同化の種類（方向・程度）を書いてください。

(1) 散歩（さ<u>ん</u>ぽ）　方向：＿＿＿＿＿同化　程度：＿＿＿＿＿同化

(2) 切手（き<u>っ</u>て）　方向：＿＿＿＿＿同化　程度：＿＿＿＿＿同化

(3) ケーキ　　　　　方向：＿＿＿＿＿同化　程度：＿＿＿＿＿同化

【練習問題2】
以下の (1)〜(4) の語において、無声化しやすい母音を含む「ひらがな」を探し、例のように○を書いてください。

例：⓪すり

(1) きたかぜ　　　(2) かきました　　(3) ひかり

(4) しかしながら　(5) みつかる　　　(6) みなみです

【推薦図書】
沖森卓也（編）(1989)『日本語史』おうふう.
山口仲美 (2006)『日本語の歴史』岩波書店.

COLUMN 2　音位転倒(おんいてんとう)

　「このカフェの落ち着いた雰囲気が好きです」という文の下線部の語をどのように発音していますか。「ふんいき」ですか、それとも「ふいんき」ですか。いざ考えてみると、どちらかよくわからなくなってしまう人もいるかもしれません。「雰囲気」の正しい読み方は、前者の「ふんいき」です。しかし、最近では、「ふいんき」と発音する人も増えてきているようです。1語中の音の連続において、ある部分が別のある部分と入れ替わり、「ふんいき」が「ふいんき」になるような現象のことを**音位転倒**（**音位転換**）と言います。

　4.3では、日本語の音韻史における音の変化について紹介しましたが、そういった言語変化の過程で音位転倒が起こり、その発音が定着したものもあります。例えば、「新しい」は、もともと「あらたし」だったものが音位転倒して「あたらしい」になりました。冬に綺麗な花を咲かせる「山茶花」は、今では「さざんか」と読みますが、昔は「さんざか」と発音されていました。また、「だらしない」も「しだらない」という語が音位転倒した例です。

　言語は、時間の流れとともに変化していくものです。「おいしい料理に舌鼓を打った」などのように使われる「舌鼓」は、もともとは「したつづみ」でしたが、音位転倒によって「したづつみ」と発音されることも増えてきました。その結果、現在では、「したつづみ」と「したづつみ」の両方の発音が許容されており、NHKの『日本語発音アクセント辞典』にも2つの読み方が併記されています。今はまだ間違いとして扱われている「ふいんき」という発音も、時間が経つにつれて、徐々に許容されていくかもしれません。

第5課 音のまとまりとリズム

5.1 音節:「たまご」は3つで「たんご」は2つ

5.1.1 音のまとまり

　音声は、時間軸上に並ぶ音の連続として生成されますが、私たちはそこにいくつかの音のまとまりがあると感じます。例えば、「たまご」という語を聞いて、「この語は、いくつの音のまとまりからできていると感じますか。その数だけ手を叩いてください」と言われたら、みなさんは何回手を叩きますか。多くの人が「た・ま・ご」のように3回手を叩くのではないでしょうか。では、「たんご」の場合はどうでしょうか。手を2回叩く人と3回叩く人がいると思います。この違いは、何を基準として音のまとまりを捉えているかによります。手を2回叩いた人は音節(シラブル)という単位で、3回叩いた人はモーラ(拍)という単位で音のまとまりを捉えています。ここでは、それぞれの単位の特徴や日本語における役割について見ていきます。

5.1.2 音節とは何か

　音節には、いくつかの捉え方がありますが、服部(1984)は、**音節**を「それ自身の中には切れ目がなく、その前後に切れ目の認められる単音の連続または単独の単音」と定義しています。つまり、ある音声を聞いたときに、切れ目なくひとまとまりに聞こえる単位が音節だということです。これは、「たまご」が3つの音のまとまりからできていると感じる感覚のことを指していると言えるでしょう。

　音節の構造に注目し、母音(=V)と子音(=C)に分けて考えてみると、1つの音節は、母音のみ、または、母音を中心として、その前後に子音を伴ったまとまりであると考えることができます。例えば、日本語には、「V(胃 [i])」「CV(手 [te])」「CVC(本 [hoɴ])」「CVV(キー [kʲiː])」などの構造を持つ音節が観察されます。音節の中で、「手 [te]」のように、母音で終わる音節を**開音節**、「本 [hoɴ]」のように、子音で終わる音節を**閉音節**と言います。日本語では、撥音(例: あんない [an.nai])と促音(例: いっぱい [ip.pai])を含む音節以外は開音節で発音されます(「.」は音節境界を示す)。古代の日本語には、「V」と「CV」という単純な音節構造のみが存在していた

と考えられていますが、中国語の影響や音便などによって、特殊拍や拗音が登場し、「CVC」や「CCV」といった音節も使われるようになりました。日本語の音節構造は比較的単純ですが、例えば、英語の音節構造では、「trust [tɹʌst] (CCVCC)」や「strict [stɹɪkt] (CCCVCC)」のように、1つの母音が複数の子音を伴って1音節を形成することもあります。

音節は、音声学的には**聞こえ度**という概念を用いて説明することができます。聞こえ度とは、大きさ、高さ、長さなどの条件を揃えて、ある音を発音した際に、もっとも遠くまで聞こえる音から、もっとも近くでしか聞こえない音までを順番に並べたものです。Jespersen (1913) は、聞こえ度に以下のような8段階の順序を付けています（⑧に近づくほど、聞こえ度は大きくなる）。

① a) 無声破裂音・b) 無声摩擦音 → ② 有声破裂音 → ③ 有声摩擦音 → ④ a) 鼻音・b) 側面音 → ⑤ r音 → ⑥ 狭母音 → ⑦ 中母音 → ⑧ 広母音

この①〜⑧の順序を縦軸にして、聞こえ度をグラフで示してみると、図5.1のような凸凹ができます。この凸がいくつあるか（図には○で示す）で、その語が何音節かがわかります。例えば、「たまご」は、凸が3つあるので3音節、「たんご」は凸が2つなので2音節です。さらに、外来語の「インターネット」を見てみると、凸が4つあるので4音節であることがわかります。ここで注目してほしいのは、音節で数えると、撥音、促音、長音は、単独では1つの音節を担わないという点です。特殊拍は、先行する子音や母音とともに1つのまとまりとなって1音節を形成します。

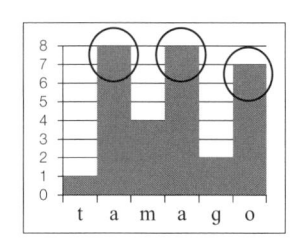

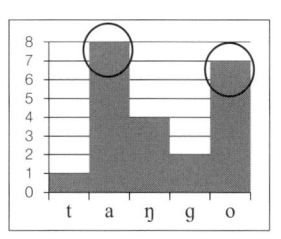

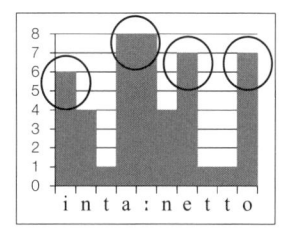

図 5.1　聞こえ度による音節の数え方

5.1.3 日本語に音節は必要か

ロシアの言語学者 Trubetzkoy (1958, 1969) は、世界のさまざまな言語を音節で数える言語（**音節言語**）とモーラで数える言語（**モーラ言語**）に大別しました。前者には、英語やドイツ語、後者には、日本語（東京方言）やラテン語が分類されています。モー

ラ言語である日本語には、音節という概念は必要ないと思う人がいるかもしれませんが、決してそんなことはありません。例えば、外来語のアクセント規則（☞6.3）を見てみると、チョコ￢レート、ビス￢ケット、タ￢ルトでは、後ろから数えて3つ目のモーラにアクセントがありますが、ク￢ッキー、クロ￢ワッサンでは、後ろから数えて4つ目のモーラにアクセントがあります。この外来語のアクセント規則は、モーラという概念だけでは一般化できません。しかし、音節という概念も用いて「後ろから数えて3つ目のモーラを含む音節にアクセントを置く」とすれば、一般化が可能になります。音節は、日本語の音韻的な規則を考える際にも重要な役割を果たしているのです。

5.2　モーラ：「たまご」は3つで「たんご」も3つ

5.2.1　モーラとは何か

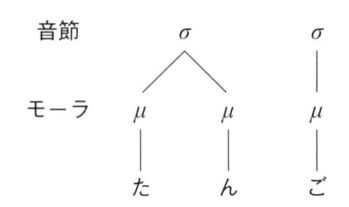

モーラ（拍）は、図5.2に示したように、音節を部分的に分解した長さの単位です（音節は「σ」、モーラは「μ」の記号を用いて表します）。日本語では、音韻的な長さを測ったり、リズム（☞5.4）を形成したりする際に、このモーラという単位が用いられます。かな1文字（拗音はかな2文字）が1モーラに対応しており、「ア」や「キ」のような直音、「リャ」や「ミュ」のような拗音、「ン」「ッ」

図5.2　音節とモーラの階層構造
（σ＝音節　μ＝モーラ）

「ー」の特殊拍がそれぞれ1モーラを担います。手を叩く回数で考えると、「たまご」では3回、「たんご」でも3回、「インターネットカフェ」では9回手を叩くのがモーラを単位とした音のまとまりの数え方です。

モーラを単位とする言語では、一つひとつのモーラがほぼ同じ長さとして捉えられています。これを**モーラの等時性**と言い、モーラを等時的に発音したり聞き取ったりする感覚のことを**拍感覚**と言います。この拍感覚を身につけていないと、「こんな」の「ん」や「おかあさん」の「あ」が極端に短くなって、日本語母語話者には「こな」や「おかさん」のように聞こえたり、「切ってください」と「来てください」を聞き間違えたりする問題が起こり、意思の疎通やコミュニケーションに支障をきたす原因となります。拍感覚の習得は、母語やレベルを問わず多くの学習者にとって課題となるため、これまでにさまざまな指導法が考案されてきました（☞詳しくは8.2を参照）。

5.2.2 音節数とモーラ数のずれ

　モーラは、直音や拗音のように、単独で音節を形成できる自立モーラ（自立拍）と、単独では音節を形成できない特殊モーラ（特殊拍）に分けられます。前頁の図5.2の「ご」を見るとわかるように、自立モーラは、音節で数えてもモーラで数えてもその数は変わりません。しかし、「たん」の「ん」などの特殊モーラは、先行する自立モーラとともに2モーラで1音節を形成するため、音節数とモーラ数にずれが生じます。以下に、音節数が同じでモーラ数が異なる語の例を挙げます。

(1) a. たまご　　（3音節　3モーラ）　　(2) a. たに　　（2音節　2モーラ）
　　b. えんぴつ　（3音節　4モーラ）　　　　b. たんに　（2音節　3モーラ）
　　c. ヨーロッパ（3音節　5モーラ）　　　　c. たんにん（2音節　4モーラ）

　みなさんは、音節とモーラのどちらの数え方の方が自分の感覚に合っていますか。モーラで音のまとまりを捉える人にとっては、(1) a～cの語がすべて3つの音のまとまりであるとは感じにくいのではないでしょうか。日本語学習者には、音節で音のまとまりを捉える言語を母語としている人が多くいますが、そういった学習者にとっては、モーラで音のまとまりを捉えることは難しく、例えば、(2) a～cの「谷」「単二」「担任」は、音節で数えるとすべて2音節となるため、学習者がその発音や聞き取りにおいて、これらの語を明確に区別するのは困難な場合があります。

5.2.3 日本語におけるモーラの実在性

　日本語におけるモーラの存在は、さまざまなところで観察されます。例えば、俳句や短歌では、「五七五」や「五七五七七」という型が決まっていますが、この「五」や「七」は、モーラを単位として数えたものです。「柿食えば　鐘が鳴るなり　法隆寺」という俳句では、「法隆寺」の部分をモーラで区切って、「ほ・う・りゅ・う・じ」のように数えなければ「五」にはなりません。もし、音節で数えた場合は、「ほう・りゅう・じ」のように「三」になってしまいます。このように、俳句では、音節ではなくモーラで「五七五」を数えていることがわかります。しりとりでも、「ん」を独立した1つの単位として捉えることで「『ん』がついたら終わり」というルールが成立します。もし、音節を単位とした場合には、「かに」→「にほん」→「ほんや」のように、いつまでもしりとりが続いてしまいます。また、前から読んでも後ろから読んでも同じ語や文になる回文が成り立つのも、モーラという単位があるからだと言えます。例えば、「しんぶんし」が回文になるのは「し・ん・ぶ・ん・し」のように語を区切ったからです。音節で区切った場合には「しん・ぶん・し」となるため、逆から読むと「し・ぶ

ん・しん」になり、回文として成立しません。日本語では、ここに挙げた例のほかにもさまざまな点においてモーラの存在を確認することができると言われています。

5.2.4 方言による違い

5.1で述べたように、日本語はモーラ言語と言われています。しかし、すべての方言でモーラという単位が必要なわけではありません。近畿方言や東京方言は、音韻的な長さを測る際にモーラという単位が必要であり、自立モーラと特殊モーラが同じ1モーラを担うモーラ言語であると言えます。しかし、東北や九州の方言の一部では、音節が音韻的な長さを測る単位であり、特殊拍が1モーラ分の単位として独立していません。このように、音節を持っていてモーラを持たない方言を**シラビーム方言**と言います（本課で日本語といった場合は、モーラ言語である方言のことを指す）。

音節とモーラの例に限らず、一口に日本語といっても、方言によって音声や音韻の体系が異なる場合があります。また、音声だけでなく、文法や語彙にも、地域や世代などによってさまざまなバリエーションがありますから、調べてみると面白いでしょう。

5.3　フット：1モーラ＋1モーラ＝1フット

モーラや音節よりさらに大きな音のまとまりとして、2モーラを1つのまとまりとする**フット**（脚）と呼ばれる単位があります。例えば、「がっこう」では、「がっ」と「こう」が、「はくぶつかん」では、「はく」と「ぶつ」と「かん」がそれぞれ1フットになります。音節では、「がっ」「こう」「かん」のように自立モーラと特殊モーラが1つにまとめられましたが、フットでは、自立モーラと特殊モーラだけでなく、「はく」や「ぶつ」のように自立モーラと自立モーラも1つの単位としてまとめます。次頁の図5.4に、単音からフットまでの階層構造をまとめた図を示します。

日本語は、フットという単位でまとまる傾向が強いと言われており、2モーラが1つのまとまりとなって現れる現象がよく観察されます。窪薗（1999b）では、その例として、「リモート＋コントロール ⇒ リモコン」「デジタルカメラ ⇒ デジカメ」のように、語の一部を2モーラずつ切り出して接続した複合語や語の短縮、「げつ・かー・すい・もく・きん・どー・にち」「にー・しー・ろー・やー・とー」「ごー・てん・はち（5.8）」のように、本来は1モーラであったものが2モーラに伸長される曜日や数字の読み上げ、「すい・きん・ちか・もく・どっ・てん・かい（・めい）」のように、2

モーラ単位でまとめられ、まとめられないところは、促音を挿入して2モーラの形に整える惑星の読み上げなどが紹介されています。

日本語の発音指導においても、フットの単位が活用されることがあります。例えば、「こんにちは」の発音練習では、最初の4モーラを2モーラずつのフットにまとめて「こん・にち・は」のように区切り、フットのリズムを意識しながら練習を行ったりします。一つひとつのモーラの等時性を意識させるために、「こ・ん・に・ち・は」のようにモーラ単位で区切って練習をすることも多いですが、より自然な発話に近づけるという意味では、フットを用いた発音指導も有効だと言えます。

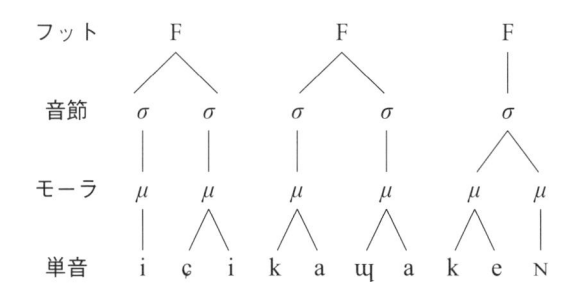

図 5.4　単音からフットまでの階層構造（例：「石川県」）

5.4　リズム：日本語は機関銃のリズム？

5.4.1　リズムとは何か

リズムとは、規則的・周期的な繰り返しのことであり、3拍子や4拍子といった音楽のリズム、ワルツやタンゴなどのダンスのリズム、俳句や短歌などの韻文のリズム、心臓の鼓動や呼吸といった生理的なリズムなどがあります。言語にもリズムがあり、音の強弱や長短などが規則的に、そして、等時性を持って繰り返されています。言語のリズムは、何が等時的に繰り返されるかによって以下の3つに大別されます。

1) 強勢リズム（ストレスリズム）

強勢リズムは、強勢（☞ 6.1）が等時性を持って繰り返されるリズムです。強勢間の音節数は必ずしも同じではありませんが、音節の長さを調整したり、強勢の位置を移動させたりすることで、強勢と強勢の間の等時性を保とうとします。このリズムを持

つ言語として、英語やドイツ語、ロシア語などが挙げられます。

This restaurant's food was delicious.
[ˌðɪs   ˌɹes tɚ ənts ˌfuːd wəz dɪˈ lɪ   ʃəs]
/ ○   / ○ ○ ○ / ○ ○ ○ / ○   ○ /

2) 音節リズム

　音節リズムは、音節（☞ 5.1）が等時性を持って繰り返されるリズムです。音節には、CV、CVC、CVV、CVCCなど、さまざまな構造がありますが、音節構造の違いにかかわらず、1音節を単位として一つひとつ音節が等時的に繰り返されます。このリズムを持つ言語として、中国語やフランス語、スペイン語などが挙げられます。

　　这家店菜很好吃。
　　Zhè jiā diàn cài hěn hǎo chī
　　/ ○ / ○ / ○ / ○ / ○ / ○ / ○ /

3) モーラリズム

　モーラリズムは、モーラ（☞ 5.2）が等時性を持って繰り返されるリズムです。日本語は、モーラリズムを持つ言語に分類されており、直音、拗音、特殊拍がそれぞれ1モーラを担います。そして、その一つひとつのモーラが等時的に繰り返されてリズムを形成します。モーラリズムを持たない言語の話者が日本語を聞くと、ダダダダダ…と一本調子で音が連続しているように感じられ、機関銃のようだと言われることもあるそうです。

　　このレストランの料理はおいしかった。
　　[ko no ɾe sɯ̥ to ɾa n no ɾʲoː ɾʲi ɰa o i ɕʲi ka t ta]
　　/ ○ / ○ / ○ / ○ / ○ / ○ / ○ / ○ / ○ / ○ / ○ / ○ / ○ / ○ / ○ / ○ /

　リズムにおける強勢間、音節間、モーラ間の等時性は、物理的な長さが全く同じであることを示すものではありません。リズムにおける等時性とは、その言語の話者が当該言語を聞いた際に、等しい長さだと感じる心理的な等時性であると言えます。

練習問題

第5課　音のまとまりとリズム

【練習問題 1】

以下の (1) ～ (4) の語をモーラと音節で数えた場合、それぞれいくつになりますか。下線部に数字を書いてください。

(1) 旅行　　　　モーラ：＿＿＿＿　　音節：＿＿＿＿

(2) 誕生日　　　モーラ：＿＿＿＿　　音節：＿＿＿＿

(3) 結婚式　　　モーラ：＿＿＿＿　　音節：＿＿＿＿

(4) コーヒー牛乳　モーラ：＿＿＿＿　　音節：＿＿＿＿

【練習問題 2】

以下の「教科書 [kʲoːkaço]」という語の階層構造を書いてください。
(モーラ＝μ　音節＝σ　フット＝F)

kʲoːkaço

【推薦図書】

鹿島央 (2002)『日本語教育をめざす人のための 基礎から学ぶ音声学』スリーエーネットワーク.

窪薗晴夫 (1999)『日本語の音声』(現代言語学入門 2) 岩波書店.

窪薗晴夫・本間猛 (2002)『音節とモーラ』(英語学モノグラフシリーズ 15) 研究社.

第6課 アクセント

6.1　アクセントとは何か:「まっちゃいろ」は何色?

6.1.1　日本語のアクセント

　「透明度が高いことで有名な○○湖の水が、突然、まっちゃいろになった」と書いてあったら、みなさんは、どんな色の湖を思い浮かべますか。柔らかい黄緑色(抹茶色)でしょうか。それとも、濃い茶色(真っ茶色)でしょうか。抹茶色も真っ茶色も、かなで書いたときは、同じ「まっちゃいろ」ですが、なぜ上記のような2通りの解釈ができるのでしょうか。そこには、**アクセント**が関わっています。

　日本語のアクセントは、発音において、声の高い部分と低い部分を作ることで実現される①相対的な声の高さの配置です。例えば、「雨」と「飴」を比べてみると、「雨」は「あめ」のように「あ」が「め」より高く発音される配置で、「飴」は「あめ」のように「あ」が「め」より低く発音される配置になります。この高さの配置は、高い部分は250Hz、低い部分は180Hzというような、絶対的な音の高低ではありません。「あ」の方が「め」より高ければ「雨」、低ければ「飴」になるという相対的な高さの配置です。また、日本語のアクセントは、「高」と「低」の2段階で知覚されます。上記の「まっちゃいろ」の場合は、「まっちゃいろ(抹茶色)」と「まっちゃいろ(真っ茶色)」となります。このように、日本語のアクセントは、声の高低として実現されるため、**高低アクセント(ピッチアクセント)**と呼ばれます。②アクセントを配置する単位はモーラであり、声の高さの変化は、モーラとモーラの間で起こります。そして、この声の高さの配置は、③個々の語について決まっています。つまり、アクセントは、「強い雨が降る」のような文ではなく、「強い」「雨」「降る」といった、一つひとつの語について、その配置が決まっているのです。さらに、どのように声の高低を配置するのかは、④社会的習慣として恣意的に決まっています。アクセントは、その言葉が話されている社会の中で、自然に決定され、定着したものです。例えば、東京で話されている**東京方言**では、「飴」は「あめ」と発音しますが、鹿児島では「あめ」、大阪では「あめ」と発音します。物理的には、どのパターンでも発音可能であり、特定のパターンでなければならないという論理的な必然性はないため、アクセントの配置

は恣意的であると言えます。しかし、東京方言を話す社会においては、「あ|め」と発音することが習慣として決まっており、これ以外の高さの配置を用いると、語の意味を間違えて理解される可能性が出てきます。

以上をまとめて、日本語のアクセントを定義すると、「個々の語について、社会的習慣として恣意的に決まっている、モーラを単位とした、相対的な声の高さの配置」ということになります。

6.1.2 アクセントの分類

日本語のアクセントは、声の高低で表される高低アクセントです。では、他の言語ではどうでしょうか。ここでは、高低アクセント以外のアクセントの特徴について見ていきましょう。

英語やドイツ語、ロシア語やスペイン語などには、他の音節より目立って発音される音節があり、その音節には**強勢**（**ストレス**）があると言います。例えば、英語のDEseart（砂漠）（強勢がある音節の文字を大文字で表記）は、（◯ ○）のように、語の最初の音節に強勢があり、deSEART（見捨てる）は、（○ ◯）のように、語の最後の音節に強勢があります。強勢がある音節は、強く、高く、長く発音されるため、強勢がない音節より目立って聞こえます。一方、強勢がない音節では、母音の音質が曖昧になったり、Schwa（シュワー）と呼ばれる中間的な母音（IPAでは [ə] で表記）になったりします。このように、強勢を用いて実現されるアクセントのことを**強勢アクセント**（**ストレスアクセント**）と言います。

中国語の北京語や広東語、タイ語やベトナム語などの言語は、日本語と同じように、声の高さの違いが語の意味などに影響します。しかし、日本語はモーラ間で高さの変化が起こり、「高」と「低」の2段階であるのに対して、これらの言語は、1つの音節内で高さの変化が起こり、音節の中でいくつかの声の高さのパターンを形成します。例えば、北京語には、図 6.1 に示した4つのパターンがあることが知られています。このような声の高低のパターンを**声調**（**トーン**）と言います。広義では声調もアクセントの一種として分類されることがあります。

① 媽　mā　（母）
② 麻　má　（麻）
③ 馬　mǎ　（馬）
④ 罵　mà　（叱る）

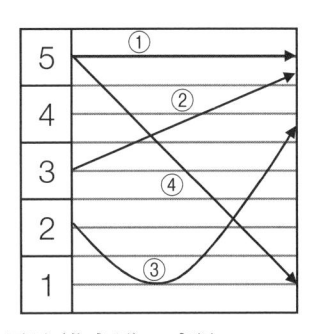

図 6.1　中国語（北京語）の声調

アクセントの区別に何を用いるのかという分類ではなく、アクセントの置かれる位置による分類もあります。英語やロシア語、日本語などは、語によってアクセントの位置がさまざまです。例えば、日本語は同じ3モーラの語であっても、「み|かん」「た|ま|ご」「さ|し|み」などのように、アクセントの位置が語によって異なります。一方、フランス語やポーランド語、スワヒリ語や日本語の宮崎県で話されている都城方言などでは、アクセントが置かれる位置が決まっています。例えば、フランス語では、ほとんどの場合、語（句）の最後の音節に強勢が置かれます。前者を**自由アクセント**、後者を**固定アクセント**と言います。

6.2 アクセントの規則・機能・型:「あなた」と「わたし」は違うグループ?

6.2.1 アクセント規則

6.1において、アクセントは、その言葉が話されている社会によって、声の高さの配置が異なると説明しましたが、ここでは、一般的な日本語の授業や教科書で扱われている**共通語**（東京方言の変種）のアクセントに見られる規則を紹介します。

1) 1モーラ目と2モーラ目の高さは異なる

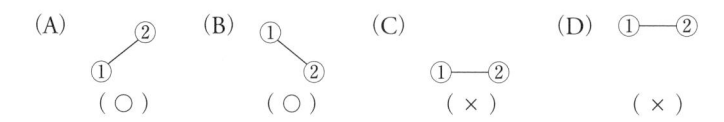

共通語において、ある語を単独で発音した際に、最初の1モーラ目が低く始まったときは、2モーラ目は高くなり、反対に、最初の1モーラ目が高く始まったときは、2モーラ目は低くなります。つまり、以下の (A) と (B) のパターンは許容されますが、(C) や (D) のパターンは、許容されないということです。ただし、(A) の語であっても、2モーラ目が特殊拍の場合には、「しんぶん（新聞）」や「コーヒー」のように、1モーラ目と2モーラ目が「高→高」で発音されることもあります。

(A)　　　　　(B)　　　　　(C)　　　　　(D) ①——②
　　②　　　　①　　　　　　　　　　　　　
　①　　　　　　②　　　　①——②　　　
　（○）　　　（○）　　　（×）　　　　（×）

2) 1つの語の中で1度下がったら2度と上がらない

日本語のアクセントは、個々の語についてその有無や配置が決まっていますが、1つの語の中で1度下がって再び上がるようなパターンは存在しません。ゆえに、次頁の (A) や (B) のパターンは存在しますが、(C) や (D) のパターンは許容されません。

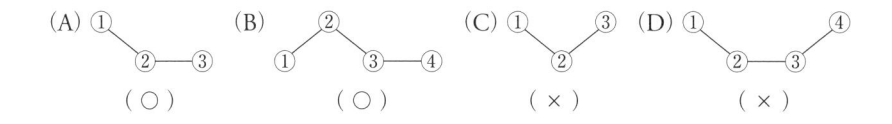

(A) ①―②―③ (B) ②―①―③―④ (C) ①―③―② (D) ①―④―②―③
   (○)   (○)   (×)   (×)

6.2.2 アクセントの機能

アクセントには、大きく分けて2つの機能があります。1つ目は、アクセントによって語の意味を区別する機能です。これは「雨」と「飴」、「箸」と「橋」と「端」などの例でよく知られているもので、アクセントが変わると、語の意味も変化するという機能です。これをアクセントの**弁別機能**と言います。2つ目は、語の境界がどこにあるのかを示す機能です。これをアクセントの**境界表示機能**（**統語機能**）と言います。例えば、「にわとりがいる」という文は、「鶏がいる」とも「2羽鳥がいる」とも解釈することができます。しかし、この文の「にわとりが」の部分が、図6.2のような声の高さの配置で発音された場合には、「語の1モーラ目と2モーラ目は高さが異なる」および「1度下がったら2度と上がらない」という6.2.1で紹介したアクセントの規則から、2モーラ目と3モーラ目の「わ」と「と」の間に境界（切れ目）があることがわかります。したがって、図6.2のような高さの配置で発音された音声を聞いたとき、日本語母語話者は、アクセントの境界表示機能による切れ目を知覚し、この文が「2羽鳥がいる」だと判断することができるのです。

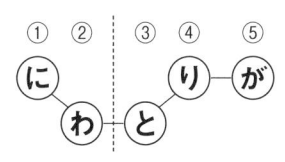

図6.2　アクセントの境界表示機能

6.2.3 アクセント型

日本語のアクセントでは、声が「高」から「低」へと変化する下がり目が重要です。声の高さが滝のように落ちるイメージから、この下がり目を**アクセントの滝**と呼び、下がり目の直前のモーラに**アクセント核**があると言います。このアクセント核の有無とアクセント核の位置によって、アクセント型を分類することができます。まず、次頁の(A)のように、アクセント核が語の最初のモーラにあるものを**頭高型**と言います。そして、(B)のように、アクセント核が語の途中のモーラ（2モーラ目以降で最終モーラより前であれば、何モーラ目でも可）にあるものを**中高型**、(C)のように、語の最後のモーラにあるものを**尾高型**と言います。(A)～(C)のように、アクセント核があるものをまとめて**起伏式**と呼びます。最後に、(D)のように、アクセント核がないものを**平板型**と言います。(C)の尾高型と(D)の平板型は、語を見ただけではどちらの

型なのか区別がつかないため、語の後ろに助詞の「が」などを付けて、助詞の直前で高さの変化が起こるかどうかを確認し、アクセント型を判断します。

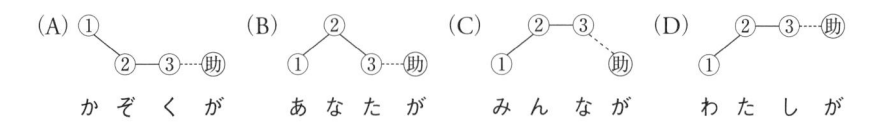

(A) ①　　　　(B) 　②　　　(C) 　　②―③　　(D) 　　②―③…助
　　②―③…助　　　①　　③…助　　①　　　　助　　①
　　か ぞ く が　　　あ な た が　　　み ん な が　　　わ た し が

　アクセント核がどこにあるのか、自分では判断がつかない場合は、市販のアクセント辞典やアクセントについての情報も記載されている国語辞典などで確認してみるとよいでしょう。また、最近では、Web上でアクセントを確認することができる辞書（「オンライン日本語アクセント辞書 OJAD」http://www.gavo.t.u-tokyo.ac.jp/ojad/）なども開発されていますので、ぜひ活用してみてください。

6.2.4 アクセントの表し方

　アクセントの表示方法には、「ひ̚らがな」「ひらが̚な」「ひらが'な」のように、視覚的に声の高低やアクセント核の位置を示すものや、「③（前から数える）」や「－2（後ろから数える）」のように、数字を使って何モーラ目にアクセント核があるのかを示す方法などがあります。どの表示方法を用いるのかは自由ですが、できるだけ早い段階で学習者にアクセントの存在を示すことが重要だと言えます。市販の日本語の教科書には、アクセントに関する情報が示されていないことも多く、日本語にアクセントがあることを知らない学習者もいます。授業で新出語彙を導入する際などに、アクセントについても併せて指導をするといった工夫が必要でしょう。

6.3　特定の条件下におけるアクセント

6.3.1 品詞別のアクセント

　アクセントは、個々の語について決まっているため、一つひとつ覚えていく必要があり、学習者にとっては負担になることも多いです。しかし、品詞や特定の種類の語によっては、アクセントの生起パターンに一定の傾向が見られる場合もあります。

1) 名詞のアクセント

　名詞は、その語のモーラ数をnとした場合、起伏式ではすべてのモーラがアクセン

ト核を担う可能性があり、さらに、平板型になることも考えられるため、「n+1通り」のアクセントパターンがあると考えられます。例えば、3モーラ語の場合は、「◐○○」(頭高)、「○◐○」(中高)、「○○◐」(尾高)、「○○○」(平板)の4パターンの可能性があります。一つひとつの語のアクセントを覚えるのは大変ですが、一部の語や合成語には、以下のような一定の傾向が見られます。これらの情報を学習者に提示することで、アクセントを覚える負担を少し軽減することができるかもしれません。

① 外来語の多くは−3型(語末から数えて3モーラ目にアクセント核が置かれる)
　「バナナ」「ドライブ」「ビタミン」「チョコレート」「インターネット」

② 特殊拍にはアクセント核が置かれない(1つ前にずれる)
　(○)「おかあさん」(×)「おかあさん」　(○)「あさって」(×)「あさって」

③ 〜市、〜人、〜券、〜区、〜県などは、その直前にアクセント核が置かれる
　「よこはまし(横浜市)」「かんこくじん(韓国人)」「まえうりけん(前売券)」

④ 〜語、〜場、〜製、〜村、〜中、〜部屋、〜色などは、平板型になる
　「ドイツご(語)」「ちゅうしゃじょう(駐車場)」「にほんせい(日本製)」

⑤ 後ろの語が3〜4モーラ語で、頭高型、または、中高型の名詞である場合には、後ろの語のアクセント核の位置が保たれる
　デジタル+カメラ→デジタルカメラ　あお+むらさき→あおむらさき

⑥ 後ろの語が3〜4モーラ語で、尾高型、または、平板型の名詞である場合には、後ろの語の最初のモーラにアクセント核が置かれる
　ひとり+むすめ→ひとりむすめ　いろ+えんぴつ→いろえんぴつ

2) イ形容詞のアクセント

イ形容詞の辞書形には、「あかい」のような平板型と、「たのしい」のような語末から数えて2モーラ目にアクセント核があるもの(−2型)の2種類しかありません。しかし、形容詞のアクセントは、個人差も大きく、平板型の「あぶない」が「あぶない」のように−2型で発音されることもあり、アクセント辞典にも、2種類の形が記載されている場合があります。このように、発音などが不安定で、いくつかのバリエーションが観察されることを、**揺れがある**、**揺れている**と言います(音声だけでなく、2つの語形の間で揺れたり、活用で揺れたりすることもある)。

3) 動詞のアクセント

動詞の辞書形には、「は<u>じ</u>める」のような平板型と、「お<u>ぼえ</u>る」のような語末から数えて2モーラ目にアクセント核があるもの（−2型）の2種類しかありません。以下の表6.1に、「辞書形」「ナイ形」「テ形」「バ形」「意志形」のアクセントを示します。

表 6.1　動詞の活用形のアクセント

	辞書形	ナイ形	テ形	バ形	意志形
平板型	き<u>く</u>	き<u>かない</u>	き<u>いて</u>	き<u>けば</u>	き<u>こう</u>
	う<u>たう</u>	う<u>たわない</u>	う<u>たって</u>	う<u>たえば</u>	う<u>たおう</u>
−2型	<u>み</u>る	<u>み</u>ない	<u>み</u>て	<u>み</u>れば	<u>み</u>よう
	は<u>な</u>す	は<u>な</u>ない	は<u>な</u>して	は<u>な</u>せば	は<u>な</u>ぞう

また、「～ます」は、平板型の動詞でも−2型の動詞でも変化することなく、常に「～ま<u>す</u>」「～ま<u>し</u>た」「～ま<u>せ</u>ん」「～ま<u>せ</u>んでした」というアクセントになるため、覚えておくと便利です。

6.3.2 句や文のアクセント

共通語のアクセント規則として、1モーラ目と2モーラ目の高さは異なり、1モーラ目が低ければ2モーラ目は高くなると説明しましたが、これは、ある語を単独で発音した際のルールであり、句や文になると、必ずしも適用されない場合があります。例えば、「カ<u>レンダー</u>」は、単独で発音すると1モーラ目が低くなりますが、前に「この」を付けると「こ<u>のカレンダー</u>」のようになり、「カ」が低くならないことがあります。同様に、「よ<u>みます</u>」は、前に「ざっしを」を付けると「ざ<u>っしをよみます</u>」のようになり、「よ」が低くならずに発音されることがあります。しかし、語の最初が低くなかったからといって、「カレンダー」や「よみます」の意味が変化するわけではありません。このことから、1モーラ目が低ければ2モーラ目が高くなるという特徴は、厳密には、個々の語について決まっているアクセントの規則というより、1つのまとまりとして発音される句や文の頭に現れるイントネーション（☞7.1）であると言えます。一方で、声の下がり目は、句や文になっても語単独で発音したときと変わりません。アクセントは、声の上がり目ではなく、下がり目の有無とその位置が重要なのです。

練習問題 第6課 アクセント

【練習問題1】
　以下の (1)〜(5) の語のグループには、アクセント型やアクセント核の位置などに共通点があります（共通語の場合）。その共通点はどのようなものでしょうか。考えてみてください。

(1) 音楽家、建築家、専門家、芸術家
(2) 覚える、投げる、走る、確かめる
(3) いつ、どこ、だれ、なに、どんな
(4) 自動的、理想的、論理的、比較的
(5) なつかしい、珍しい、うらやましい、忙しい

【練習問題2】
　「雨」と「飴」のように、「アクセントの弁別機能」によって語の意味が変わる例を挙げてみてください。

【練習問題3】
　以下の文章を読んで、(1)〜(3) の質問に答えてください。

> 以下は、日本語を母語としない妻と母語とする夫との国際結婚で生じた誤解です。何でも正直に話せる夫婦になりたいと思った妻は、夫に「かくしごとはしないでね」と言いました。しかし、夫は「僕は小説家だから、それをしないわけにはいかないよ…」と言いました。妻は、なぜ夫がそのように答えたのか分かりませんでした。

(1) 妻は、何と言いたかったのでしょうか。
(2) 夫は、妻が何と言ったと思ったのでしょうか。
(3) この誤解は、なぜ起こったのでしょうか。その理由を考えてみてください。

【推薦図書】
窪薗晴夫 (1998)『音声学・音韻論』（日英語対照による英語学演習シリーズ1）くろしお出版.
杉藤美代子 (2012)『日本語のアクセント、英語のアクセント どこがどう違うのか』ひつじ書房.
松森晶子・新田哲夫・木部暢子・中井幸比古 (編著) (2012)『日本語アクセント入門』三省堂.

第7課
イントネーション・プロミネンス・ポーズ

7.1 イントネーション：「これじゃない」は「これ」なのか「これじゃない」のか？

7.1.1 イントネーションとは何か

　以下の (1)〜(4) に示した A と B のやり取りを声に出して読んでみましょう。みなさんは、下線部の「これじゃない」という文をどのように発音しますか。

(1) A: あなたが探していた本ってこれ？　　B: これじゃない。違うよ。
(2) A: 昨日買った本がないんだけど…。　　B: これじゃない？　この赤い本。
(3) A: どうしても本が見つからないんだ。　B: これじゃない！　こんなに目立つところにあるのに。
(4) A: 違うよ！　この本じゃない！　　　　B: これじゃない?!　絶対この本だよ！

　図 7.1 は、(1)〜(4) の B の「これじゃない」を発音した音声の例を音声分析ソフトを使って可視化したものです。この曲線は**ピッチ曲線**と呼ばれ、曲線の形状が声の高低を表しています（これ以降は、……線を用いて代用する）。この図を見ると、表記上は「これじゃない」という同じ文であっても話し手のいろいろな意図を示すことができること、そして、その違いが声の高さの変化によって生じていることがわかります。このように、文を単位として現れる声の高さの変化を**イントネーション**と言います。

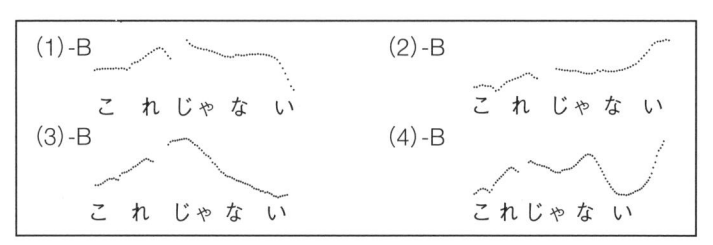

図 7.1　(1)-B 〜(4)-B の「これじゃない」を発音したときのピッチ曲線

7.1.2 イントネーションとアクセント

　日本語のアクセント（☞ 6.1）もイントネーションも、声の高さの変化によって実現されますが、この2つは何が違うのでしょうか。アクセントは、付与される単位が個々の語であり、アクセントがある場合は、その語のどこにアクセント核が置かれるかが決まっています。また、アクセントは、社会的習慣として決まっているため、話し手が自由に変えることは許されず、アクセントが変われば「雨」と「飴」、「箸」と「橋」と「端」のように違う語になってしまうこともあります。一方、イントネーションは、付与される単位が文であり、話し手の発話意図や心理状態、文構造などによってさまざまなパターンで実現されます。さらに、イントネーションが付与されて声の高さが変化したからといって、アクセントのように語の意味が変わることはありません。これは、日本語のイントネーションがアクセントの上にかぶさるようにして実現されるためです。以下の (5)〜(7) のAとBのやり取りを見てみましょう。下線部には疑問文のイントネーションが付与されていますが、点線で示したように、(5) や (6) などのアクセント核がある語では、そのアクセントを実現した上でイントネーションを付与しているため、「箸」や「橋」が「端」になったりすることはありません。

(5) A: 箸がない！　　(6) A: 橋がない！　　(7) A:（カステラの）端がない！
　　B: えっ、箸が？　　　B: えっ、橋が？　　　B: えっ、端が？
　　　（はしが）　　　　（はしが）　　　　　（はしが）

7.1.3 イントネーションの機能

　イントネーションには、いろいろな機能があります。例えば、文中の統語的な切れ目を示すことで、その文の意味を明確にする働きがあります。(8) の文は、そのままだと「原稿を書き終えたのが先週」なのか、「原稿を依頼されたのが先週」なのかがわからない二義的な文です。しかし、図7.2 の (a) のように、「依頼」の部分で一旦、イントネーションを下降させて切れ目を示すと、この文が前者の意味であることが明確になります。

(8) 先週依頼された原稿を書き終えた。

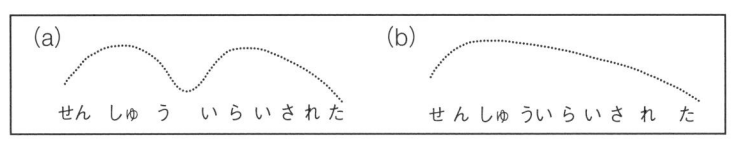

図7.2　2つの意味で発音した「先週依頼された」のピッチ曲線

イントネーションには、話し手の発話意図を示す働きもあります。例えば、54頁の(1)–Bは否定の叙述、(2)–Bは否定疑問文で、「これだ」という判断への傾きを含んだ問いかけ、(3)–Bは確認要求の文で、当然気づくべき点に気づいていないことに対する聞き手への非難的確認要求、(4)–Bは聞き手の発話を繰り返す疑問文で、話し手が自身の判断にほぼ確信を持っており、聞き手を非難する気持ちを表しています。こういった異なる発話意図をイントネーションで示すことができるのです。

さらに、イントネーションには、話し手の心理状態を示す働きもあります。私たちは誰かが話すのを聞いて、その人が喜んでいるのか怒っているのか、元気なのか落ち込んでいるのかなどを感じ取ることができます。これは、話し手の感情や心理状態を表すのにイントネーションも寄与しているためだと考えられます。

7.2　イントネーションの種類

7.2.1　文全体のイントネーション

図7.3に、頭高型の語で構成された「きょう目黒で兄とオペラを見た」という文を発音したときのピッチ曲線を示します。イントネーションは、アクセントの上にかぶさるように実現されるため、「あにと」や「オペラを」のようにアクセントがある語を含むまとまりには、かなの「へ」の字に似た形の山ができます。この山は最初が一番高く、文の後ろにいくにしたがって徐々に低くなっていきます。これを**ダウンステップ**と言います。そして、文全体も「へ」の字に似た形のイントネーションになるため、これを**への字型イントネーション**と言います。

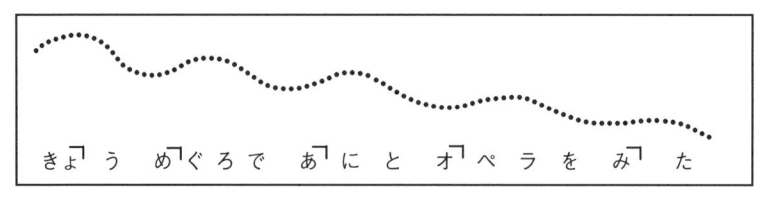

図7.3　「きょう目黒で兄とオペラを見た」のピッチ曲線

図7.4に、尾高型と平板型の語で構成された「きのう上野で姉と食事をした」という文のピッチ曲線を示します。こちらはアクセントによる急激な声の下がり目がないため、図7.3のような小さい山がいくつも形成されることはありませんが、文全体では緩やかな「への字型イントネーション」になっています。この「への字型イントネーション」は、日本語の平叙文において基本となるイントネーションの形です。

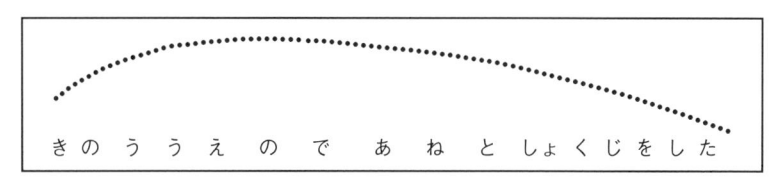

図7.4 「きのう上野で姉と食事をした」のピッチ曲線

7.2.2 句頭のイントネーション

　句や文が1つのまとまりとして発音される際、そのまとまりの最初には声の高さの上昇が見られます。これを**句頭イントネーション**と言います。共通語では、1モーラ目と2モーラ目の高さが異なるというアクセント規則があります。この規則に従うと、頭高型以外の語はすべて語頭で「低高」という高さの形を持つことになります。しかし、6.3.2で述べたように、句や文を自然に発音したときにはこの規則が適用されない場合があります。図7.5に、区切り方を変えて発音した文のピッチ曲線を示します。(a)は句を一つひとつ区切って発音した例です。下線が引い

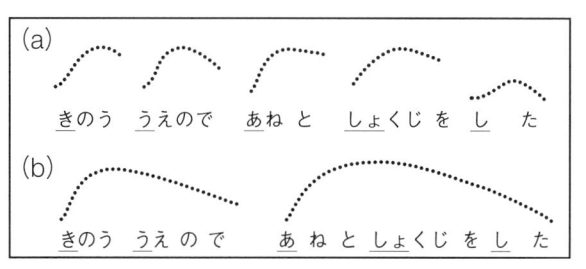

図7.5　区切る場所を変えて発音した
「きのう上野で姉と食事をした」のピッチ曲線

てあるモーラがすべて低く発音されていることがわかります。一方、(b)は「うえの」「しょくじ」「した」の下線部が低く発音されていません。これは、(a)よりも大きいまとまりを一息で発音したからです。この例からもわかるように、発話において、最初のモーラが低くなるのは、アクセントの特徴ではなく、あるまとまりが終わり、次の新しいまとまりが始まることを示すイントネーションの特徴であると言えます。

7.2.3 まとまりの末尾のイントネーション

　平叙文では、1つのまとまりとして発話された部分は、末尾に向かって声の高さが徐々に下降していくのが普通です。しかし、まとまりの末尾に、一旦上昇してから下降するイントネーションが現れることがあります。これは、**尻上がりイントネーション**（**昇降調**）などと呼ばれます。次頁の図7.6に、その例を示します。下線部を発音する際に、矢印で示したような上昇して下降する声の高さの変化が起こります。井上(1997)は、尻上がりイントネーションの機能として、談話における話し手の話す順番

の確保や相手への働きかけなどを挙げています。また、原（1993）は、尻上がりイントネーションが使われた発話は、「甘え」や「幼

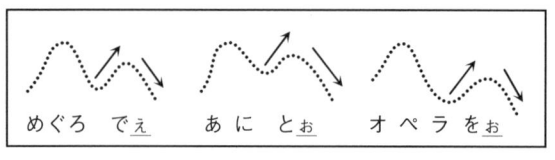

図 7.6　尻上がりイントネーションのピッチ曲線

さ」などと結びつき、一般に悪い印象を持たれる傾向にあることを報告しています。日本語教育の現場では、教師が助詞などをはっきりと伝えようとして、無意識のうちに尻上がりイントネーションで話していることがあるので注意が必要です。

7.2.4　文末のイントネーション

　話し手の発話意図や心理状態などを反映して、文の最後に付与されるイントネーションのことを**文末イントネーション**と言います。ここでは、文末が高くなる**上昇調**と、高くならない**非上昇調**の2つを紹介します。上昇調のイントネーションは、「食べる？」「これだよね？」「ちょっと、そこのあなた」のような質問、確認、呼びかけなどで使われます。また、「一緒に行かない？」「よかったらどうぞ」などのように誘いや勧めにも用いられ、聞き手に優しく柔らかい印象を与えます。一方、非上昇調のイントネーションは、「うん、食べる」「ううん、これじゃない」などの平叙文の叙述で一般的に使われます。

7.3　プロミネンスとポーズ：目立たせたり、黙ったり

7.3.1　プロミネンス

　7.2において、日本語の平叙文は、文の最初の部分が高く、文末に向かって徐々に低くなっていく「への字型イントネーション」を持つと述べました。しかし、平叙文であっても、文中のどこかを目立たせたい場合には、イントネーションのパターンが変化することがあります。話し言葉において、文中で話し手が聞き手にもっとも伝えたい部分を目立たせることを**強調**と言い、この強調されたところには**プロミネンス**があると言います。例えば、(1)の文のa～dの各部分を目立たせたい場合、みなさんはどのように発音しますか。

　　(1) a. 今日　b. 目黒で　c. 兄と　d. オペラを見た。

一般的にプロミネンスは、イントネーションを使って目立たせたい部分を高く発音することで実現されます。図7.7に、(1) の文のa〜dの各部分にプロミネンスがある音声のピッチ曲線を示します。図7.3（56頁）に示したような平叙文では、文の最初の山がいちばん高く発音されますが、プロミネンスがある文では、文の最初の山よりも文中の「目黒」や「オペラ」などの部分の方が高くなることがあります。また、プロミネンスがある文は、目立たせたい部分が高くなるだけでなく、プロミネンスがない部分の高さが抑えられて、低くなるという特徴も持っています。

　ここまで述べてきたように、プロミネンスは、イントネーションを使って示されることが多いのですが、必ずしも声の高さの変化だけで実現されるわけではありません。例えば、斎藤（2006）では、目立たせたい部分の前後に短いポーズ（☞ 7.3.2）を挿入する方法や、発話速度（☞ 7.3.2）を変化させて目立たせたい部分をゆっくり発音する方法、目立たせたい部分の声の大きさを小さくしたり、ささやき声にしたりすることで、かえってその部分を目立たせるという方法などが紹介されています。話し言葉において、文の中の一部を目立たせるには、声の高さに限らず、何らかの方法で他の部分との違いを明確に示せばよいのです。

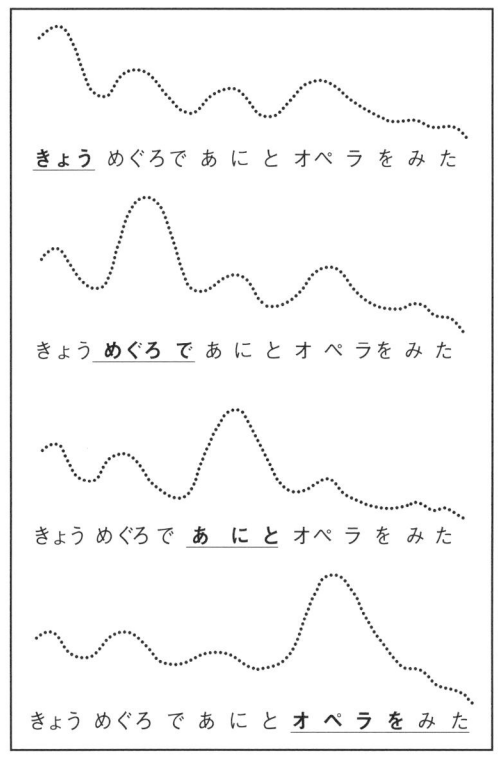

図7.7　プロミネンスがある文のピッチ曲線
（下線はプロミネンスがある部分）

7.3.2　ポーズ

　音声の生成には、肺からの呼気を用いるため、私たちは発話の途中で空気を肺に取り込むための息継ぎをしなければなりません。息継ぎをしている時間は音響的には何の音声信号もない無音区間になります。発話には、この息継ぎに伴う生理的に不可欠

な無音に加えて、文法的な切れ目やまとまりを示すためなどに用いる無音も存在します。これらの無音のことを**ポーズ**と言います（破裂音や促音の生成に伴う無音は除く）。

　ポーズにはいくつかの機能がありますが、その大きな役割の1つは、文構造の切れ目に挿入されることで、文や句の終わりや文法的なまとまりを明確にし、聞き手にとって理解しやすい発話を形成することです。文や句の終わりにポーズが挿入されるのは当たり前だと思う人もいるかもしれませんが、学習者の発話では、文末のポーズが短くなったり、句末ではなく助詞の前などにポーズが挿入されたりすることがよくあります。十分な長さのポーズを適切な場所に挿入することは、聞きやすさや流暢さの評価にも大きく影響するため、とても重要です。また、文末にポーズを置くことで話し手のターンが終了したことを示すこともできます。文法的なまとまりを示す例として、(2) の文を見てみましょう。この文は、イントネーションの機能の部分で紹介した二義文ですが、イントネーションに加えて矢印で示した位置にポーズを挿入することで、原稿を書き終えたのが先週であることがより明確になります。

　(2) 先週↑依頼された原稿を書き終えた。

　杉藤（1997）は、ポーズを取り除いたニュースの音声を用いて聞き取り実験を行ったところ、ポーズがない音声では、聞き手がニュースの内容を理解できなかったことを報告しています。そして、話の内容を記憶し理解するための情報処理の時間として、ポーズが必要であると述べています。ポーズは何の音もない無音の時間ですが、私たちが発話の内容を整理し、正確に理解するために非常に重要な役割を果たしているのです。

　ポーズは、話すスピードである**発話速度**とも関係しています。通常、発話速度が速くなればポーズは短くなりますが、少し速い発話速度で話していても適切な場所に十分なポーズが挿入されていれば、聞きやすい発話になります。反対に、ゆっくり話していてもポーズの挿入位置や長さが適切ではない場合には、聞きにくい印象を与えてしまうので注意が必要です。

　私たちは、ポーズを挿入する代わりに、「え〜」や「あの…」などを使って沈黙を回避し、自分の考えをまとめたり、話し手の発話がまだ続いていることを聞き手に示したりすることがあります。これを**フィラー**と言います。適度なフィラーの挿入には、発話の調子やリズムを整えたりする効果がありますが、必要以上に使いすぎたり、適切ではないところに挿入したりすると、聞き手にとってわかりにくい発話になってしまうことがあるため、気をつけた方がよいでしょう。

練習問題 第7課　イントネーション・プロミネンス・ポーズ

【練習問題1】

以下の(1)〜(4)に示すaとbには、声の高さの変化による違いが生じています。それらの違いがアクセントによるものか、イントネーションによるものかを答え、さらに、なぜそう言えるのかも考えてみてください。

(1) a.「食べる。」　　b.「食べる？」
(2) a.「広い肩」　　 b.「拾い方」
(3) a.「柿」　　　　 b.「牡蠣」
(4) a.「昨日、コンビニで、<u>おにぎりと</u>　ジュースを　買った。」
　　b.「昨日、コンビニで、おにぎりと　<u>ジュースを</u>　買った。」
　　（※下線部は、その部分を強調することを意味しています）

【練習問題2】

以下に示す文章は、「私の町の祭り」というタイトルのスピーチ原稿です。このスピーチの内容を聞き手にわかりやすく伝えるためには、どこにポーズを入れるとよいと思いますか。ポーズを入れた方がよいと思う場所に「∧」マーク（例参照）を書き入れてみてください（※読点「、」は省いています）。

きょうは∧(例)わたしの町の祭りについて話したいと思います。私の町の名前は「諏訪(す)」といいます。諏訪で一番有名な祭りは「御柱(おんばしら)」です。この祭りは6年に1回あります。御柱では山で大きい木を切ります。そして男の人がその木に乗ったり川を渡ったりします。とても危ないですが男の人はみんなこの木に乗りたがります。この祭りでは特別な歌とパレードも有名です。御柱はとても古い祭りで1200年くらい前からありました。とても楽しい祭りですからみなさん見にきてください。

【推薦図書】

杉藤美代子（編）(1989)『日本語の音声・音韻 上』（講座 日本語と日本語教育 第2巻）明治書院.

杉藤美代子（監修）・国広哲弥・廣瀬肇・河野守夫（編）(1997)『アクセント・イントネーション・リズムとポーズ』（日本語音声2）三省堂.

第8課
学習者の音声と発音指導

8.1 学習者の日本語音声に見られる特徴

　音声の習得には、その言語の学習を開始する年齢が影響すると考えられており、言語の学習開始年齢が高くなるほど、いわゆる**外国人なまり**と呼ばれる第一言語の影響が残ると言われています。既に学習したことがほかのことに利用されたり影響を与えたりすることを**転移**と言いますが、第一言語によって第二言語の学習が促進される場合は**正の転移**、反対に、学習が阻害されてしまう場合は**負の転移**と呼ばれます。音声は、第一言語からの影響が特に大きい領域だと言われており、第一言語からの転移がよく観察されるため、ここでは、学習者の母語別に、日本語の音声に見られる第一言語の影響をいくつか紹介したいと思います。

8.1.1 **中国語母語話者**に見られる特徴

　3.1で述べたように、中国語には有声音と無声音の対立がなく、[t]と[d]や[p]と[b]などが音素として区別されていません。そのため、中国語母語話者には、日本語の「天気（てんき）」と「電気（でんき）」の聞き分けが難しかったり、「海老（えび）」と発音したつもりでも、日本語母語話者には「*えぴ」に聞こえてしまうことがあります。その一方で、中国語には、帯気を伴う有気音と帯気を伴わない無気音（☞1.3）の対立があります。日本語では、有気音は無声音の異音なので、語の意味には影響を与えません。しかし、有気音は発話者が興奮していたり怒っていたりするのではないかといった印象を聞き手に与えてしまう可能性があるため、注意が必要です。また、主に南方出身の中国語母語話者には、ナ行、ラ行、ダ行の混同が観察されることがあります。例えば、「撫でる（なでる）」を「慣れる（なれる）」と聞き間違えたり、日本語母語話者には「みなさん」を「*みらさん」と発音しているように聞こえたりすることがあります。さらに、これは中国語母語話者に限ったことではありませんが、特殊拍（☞3.2）の知覚と生成が難しい点が挙げられます。特殊拍は、撥音では鼻音または鼻母音を、促音では無音区間または摩擦音を、長音では母音を1モーラ分伸ばすことで実現されます。しかし、中国語母語話者の発話では、これらの長さが不十分だったり、

本来は特殊拍がない部分に特殊拍が挿入されたように聞こえたりすることがあり、「やっぱり」が「*やぱり」、「きょり（距離）」が「*きょうり」になったりする例が観察されます。

8.1.2 韓国語母語話者に見られる特徴

韓国語も中国語と同様に、有声音と無声音の対立がないため、その聞き取りや発音に苦戦することも多く、「自分（じぶん）」が「*ちぶん」、「学校（がっこう）」が「格好（かっこう）」になったりします。韓国語母語話者の場合は、語中の無声子音が有声子音になることもよくあり、「わたし」が「*わだし」、「韓国（かんこく）」が「*かんごく」になるような例が見られます。また、ザ行がジャ行、ツがチュになることがあり、「？ありがとうごじゃいます」、「*料理をちゅくる」のような発音をすることがあります。これらの発音は、幼児が話す言葉のように聞こえてしまうため、意思の疎通には問題がなかったとしても、できれば直したい発音だと言えます。ほかにも、子音に関わる特徴として、語中の /h/ の脱落が起こり、「ご飯（ごはん）」が「*ごあん」、「日本（にほん）」が「*におん」のように発音されることがあります。さらに、韓国語母語話者にとっても特殊拍の知覚と生成は難しく、「任務（にんむ）」が「*にむ」、「将来（しょうらい）」が「*しょらい」のように発音されることがあります。また、韓国語の子音は平音・激音・濃音という三項対立を成しているのですが、その１つである無声無気音の濃音で日本語の語中無声子音を発音した場合は、そこに促音が挿入されたように聞こえ、「画家（がか）」が「学科（がっか）」のようになることもあります。

8.1.3 英語母語話者に見られる特徴

英語には有声音と無声音の対立があり、子音の発音に関しては、日本語の語の意味が変わるようなことはあまりありません。しかし、「普通 [ɸutsɯː]」を [fɯtsɯː] のように [f] で発音したり、「来月 [ɾaigetsɯ]」を [ɹaigetsɯ] のように、いわゆる「R音」で発音したりすることがあります。また、パ行、タ行、カ行の子音が有気音になり、タ行に関しては少し破擦化したような発音になることもあります。これらの発音は、異音レベルの単音の違いであるため、意思の疎通には特に支障がないことがほとんどですが、学習者が発音に興味を持っている場合などは、気がついたときに指摘しておくとよいでしょう。英語は強勢アクセント（☞ 6.1）の言語であるため、強勢が置かれる部分は強く、高く、長くなり、強勢が置かれない部分は母音が曖昧になります。その特徴が日本語においても現れた場合には、「？わたーしは」のように強くて長い部分が見られたり、「かわいい」が「*こわーいぃ」のようになり、母音が変化して聞

こえたりすることがあります。特殊拍の知覚と生成は英語母語話者にとっても課題であり、「着て」と「切手」、「取る」と「通る」などの区別で苦労することも多いです。また、イントネーションを付与したことでアクセントが崩れてしまい、「あめ↗(雨?)」となるべきものが「*あめ」のような発音になってしまうこともあります。

　ここでは、中国語、韓国語、英語を母語とする学習者の例を紹介しましたが、もちろん他の言語の母語話者に見られる特徴的な転移もあります。また、負の転移だけでなく正の転移が見られる場合もあります。日本語教師は、一人ひとりの学習者にとってどのような発音が課題になりやすいのかを予測し、その学習者に合った発音指導法を検討していくために、学習者の第一言語を確認して、その言語からの転移による日本語音声への影響について、ある程度把握しておけるとよいでしょう。

8.2　発音指導の方法：三角形をなぞってリズムの練習？

　日本語教育の現場や実践研究において、これまでさまざまな日本語の発音指導法が提案・実践されてきました。ここでは、それらの指導法の一部を、「聴覚」「視覚」「触覚」のどの感覚に訴えるかで分けて紹介したいと思います。

8.2.1　聴覚に訴える指導法

　学習者に聴覚的な情報を与える発音の指導法として、まず、多くの日本語の授業で行われているのが、教師が発音した語や文などを学習者全員で声を揃えて発音する**コーラス**です。コーラスでは、適切な発音ができていない学習者の音声が他の学習者の音声に紛れてしまうことがあるため、コーラスの後で個別にあてて、学習者一人ひとりの発音を確認することが多いです。コーラスは、教師の発音が終わってから学習者が発音する**リピート**の形をとりますが、教師やモデル音声の発音が終わるのを待たずに聞こえた端からそのまま繰り返す練習方法もあります。これを**シャドーイング**と言います。シャドーイングは、もともと同時通訳者に使われてきた訓練方法ですが、近年では、日本語教育でも取り入れられるようになってきました。シャドーイングには、いろいろな種類がありますが、音声面に注目した**プロソディー・シャドーイング**は、特にリズムやアクセントなどの韻律面の習得に有効だと言われています。同じく韻律面に関わるリズムの練習として、「タン」と「タ」などでリズムを作って、そのリズムを刻む練習をした後、有意味語を発音する練習方法もあります。例えば、「かわっちゃった」が「*かーわっちゃった」のような発音になってしまう学習者に対して、

「タ・タン・タン・タ」というリズムを数回繰り返して発音させた後で「か・わっ・ちゃっ・た」を同じリズムで発音させる練習などがこれに当たります。音素レベルの発音練習については、ミニマルペア（☞ 3.1）を活用して、「金」と「銀」、「ビル」と「ビール」などを聞き分けたり、発音し分けたりする練習をすることがあります。

学習者の聴覚に訴える指導法は、音声の聞き取りがあまり得意ではない学習者に、よくわからない音声を何度も聞かされることによるストレスを感じさせたり、発音練習に対するモティベーションを低下させたりする可能性があると考えられます。そういった場合には、聴覚だけでなく、他の感覚にも訴える指導法を併用していくことが効果的だと言えるでしょう。

8.2.2 視覚に訴える指導法

学習者の視覚に訴える発音の指導法として、まず、声の高さの変化を視覚的に示す方法があります。例えば、ピッチ曲線（☞ 7.1）をもとにしたイントネーションカーブを視覚的な補助として文の上に示すことで、声の高さの変化を視覚的に捉えやすくし、この線を見ながら発音をさせることで、その文全体のイントネーションや「への字型イントネーション」を実現する指導法が挙げられます（中川ほか 2010）。同様に、声の高さの変化であるアクセントについても、アクセント核（☞ 6.2）や声の高低の変化を示す記号（あめ　あめ　あ'め）を付与して、それを頼りにしながら発音練習をする方法があります。リズムに関しては、「き っ て」のように 1 モーラごとに○を付けたり、「きって」や「きって」のように特殊拍（☞ 3.2）を含む音節と含まない音節を視覚的に示し、それを補助としながら発音指導を行う方法があります。さらに、パソコンが使える環境であれば、音声分析ソフトを活用して、特殊拍の発音において必要になる母音や子音の長さを波形などで視覚的に示し、パソコンの画面を見ながら発音練習をすることも可能です。単音の指導については、声道断面図（☞ 1.2）を使って舌の位置を視覚的に示す方法もあります。また、日本語のフの子音 [ɸ] が英語の [f] とは異なることを示す場合などは、声道断面図がなくても、教師が自身の口の形状を学習者に示すだけで十分な視覚的補助となり、学習者は調音時の教師の口の形や動きを見ながら発音の練習をすることができるでしょう。

8.2.3 触覚に訴える指導法

身体の動きを発音指導に用いる方法として、**VT 法**（**Verbo-Tonal Method**）がよく知られています。VT 法では、調音運動に伴う筋肉の緊張と弛緩に注目し、言語の音声的な特徴と身体の動きとを関連づけて発音指導を行います。例えば、「きっぷ」など

の促音は、緊張を高めて1モーラ分の長さを保つ発音だと捉え、促音の発音時に手を素早く閉じて、次のモーラで勢いよく手を開くという動きなどを用います。身体を動かして発音の練習を行う指導法には、このVT法を応用したものが少なくありません。身体を使った指導法をもう少し見ていくと、イントネーションやアクセントなどの声の高さの変化については、手でイントネーションの曲線を描くような動きをしたり、アクセントの高低に合わせて手や頭を上下に動かしたりする方法があります。リズムに関しては、モーラや音節の数だけ手を叩いたり指を折ったり歩いたりする方法がよく用いられます。以前、リズムの指導で、身体の動かし方を学習者に自由に考えてもらったときには、指で三角形をなぞる動きをして、1つの辺ごとに1モーラを発音し、モーラリズムを刻む練習をした学習者もいました。身体の動きを用いた発音練習には、抵抗を感じる学習者もいますが、大きな動きではなく、指先を少し動かすだけでも補助になることがあります。また、最初は動きと発音を同時に行うことが難しい場合もあるため、まずは、身体の動きだけを練習して、慣れてきたところで身体を動かしながら発音をするというやり方も有効だと言えます。

　以上、「聴覚」「視覚」「触覚」の各感覚に訴えるいくつかの発音指導法を紹介してきましたが、日本語教育の現場では、ここに挙げたもの以外にもいろいろな発音指導の方法が提案・実践されています。「発音指導はこうでなければならない」というきまりは特にありませんから、実際の教育現場では、学習者の様子を見ながら、必要に応じて複数の指導法を組み合わせたり、新たな指導法を検討したりして、一人ひとりの学習者に合った発音指導を行っていくことが望ましいと言えるでしょう。

8.3　発音指導について考える

8.3.1　発音指導は必要か？

　みなさんは、日本語学習者に対する発音指導は必要だと思いますか。もし、必要だと思う場合は、どんな発音を目標としてどこまで細かく教えればよいと思いますか。この答えは1つではありません。なぜなら、学習者がどんな目的で日本語を学び、最終的にどのレベルまで到達したいと思っているのかによって、発音指導の必要性やその内容が変わってくるからです。例えば、将来、日本語教師や通訳になりたいと思っている学習者や、音声への関心が高く、積極的に発音の勉強をしたいと思っている学習者は、熱心に発音や聞き取りの練習に取り組む可能性が高いです。教師もそれに応えるために時間をかけて細かい部分まで発音指導をするのが理想的だと言えるでしょ

う。しかし、仕事や大学の専門では日本語が必要なく、日常生活において必要最低限のやり取りができればよいと思っている学習者や、音声には特に興味がなく、発音が上手になりたいという目標を持っていない学習者は、細かい発音にまで逐一注意を払って日本語を学習しようとはしないことが予想されます。こういった学習者に対して無理やり発音の練習をさせると、その後の日本語学習全体に対するモティベーションまで下げてしまう可能性があるため、教師は気をつけなければなりません。しかし、学習者が発音練習は必要ないと思っていても、発音が原因でコミュニケーションに支障が出る可能性がある場合や、病院や役所でのやり取りなど、正確な情報を得たり伝えたりしなければならない場面で日本語を話す必要がある場合には、学習者が誤った発音によって不利益を被らないようにするために、発音を指導していく必要があります。その際に大切なのは、その発音がなぜ重要で、もし、適切な発音ができなかった場合には、具体的にどのような点で困るのかを学習者に説明し、発音を練習する必要があることを理解してもらった上で練習に取り組んでもらうことです。発音指導の必要性やその指導の細かさの程度は、学習者が日本語を学ぶ目的や目標、音声を用いたコミュニケーションを行う場所や場面によっても異なるため、それらに合わせた対応や指導を心がけていくことが重要です。

8.3.2 学習者の心理面への配慮

　みなさんは、外国語の授業の時に教師から発音について注意されたり、発音を直されたりした経験がありますか。もし、そういった経験をしたことがある人は、その時、どんな気持ちがしましたか。個人差もありますが、クラスメートの前で外国語の発音をすることに恥ずかしさを感じたり、上手に発音できなかったらどうしようと不安に思ったりする学習者は少なくありません。学習者に心理的な負荷がかかっている状態で無理やり発音指導をしても効果が出にくかったり、練習に取り組む意欲が低下して、その後の発音指導に影響を与えたりする可能性もあります。発音練習では、学習者がその必要性と重要性を認識し、やる気を持って取り組むことが大切です。授業では、学習者が気軽に発音できる環境や、発音を間違えても恥ずかしくない雰囲気を作っていくとよいでしょう。また、特定の学習者ばかりに発音をさせるのではなく、ある学習者に発音上の課題が見られた際には、他の学習者にとっても発音の勉強ができる機会が得られたと考えて、クラス全体で練習をすることも有効です。このように、発音指導では、学習者の心理的な負担についても配慮していく必要があります。

8.3.3 すべての学習者に有効な指導法はない

　8.2で紹介したように、発音指導にはいろいろな方法があります。しかし、どんな学習者に対しても有効な、もっとも優れた発音の指導法というものはありません。それは、学習者によって苦手な発音が異なり、選好する練習方法もさまざまだからです。プライベートレッスンであれば、時間をかけて学習者と相談し、その学習者に合った発音指導の方法を検討していくことも可能ですが、通常の授業では、教師が各学習者に個別に発音指導をする時間的余裕はほとんどないことが予想されます。それでも、教師がいろいろな発音の練習方法を示して学習者に体験してもらい、学習者が自分に合うと感じる練習方法を自由に選べるように工夫するといったことは、授業の限られた時間の中でもできるのではないでしょうか。大切なのは、個々の学習者に注目して、一人ひとりに合った発音指導法を検討し、少しずつでも実践していくことだと言えます。

8.3.4 聞く力の大切さ

　ここまでは、主に音声の生成面の指導について述べてきましたが、音声の知覚面である「聞く力」を身につけることも「話す力」と同様にとても大切です。生成に関しては、学習者の発音に母語からの負の転移があったり、多少の外国人なまりが観察されたとしても、語の意味が変わってしまうような大きな間違いが連続して起こったりしない限り、前後の文脈やその発話が行われている場面などが補助となって意思の疎通が図れることが多いと考えられます。しかし、日常生活における音声の聞き取りに関しては、その学習者のレベルに合わせてコントロールされていない語や文法、発話速度で話される音声を理解しなければならないため、レベルがあまり高くない学習者にとっては、なかなか大変です。学習者からは、「日本語の先生が言っていることならわかるが、教室の外で会う日本人の話は全然聞き取れない」といった声がよく聞かれます。学習者のレベルに合った適切な語彙・文法・発音などに配慮した教師特有の話し方を**ティーチャー・トーク**と言いますが、こういった話し方は、学習者に確実な情報伝達が行えるという利点がある一方で、日本語としては不自然であるという批判もあります。教室の外でも学習者が日本語でコミュニケーションを図っていけるようにするために、授業の中では、少し知らない語や文法があってもあまり気にしないで聞く練習や、その部分を推測しながら聞く練習を取り入れたり、教師が自然な話し方や発話速度で話すように心がけたりすることも大切だと言えます。

練習問題 第8課 学習者の音声と発音指導

【練習問題1】
　あなたは、発音指導は必要だと思いますか。それは、なぜですか。
　もし、発音指導をする場合は、どのようなことに気をつけて取り組みたいですか。自分の意見や考えをまとめてみましょう。

【推薦図書】

小河原義朗・河野俊之（2009）『日本語教師のための音声教育を考える本』アルク.
国際交流基金（2009）『音声を教える』（国際交流基金日本語教授法シリーズ 2）ひつじ書房.
小柳かおる（2004）『日本語教師のための新しい言語習得概論』スリーエーネットワーク.
白井恭弘(監修)・大関浩美（2010）『日本語を教えるための第二言語習得論入門』くろしお出版.
戸田貴子（編著）（2008）『日本語教育と音声』くろしお出版.
水谷修（監修）・河野俊之・小河原義朗（編）（2009）『音声』（日本語教育の過去・現在・未来 第4巻）凡人社.

第2部
語彙

第9課 語と語構成

9.1 言語習得の出発点：
「*国の家族を見たいです」「*変えってください」

9.1.1 何語覚えればよいのか

　新たに言語を学ぶとき、私たちはまず語を覚えるところからスタートします。ある程度の数の語を知らなければ、言語の理解も産出も困難です。では、日本語学習者はいくつぐらいの語を勉強しなければならないのでしょうか。学習者について考える前に、まず、日本語母語話者の語彙数について考えてみましょう。なお、語彙数を検討するには、語とは何かを考えなければなりませんが、これについては次の9.2で解説しますので、ここでは、**語**とは「意味的に1つのまとまりを成し、文を構成する基本的な単位のこと」と定義して、話を進めたいと思います。

　さて、成人の日本語母語話者が見たり聞いたりして意味がわかる語彙（**理解語彙**）は、4～5万と言われています。一方、書いたり話したりなど、実際に使っている語彙（**使用語彙**）は、理解語彙よりもずいぶん少ないと言われています。荒牧・増川・森田・保田（2012）の推定によると、日本語母語話者のオンライン上での使用語彙数は8,000語程度だそうです。

　それでは、日本語学習者の場合はどうでしょうか。**日本語能力試験**（日本語を母語としない人の日本語能力を測定する試験）の旧試験の認定基準には、もっとも高い1級（現N1に相当）は、社会生活をする上で必要な総合的な日本語能力があり、1万語程度の語を習得したレベルであると記されています。また、日本の大学・大学院で学んだり、日本の企業で仕事をするには、2万語程度を知っている必要があるとも言われます。

　この1万とか、2万という数字を聞いて、みなさんは多いと感じるでしょうか、それとも、あまり多くないと感じるでしょうか。阪本（1955）の報告によると、母語話者の場合、小学校の高学年で1万から2万語程度、中学生では2万から3万語、そして、高校生になると、3万から4万語と成人に近い値に達するそうです。母語話者の数を見る限り、1万から2万というのは必ずしも多いとは言えないでしょう。

9.1.2 語の何を覚えればよいのか

　一般に、留学生は日本の大学や大学院に入る前に、1～2年程度日本語学校などで日本語を集中的に学びます。ということは、この1～2年で1万かそれ以上の語を覚えなければならない、ということになります。もし、1年で1万語覚えるとしたら、1か月に833語、1日に27語を覚えなければならないということになります。これは、決して少ない数ではありません。また、一度見ただけで、あるいは、一度聞いただけで、その語を完璧に覚えるというのは難しいことです。語には複数の意味があることが多いので、ある意味を覚えても、また後で他の意味も覚えなければならないということが少なくないからです。その上、漢字で表記される語の場合には、音と意味だけでなく、漢字も対応させて記憶しなければなりません。特に、非漢字圏（☞ 10.2）の学習者の場合は、漢字の字形を覚えるだけでも、相当の努力が必要です。

　さらに、自分の母語で成立する使い方が日本語では成立しないということも、語彙学習を困難にする要因です。例えば、日本語学習者は「家族に会いたい」と言おうとして、「*家族を見たい」と言ってしまうことがあります。これは、学習者の母語では"to see my family"や"見家人"のような表現が成立するため、"see"と"見"に対応する「見る」を使えばよいのだろう、と思ってしまうからです。

　また、活用（☞ 18）も、語彙習得の困難さの一因です。例えば、動詞の「歩く」は、「歩**か**ない」「歩**き**ます」「歩**く**」「歩**け**ば」「歩**こ**う」と、規則的に活用するので、わかりやすいのですが、テ形（☞ 18.2）は、「歩**いて**」で、「*歩**きて**」ではありません。学習者は、「－く」で終わる動詞のテ形は「－いて」となる、というルールを覚えなければならないのです。あるいは、「帰**って**ください」はよいのですが、「*変え**って**ください」は正しくありません。「帰る」と「変える」は、ひらがなで書くと「かえる」で、同じ発音の同じ語に見えてしまいますが、前者は五段動詞、後者は一段動詞（☞ 18.2）と、動詞のタイプが異なるため、活用も異なります。ですから、学習者は「かえる」という動詞は複数あり、それぞれがどのような意味であり、どのような漢字で表記され、どの動詞タイプに属するのかを、覚えなければならないのです。語は、意味を覚えるだけでなく、文法の習得とも連動させながら学ぶ必要があるのです。

9.1.3 どんな**語**から覚えればよいのか

　語彙の習得には段階があり、最初は**使用頻度**（使われる回数）が高い語から学びます。このような語彙を**基本語彙**と呼びます。基本語彙は、大規模な語彙調査に基づき、専門家の判定や言語使用者の理解度などを加味して選定されます。日本では、1950年代以降、国立国語研究所が中心となって、雑誌、新聞、教科書、テレビ放送などを言

語資料として、大規模な語彙調査を行っています。また、1984年には、**日本語教育のための基本語彙調査**の結果も報告されました。これは、日本語教育の専門家が日本語学習者が学ぶべき基本的な語彙を検討したもので、約6,000語が選ばれています。

ところで、日本語は、他の言語に比べて、基本語彙が文章全体をカバーする割合（**カバー率**）が低いと言われています。例えば、使用頻度の上位1,000語では、文章の50%ぐらいしかカバーされないという報告があります。これが、英語やフランス語では、1,000語で80%強、中国語や韓国語だと、1,000語で70%強になるのだそうです（玉村1989）。つまり、日本語の場合、基本語彙の上位1,000語を知っていても、文章の半分が未知語である可能性があるのです。カバー率から考えても、日本語学習者にとって、語彙学習は非常に高いハードルだと言えるでしょう。

9.2 語の単位: 「食べる」「食べた」「たべて」は同じ語か違う語か

9.2.1 語と語彙

前節で見たように、言語習得には相当数の語彙習得が必要です。では、語はどのようにして数えればよいでしょうか。ここでは、語とは何かについて考えてみます。

その前に、以下の文を見てください。どこかおかしい点はありませんか。

(1) *昨日「範疇」という語彙を勉強した。
(2) *国立国語研究所は、日本語の体系を記述するために、語調査を行った。

(1)は「語彙」ではなく、「語」と言った方が適切ですし、(2)は「語彙」とした方がしっくりきます。では、「語」と「語彙」とはどう違うのでしょうか。**語彙**というのは、ある言語の中で、あるいは、ある言語の特定の範囲の中で用いられる語の総体のことです。例えば、日本語にある語をすべて集めれば、日本語の語彙になります。また、『源氏物語』に出てくる語を調べてリストアップすれば、それは『源氏物語』の語彙です。あるいは、コンピューター用語や経済用語のように、特定の分野で使われる専門語彙もあります。一方、個別の「図書館」「いつ」「読む」などは語彙ではなく、語彙を構成している**語**です。一つひとつの語には、それぞれ、音、意味、形（表記）が備わっています。また、語によって文が形作られるということから、語は文を構成する基本的な言語単位であるとも言えます。

ところで、日本語は**分かち書き**（語と語の間にスペースのある表記法）されません。

そのため、語を数える前に、文を語ごとに区切らなければなりませんが、その区切り方は、語とは何かという定義によって変わります。定義が異なれば、何を1語と考えるかも異なるので、ある定義に基づくと100語、1,000語でも、他の定義で数えると130語、800語になるかもしれません。

なお、一般的には、「英単語」「単語を覚える」のように、**単語**という用語もよく使われますが、本書では語という用語に統一したいと思います。

9.2.2 語の数え方

(3) 私は食べることが大好きです。昨日もたくさん食べたんです。一日中ずっとたべていました。

(3)の中で、「食べる」という語は何回使われていますか。おそらく、「食べる(こと)」「(たくさん)食べた」「(ずっと)たべて」の3回、と答える人が多いのではないかと思います。これは、「食べた」も、かな表記の「たべて」も、「食べる」が活用しただけで、別の語ではないと考えられるからです。

一方、「食べる」という語は、「食べる(こと)」の1回だけ、という答えもありえます。なぜかというと、「食べた」は、タ形(☞19.1)で過去を表しており、「食べる」と全く同じ意味だとは言いにくいからです。このような考え方の背景には、形態素という概念があります。**形態素**とは言語学の用語で、意味を担う最小の言語単位のことです。形態素は単独で語になる場合もありますし、組み合わせて使われる場合もあります。例えば、「お水」は、「お」と「水」の2つの形態素から成っています。「水」は単独で用いることができますが、「お」は単独では使えず、他の形態素に付きます。このように、単独で用いられる形態素は**自由形態素**(**独立形態素**)、単独で用いることができない形態素は**拘束形態素**と呼び分けられます。拘束形態素には、「お水」の「おー」のように語の頭に置かれる**接頭辞**や、「積極的」の「ー的」のように語の後ろに置かれる**接尾辞**があります。なお、接頭辞と接尾辞を合わせて**接辞**と呼びます。接辞の中でも、「優しさ」の「ーさ」、「食べ方」の「ー方」のように、自由形態素の品詞を変える働きを持つ拘束形態素を**派生接辞**と呼び、「食べた」の「ーた」、「行かない」の「ーない」のように、品詞は変えずに文法的な機能を持つ拘束形態素を**屈折接辞**と呼ぶこともあります。このように考えると、「食べた」は、「食べ(る)」と「た」の2つの形態素から成っており、「食べること」の「食べる」と同じとは言えません。

ところで、第二言語習得論には、ワードファミリーやレンマという語の数え方があります。これは、英語の習得研究でよく用いられます。**ワードファミリー**というのは、

例えば、"happy"という基本形に、活用形の"happier"や"happiest"、さらに、派生語（☞ 9.3）の"happiness"や"happily"を含めて1語とする、という数え方です。一方、**レンマ**は、品詞の変わる派生語は含めず、基本形と活用形で1語とします。ワードファミリーやレンマによって語を数えるという方法にも一定の妥当性があります。"happier"の"-er"、"happiness"の"-ness"、"happily"の"-ly"が、どのような文法的な意味機能を持っているかを学べば、語として意味を覚えなければならないのは、"happy"だけです。このように考えると、"happy"、"happier"、"happiness"をまとめて1語とするという数え方にも妥当性があると言えるでしょう。ただし、"eat"、"ate"、"eaten"のように、不規則活用の語の場合は、発音と形が変化して学習が容易でないことから、これらをまとめて1語とするのは妥当ではないという指摘もあります。

このように、語の定義や、語と隣接する概念は複数ありますので、語を数える、といったときには、まず、語とは何かを示す必要があります。前節で、日本語学習者が1万から2万の語を学習すると述べましたが、語の数え方によっては、この値も変わるでしょう。語数を考える際は、何をもって1語と数えるのかに留意しましょう。

9.3 語の構成：「*私に対して15万円の家賃は高すぎる」

9.3.1 語の内部構造

「ごはん」や「おちゃ」のような接頭辞のついた語のいくつかは、初級のはじめに学びますが、学習者は「ご＋飯」「お＋茶」のような構造を最初は意識していません。語の内部構造に気づき始めるのは、学習がある程度進んでからです。多くの場合、敬語（☞ 23.1）を習う頃に、どのような語に「お」が付き、どのような語に「ご」が付くのか、また、いずれも付かない語はどのような語か、などを学ぶようになります。

では、次の語を内部構造の違いから分類すると、どうなるでしょうか。

(1) お花　(2) ほしがる　(3) 雨雲　(4) 花　(5) 非常識　(6) 花束　(7) 人々

9.2で述べたように、形態素には自由形態素と拘束形態素がありますが、語の内部構造を見ると、自由形態素だけでできている語、拘束形態素と自由形態素が結びついてできている語、自由形態素が複数結びついている語、があることがわかります。

例えば、「花」は自由形態素1つでできている語です。このように、自由形態素1つだけでできている語を**単純語**と言います。一方、「お花」や「花束」のように、2つ以上の形態素から成るものは、**合成語**と言います。合成語には、「お花」のように、自由

形態素に接辞などの拘束形態素が結びついてできた**派生語**、「花束」のように、自由形態素が複数結びついてできた**複合語**、「人々」のように、同じ形態素を重ねる**畳語**（重複語）などがあります。

1）派生語

　日本語の派生語は、接頭辞の付いている語と、接尾辞の付いている語に大別されます。接頭辞は、「お花」「ご連絡」のように、待遇的な意味（☞ 23.1）を加える働きを持つ「お-」「ご-」のほかは、多くは漢字1字の接頭辞です。例えば、「<u>無</u>意識」「<u>非</u>常識」「<u>反</u>比例」「<u>再</u>検討」などです。なお、「<u>アンチ</u>巨人」「<u>マイ</u>箸」など、かたかなの接頭辞もありますが、数は少なく、接続する名詞も限られています。

　一方、接尾辞は接頭辞より数が多く、品詞を変える働きを持つものが多数あります。例えば、「高<u>さ</u>」「おもしろ<u>み</u>」「大き<u>め</u>」のように形容詞に接続して名詞を作るもの、「伝統<u>的な</u>」「子ども<u>っぽい</u>」「使い<u>やすい</u>」「わかり<u>にくい</u>」のように名詞や動詞について形容詞を作るもの、「ほし<u>がる</u>」「汗<u>ばむ</u>」「春<u>めく</u>」のように動詞を作るものなどがあります。接頭辞と同様に、「事務<u>室</u>」「機械<u>化</u>」「可能<u>性</u>」「日本<u>風</u>」など、漢字1字の接尾辞も多数あります。その中には、意味が似ているのに、語によって使われる接尾辞が異なり、学習者を悩ますものも少なくありません。代表的なものとして、人を表す接尾辞「合格<u>者</u>」「専門<u>家</u>」「有名<u>人</u>」「店<u>員</u>」「読み<u>手</u>」や、料金や費用を表す接尾辞「入学<u>金</u>」「学<u>費</u>」「授業<u>料</u>」「電気<u>代</u>」「運<u>賃</u>」などがあります。接尾辞はすべての語に付くわけではなく、また、ルールが厳密に定まっていないことも多いため、学習者は一つひとつ覚えなければなりません。また、「一<u>本</u>」「三<u>枚</u>」「五<u>人</u>」「100<u>メートル</u>」「二<u>番目</u>」のように、数字に後続して数量や順番を表す**助数詞**も、接尾辞の一種です。どのような名詞にどのような助数詞が使われるのかは、大よそのルールがあるとはいえ、種類が多く、文中での使い方に注意が必要なため、学習者には負担感があるようです。

2）複合語

　複合語には、複合名詞、複合形容詞、複合動詞があります。一例を挙げると、複合名詞は「飲み薬」「好き嫌い」など、複合形容詞は「興味深い」「蒸し暑い」「重苦しい」など、複合動詞は、「思い出す」「引っ越す」「取り入れる」などです。複合語の品詞は、原則的には、後項の語の品詞によって決まりますが、「好き嫌い」のように、形容詞や動詞が名詞に変わる場合もあります。また、複合語では後項の語に連濁（☞ 4.2）や転音（☞ 4.2）が起こり、「飲み薬」は「<u>ぐすり</u>」、「雨雲」は「<u>あま</u>・<u>ぐも</u>」、「春雨」

は「さめ」のように変わることがあります。さらに、アクセント型（☞6.1）も別の型に変わりやすくなります。例えば、花（ハナ）＋束（タバ）は、花束（ハナタバ）となります。

　複合動詞は、統語的複合動詞と語彙的複合動詞に大別されます。**統語的複合動詞**というのは、例えば、「食べ始める」「聞き飽きる」などで、それぞれ「食べることを始める」「聞くことに飽きる」のように、前項動詞が後項動詞の補語になります。単体の意味を組み合わせれば、意味の理解は可能です。一方、**語彙的複合動詞**というのは、「引っ越す」「取り入れる」のように、単体の動詞の意味を掛け合わせても、全体の意味が導きにくい（**意味の透明性**が低い）複合語です。統語的複合動詞は意味の透明性が高いため、未知語であっても意味の推測（☞15.3）が可能ですが、語彙的複合動詞は、意味の推測が容易にできるものから、全く想像もつかないものまであるので、学習者は一つひとつ覚えなければなりません。特に、メタファー（☞12.3）の意味は理解しにくいです。例えば、「乗り換える」という複合動詞には、「急行電車に乗り換える」というように、〈ある乗り物を降りて、他の乗り物に乗る〉という意味がありますが、そのほかに、「A社からD社の携帯に乗り換える」のように、〈今まで使っていたものをやめて、他の新しいものを使う〉という意味もあります。しかし、「携帯」と「乗る」が結びつかないので、学習者には意味の推測が難しいのです。

　さらに、自動詞（☞20.1）か他動詞（☞20.1）かの区別も、単体の動詞のときとは異なることがあります。例えば、「出す」は「手紙を出す」のように、単体では他動詞として使われますが、「飛び出す」という複合動詞になると、「子どもが道路に飛び出してきた」のように、自動詞として使います。このように、学習者にとって、複合動詞は意味も用法もわかりにくく、習得が困難なタイプの語の1つです。

3) 畳語（重複語）

　畳語は、名詞、形容詞、動詞などの自由形態素が2つ重なってできた語ですが、畳語の品詞は元の語の品詞とは必ずしも同じではありません。

　　(8) 人々　　　(9) ときどき　　　(10) 広々　　　(11) 泣く泣く

　例えば、(8)と(9)は、「人」や「とき」という名詞が重なった畳語ですが、(9)の「ときどき」は、名詞としても使われますが、頻度を表す副詞として使われることが多いです。また、(10)の「広々」は、「広い」の語幹（活用しない部分　☞18.1）が重なってできた語ですが、「*広々い」という形容詞になるのではなく、「広々とした」という形式で用いられます。さらに、(11)の「泣く泣く」も、動詞が連なってできています

が、「泣く泣くあきらめた」のように、副詞として使われます。

　畳語は、元の形態素とは品詞が異なることが多いのですが、その意味は元の形態素の意味と無関係ではありません。「人々」は、多数の人を表しますし、「広々とした空間」と言えば、ゆったりとして広い空間のことを表します。「泣く泣く」と言えば、〈泣きたい気持ちで〉という意味になります。ただし、畳語は、どのような語でも重ねて作ることができるわけではなく、前述の派生語や複合語と比べると、数もあまり多くありません。なお、擬音語・擬態語（☞ 13.2）の中にも、「ガタガタ」「じろじろ」のように、同じ音が反復している語があります。これらは自由形態素の連続ではないので、畳語に含めないことが多いのですが、広義の畳語として扱うこともあります。

　表記では、(8) や (10) のように、**踊り字**（同一の文字を重ねることを表す符号）の「々」を使った表記が一般的ですが、副詞の場合には、(9) のように、かなで表記されることが多いようです。また、音韻については、複合語と同様に、後項の語に連濁（☞ 4.2）が起こりやすいという特徴があります。

　なお、日本語学習者の中には、「人々」「国々」の例から、名詞の畳語は複数形を表すと理解し、「*犬々」や「*市々」という語もあると勘違いする人がいます。学習者に指導する場合には、「人」が単数形で「人々」が複数形、という対立があるわけではなく、大勢の人、多くの国、を表す場合に「人々」「国々」という語を使うということに言及する必要があります。

9.3.2　複合助詞

　　(12) 学生の私にとって 15 万円の家賃は高すぎる。
　　(13) いまさら謝ったところで、許してもらえないだろう。
　　(14) お前になんか、教えてやるものか。

　下線部のように、複数の形態素が結合して、助詞相当の機能を持つ形式を**複合助詞**と言います。複合助詞は、日本語教育では文型として扱われますが、学習者には、意味用法の理解や習得が困難なものが多くあります。

　複合助詞は、多くの場合、助詞に名詞や動詞などが結びついてできていますが、それぞれの意味は漂白化し（☞ 13.1）、全体で1つの新たな意味機能を持っています。例えば、(12) は「私には」とほぼ同義で、格助詞（☞ 17.1）のような働きをしています。(13) は「いまさら謝っても」という意味で、接続助詞として機能しています。また、(14) の「教えるものか」は、「教えないぞ」という話者の強い否定の意志を表す終助詞のような働きをしています。

複合助詞は、多くは中級以降に学びますが、数が多く、意味の似ているものもあって、習得がなかなか大変です。例えば、(12) は、テストなどで (15) のように出題されると、学習者には難しいようです。

(15) 学生の私（　　　　）15 万円の家賃は高すぎる。
　　①に対して　　②にとって　　③について　　④において

また、複合助詞は、複数の意味を持つものが少なくありません。例えば、「に対して」には、[　] に示したように、いくつかの用法があります。

(16) お客さまに対して、横柄な態度をとってはいけない。　[態度を向ける対象]
(17) 父が甘党なのに対して、母は辛党で甘い物が苦手だ。　[2 つの対比]
(18) 水 100cc に対して、しょう油を 50cc 入れます。　　[2 つの割合]

なお、「私には難しすぎます」「飲むだけでやせられる」など、助詞を 2 つ繋げた形式は複合助詞とは呼びません。

9.3.3 造語法

ここまで、既に存在している語を分解して、その内部構造を観察してきましたが、ここでは、そもそも、語はどのようにして作られるのか（**造語法**）を考えます。以下に、代表的な造語法を紹介します。

(19) 無計画　　　(20) 落ち着く　　　(21) 休み
(22) マニュアル　(23) 就活　　　　　(24) 間違う

まず、(19) と (20) は、前述した派生語と複合語で、複数の形態素が結びついて作られています。この造語法を**合成**と言います。(21) は、動詞「休む」のマス形（☞ 18.1）から作られた名詞です。このように既存の語の形を大きく変えずに、新たな語を作る方法を**転成**と言います。(22) のように、他の言語から借りてくることは、**借用**と言います。(23) は、**縮約**（**省略**）と言って、元の語を縮めて作られた語です。(24) は、「紛る」と「違う」が融合してできたと言われており、このように、意味の近い語が複数結びついて新たな語が作られることを**混淆**（**混交**、**混成**）と言います。

毎年、たくさんの新語が生まれていますが、その中には、これらの造語法によってできたものもありますので、ぜひ、観察、分析してみてください。

練習問題 第9課 語と語構成

【練習問題1】
次の語は、単純語、複合語、派生語、その他、のいずれに分類されますか。

(1) おばあちゃん子　(2) 花の束　(3) 事故る　(4) やぶく　(5) パソコン

【練習問題2】
「お食事券」と「汚職事件」は、それぞれどのような語構成からなっていますか。また、「飲み歩く」「歩き続ける」「落ち着く」「作り直す」は、それぞれ統語的複合動詞と語彙的複合動詞のどちらに分類されますか。例文を考えながら、特定してください。

【推薦図書】
秋元美晴 (2010)『日本語教育能力検定試験に合格するための語彙 12』アルク.
沖森卓也・木村義之・田中牧郎・陳力衛・前田直子 (2011)『図解 日本の語彙』三省堂.
風間喜代三・上野善道・松村一登・町田健 (2004)『言語学 第2版』東京大学出版会.
窪薗晴夫 (1995)『語形成と音韻構造』(日英語対照研究シリーズ 3) くろしお出版.
窪薗晴夫 (2002)『新語はこうして作られる』(もっと知りたい！日本語) 岩波書店.
東京外国語大学留学生日本語教育センター グループ KANAME (編著) (2007)『複合助詞がこれでわかる』ひつじ書房.
日本語記述文法研究会 (編) (2010)『現代日本語文法 1 第1部 総論 第2部 形態論』くろしお出版.
姫野昌子 (1999)『複合動詞の構造と意味用法』ひつじ書房.

COLUMN 3 「目の薬」と「目薬」、「大きな穴」と「大穴」

　ことばの誤用は、言語を学んでいるとどうしても起こるものですが、学習者の誤用から教師は多くのことを学び、言語の面白さを再認識することがあります。

　以前、私が教えていた日本語のクラスで、学習者が「目の病気になりました。目の薬をつけたり、飲んだりした方がいいです」と言っていました。「目の薬をつける」というのがやや不自然なので、「目薬」という語があること、また、「目薬」は「さす」という動詞と一緒に使うということを教えました。

　ところが、学習者が「目の病気になりました。目薬をさしたり、飲んだりした方がいいです」と言い直したのを聞いて、こうなると、「目薬を飲む」ことになってしまう、ということに気づきました。学習者に確認すると、感染性の目の病気になり、病院から点眼薬と内服薬を処方されたので、「点眼薬はさし、内服薬は飲まなければならない」ということが言いたかったとのことでした。しかし、私はよく確認もせず、「目の薬」だから「目薬」、と短絡的に教えてしまったのです。

　「目薬」は、「目」と「薬」から作られた複合語で、9.3で挙げた「花束」と同じ構造です。このような複合語は、一見すると、「目の薬」のように、名詞句に言い換えられそうです。しかし、複合語と名詞句は必ずしも意味が同じではありません。「目薬」と言えば、点眼薬だけを指し、内服薬は含まれないでしょう。一方、「目の薬」と言えば、〈目の病気のための薬〉を意味するだけで、その薬がどのような形状の、何であるかまでは特定されません。つまり、複合語は、単純語を組み合わせた意味ではなく、特有の意味を持つことがあるのです。ちなみに、コーパス（☞ 12.4）で「目の薬」の用例を探したところ、あまりなく、見つかったのは、「うなぎは目の薬になると、昔から食されていた」でした。

　同様のことは、「花の束」と「花束」、「大きな穴」と「大穴」などにも言えます。「花の束」と言う場合には、無造作に花を束ねただけで、必ずしもきれいにアレンジされていない可能性があります。しかし、「花束」と言えば、普通はきれいに整えられたものを指します。また、「大きな穴」は、穴が大きいということを表しますが、「大穴」と言うと、「競馬で大穴をねらう」のように、〈番狂わせによる大儲け〉という意味が生まれます。

　複合語は、音やアクセントが、単純語から変化することがありますが、意味においても、単純語の意味の組み合わせとは必ずしも同じにはならないということです。

第10課
文字

10.1 文字と音の関係:「*ええがをみます」

10.1.1 文字の種類
　日本語には、ひらがな、かたかな、漢字の3種類の文字があります。かな(ひらがな・かたかな)は音を表す文字で、**表音文字**です。漢字は語の意味を表す文字で、**表語文字(表意文字)** に分類されます。表音文字は、さらに、音節文字と音素文字に分けられます。かなのように、1文字が1音節に対応しているのが**音節文字**で、ローマ字のように、1文字が1つの音素(☞ 3.1)に対応しているのは**音素文字**です。

　なお、現代では、「PC」「IT」のように、英語の頭文字から作られた略語の表記や、初級の日本語教科書の中で読み方の補助として、ローマ字も用いられます。ローマ字表記には、ヘボン式と訓令式があります。**ヘボン式**は、英語の発音に準拠した表記で、「シ」は「shi」、「ツ」は「tsu」のように表されます。一方、**訓令式**は、五十音図に対応させた表記で、「シ」は「si」、「ツ」は「tu」のように表記します。

10.1.2 文字と音の対応
　日本語学習者は、「*ええが」「*おとおさん」「*おねいさん」「*おうきい」のように書いてしまうことがありますが、それはなぜでしょうか。

　ひらがな表記の場合、長音(☞ 3.2)は、「おかあさん」「いい」「すうじ」のように、伸ばす母音を使って表されますが、/e/、/o/の長音は、「え」ではなく「い」、「お」ではなく「う」と表記するので、「えいが(映画)」「おとうさん」となります。しかし、初学者は発音通りに「*ええが」と書いてしまうことがあります。また、例外的に「え」や「お」で表記する「おねえさん」「おおきい」にも、このルールを当てはめて、「*おねいさん」「*おうきい」と書いてしまうということもあります。

　ほかにも、かなの「つ・ツ」は、「きって」や「サッカー」のように、促音(☞ 3.2)を表記するときは小さく書くというルールがあります。しかし、小さい「っ・ッ」は次に続く音によって音が決まるので、学習者には理解しにくいものです。特に、動詞のテ形(☞ 18.2)や外来語には促音が多くありますが、学習が進んでも、「*来って」

「*帰て」などと不正確な表記をする人が少なくありません。手を叩きながら長さの違いを示す、意味を考えて語を特定させるなど、指導の際には工夫が必要です。

さらに、「は」「へ」「を」は、助詞として用いられるとき、/wa/、/e/、/o/ と読むということも、学習者には最初はわかりませんから、説明が必要です。

一方、発音が同じ「ぢ」と「じ」、「づ」と「ず」(四つ仮名 ☞ 4.3) は、現代では、「ぢ」と「づ」はあまり使われず、「じ」と「ず」が主に使われており、初学者にもそのように説明されます。しかし、実際には以下のような語もあります。

(1) ちぢむ　　(2) はなぢ　　(3) つづく　　(4) てづくり

(1) と (3) のように、前の「ち」や「つ」を繰り返す場合は、「ぢ」「づ」と書きます。また、(2)「鼻血」の「血」、(4)「手作り」の「作り」のように、元の意味が強く残っていると考えられる複合語の場合は、「ぢ」や「づ」が使われることもあります。ただし、元の意味が残っているかどうかは主観的であり、判断が難しい場合もあります。

10.1.3 文字と語の対応

日本語母語話者なら、日本語に文字が数種類あって面倒だと感じることはあまりないでしょう。しかし、日本語の初学者には負担感が大きいようです。特に、学習開始当初は、ひらがなを覚えて、次にかたかな、さらに漢字、と文字をたくさん覚えなければなりません。さらに、どの文字をいつ使うかも、最初はよくわかりません。

(5) わたしは　メアリーです。アメリカから　きました。
　　めいじだいがくの　がくせいです。どうぞ　よろしく。

初級教科書の最初の課では、漢字を使わずに、かなだけで書かれていることが多いのですが、(5) を漢字かな交じりで書くと、どうなるでしょうか。

基本的には、ひらがなは、動詞や形容詞の活用語尾や、助詞などの文法的な機能を持つ語、漢字の表記がない和語などに使われます。かたかなは、主に外来語や和製英語に使われますが、擬音語 (☞ 13.2) や、特定の学術用語 (例えば「ヒト」「イヌ」など) にも用いられます。そして、漢字は、形容詞や動詞の語幹、漢語や漢字表記のある和語などに使われます。特定の文字が特定の語種 (☞ 11.1) や品詞と一対一で対応しているわけではありませんが、傾向としては、漢字は実質的な意味を持つ語に用いられ、ひらがなは文法的な機能を表し、かたかなは外来語や擬音語に使われます。ですから、文章の中の漢字だけを拾って読んでいっても、ある程度、文章の内容を推測することができるということもあるでしょう。

なお、外来語は欧米系の学習者には理解しやすいと考える人もいますが、原語の音とかけ離れている外来語が多いので、それほど理解しやすいわけではありません。まず、英語では子音が連続したり、子音で終わる語が、日本語の外来語になる場合、母音を入れて開音節（☞5.1）にします。例えば、"test"の場合は、"s""t"の後ろに、/u/、/o/ を入れて、「テス̱ト̱」になります。また、"cake"は原音に近い「*ケーク̱」ではなく「ケーキ̱」となり、"fruit"は1個でも「フルーツ̱」です。さらに、"present"は「プレゼン̱ト̱」なのに、"restaurant"は、「*レストラン̱ト̱」にはならないなど、ルールが見いだせず、理解や習得に困難を感じる学習者も少なくありません。

10.2 漢字の学習: 「いきる」「うまれる」「なま」「がくせい」「いっしょう」

10.2.1 いくつ学べばよいのか

日本語母語話者が一般の社会生活を送るのに必要な漢字の目安として、**常用漢字**があります。常用漢字は2010年に改訂され、1,945字から2,136字になりました。この常用漢字を目安として、文科省は学校教育で学ぶべき漢字の指針を示しています。まず、小学校では、各学年で学ぶべき漢字（**学年別漢字配当表、教育漢字**）が具体的に定められていて、6年間で計1,026字を学びます。次に、中学校では、具体的な漢字は示されていませんが、教育漢字が書けるようになること、また、常用漢字がすべて読めるようになることが目標であると、学習指導要領に記載されています。さらに、高校では、主な常用漢字が書けるようになることが目標とされています。

では、学習者はいくつ学べばよいのでしょうか。旧日本語能力試験の認定基準によると、旧2級（現N2に相当）で1,000字程度、旧1級（現N1に相当）では2,000字程度が目安となっています。つまり、旧1級（N1）に達するには常用漢字程度の知識が必要です。なお、旧2級（N2）レベルは1,000字で、小学校修了程度と同じくらいですから、少ないと思われるかもしれませんが、漢字1,000字で、新聞の漢字の約93%がカバーされると言われています（国立国語研究所 1976）。

10.2.2 何を学べばよいのか: 漢字の書き

学習者が漢字についてまず学ぶのは、母語話者と同様、形（書き）と読みです。形については、終筆（とめ、はね、はらい）や書き順、画数の数え方など、書き方をどこまで厳密に指導するかは、教師によって、また、教育目標や教育機関によって異なりま

すが、学習者に実際に書かせて、ある程度正しく、きれいに書けるように練習させるのが一般的です。なお、中国、台湾、香港など、母語で漢字表記を用いている**漢字圏日本語学習者**(**漢字圏学習者**)の中には、書き方は勉強しなくてよいと考える者もいます。しかし、形の学習は、**非漢字圏日本語学習者**(漢字圏以外の日本語学習者、**非漢字圏学習者**)ばかりでなく、漢字圏学習者にも必要です。日本語の漢字の字体は、中国語で用いられている**簡体字**(主として中国大陸で使用)や**繁体字**(主として台湾、香港、マカオで使用)と微妙に異なるものが少なくないからです。例えば、日本語の「別」は、簡体字では"别"となり、「口」の下の部分が少し違います。「決」も、さんずいではなく、にすいで"决"です。また、「機械」は、簡体字では"机械"となり、"机"は日本語の「つくえ」とほぼ同じ形です。

10.2.3 何を学べばよいのか: 漢字の読み

　漢字の読みには音読みと訓読みがあり、平均すると、漢字1字あたり約2通りの読み方があると言われています。初級で学ぶ漢字には、複数の読み方を持つ漢字が多数あります。読み方が多い漢字としてよく取り上げられるものに、「生」があります。「学生」「生まれる」「生きる」「一生」「生ビール」「生える」「生真面目」などの読みがあります。このうち、「セイ」(学生)、「ショウ」(一生)は音読みです。**音読み**は、漢字が中国から日本に伝えられた際に、中国語の音を日本語の音韻体系に合うように変えて作ったもので、**漢字音**、**字音**とも呼ばれます。漢字音には、**呉音**、**漢音**、**唐音**などがありますが、日本に伝来した時期や、中国のどの地域の音が伝来したかによって、音が異なります。例えば、「生」では、「ショウ」が呉音で、「セイ」が漢音です。

　一方、**訓読み**は、中国から伝わった音ではありません。もともと日本にあった和語を漢字で表そうとして、和語の意味に対応する漢字を当てたところから、訓読みが生まれました。上記のように、「生」には訓読みが複数ありますが、これは中国語の"生"の意味に対応する和語が、日本語に複数あったことに由来します。

　では、読みはどのように指導すればよいでしょうか。まず、音読みは、その音だけを示しても、学習者には理解できません。「がくせい」という語の、「せい」が「生」という漢字で書かれるのだと指導するのが、わかりやすい方法です。ですから、「がくせい」という語の意味を既に知っている方が教えやすいのです。では、「ショウ」という音読みはどうでしょう。「生涯」や「生じる」などは、語としての難易度が高く、また、一緒に使う漢字も難しくなります。こういう場合は、「ショウ」という読み方だけは後で教えたり、難しい漢字の部分だけをひらがなにして「生がい」と**交ぜ書き**で示したりします。ただし、交ぜ書きは、どこからどこまでが1つの語か判別しにくい、

意味がわかりにくい、などの理由で、あまり好ましくないと考える人もいます。
　一方、訓読みは、形容詞や動詞で用いられる場合が多いので、**送り仮名**とともに提示します。では、以下を、漢字と送り仮名で書くとどうなりますか。

　　（1）おおきい　　（2）たのしい　　（3）かえる　　（4）はいる　　（5）いれる

　基本的には、活用する部分を送り仮名にするのがルールですが、イ形容詞で「−しい」で終わるものは、「しい」と送ります。また、「かえる」は、五段動詞なら「帰る」、一段動詞なら「変える」です。ほかにも通則がありますので、詳細は文化庁（2011）『新訂 公用文の書き表し方の基準（資料集）』などを見て、確認してみましょう。
　また、「今日」「上手」「芝生」などは、**熟字訓**と言って、慣用的な読みです。これは、漢字1字と音が対応しているのではなく、全体で1つの語＝1つの読み、なのですが、学習者は「今」が「きょ」で、「日」が「う」なのかと疑問に思うようです。
　さらに、音読みと訓読みが交じった読み方として、湯桶読みと重箱読みがあります。**湯桶読み**は「切符」や「値段」など訓読み＋音読みで、**重箱読み**は「半年」や「本屋」など音読み＋訓読みです。学習が進んでくると、漢語は音読み、和語は訓読み、と思い込む学習者が増えていくためか、湯桶読みや重箱読みの未知語を音読みにして、「合図」を「*ごうず」、「残高」を「*ざんこう」と読み間違えたりします。

10.3　漢字の知識：「*髪の毛を整理しました」

10.3.1　成り立ち

　漢字は、その成り立ちから4つに分類できますが、以下はどう分けられますか。

　　（1）山　　（2）上　　（3）森　　（4）花　　（5）校　　（6）日　　（7）男　　（8）三

　まず、「山」「日」「魚」のように、具象物をかたどって文字を作ることを、**象形**と言います。象形は、初級の最初に出てくる漢字に比較的多く、学習者も興味を持ちやすいので、導入期は象形の漢字から学ぶことが多いです。
　次に、「上」「下」「三」のように、抽象的な概念を図示して文字を作ることを、**指事**と呼びます。例えば、「上」は、横線を引いて、その上に点を書き、それが「上」の概念であることを示してから指導すると、学習者にもわかりやすいです。
　また、「木」＋「木」で「林」、「人」＋「木」で「休」、のように、漢字を組み合わせて新たな漢字を作ることを、**会意**と言います。意味を持った漢字を組み合わせることで、

新たな意味を持った漢字が生まれるので、既に習った漢字や語が組み合わさった場合には、会意は非常に理解しやすいです。ただし、語の学習順序と一致しない場合は工夫が必要です。例えば、初級の最初の方で「男の人」という語を習うので、漢字の「男」は早く教えたいのですが、「田」や「力」は、語としては初級の後半から中級になるまで出てきません。このような場合は、まず、「田」や「力」という語と漢字を教えて、それから、「男」を教えるという手順で指導します。

最後に、「花」はくさかんむりと「化」、「校」はきへんと「交」のように、意味を表す**意符**（**義符**）と、音を表す**音符**とを組み合わせて漢字を作ることを、**形声**と呼びます。漢字の7〜8割が、この形声に分類されると言われています。漢字の学習がある程度進んでくると、学習者は形声に音符があることを理解するようになり、未知の漢字でも、音読みが推測できる場合があります。例えば、「学生」の「生」を「せい」と読むことから、「性」「姓」「星」の音読みは「せい」だと想像がつきます。

これらの4つの分類に、仮借と転注という2つの用法を併せた6つの漢字の成り立ちや用法を、**六書**(りくしょ)と言います。**仮借**(かしゃ)は、当てる字がなかった事物を表すのに、既にある同じ発音の漢字で代用することで、**転注**は、諸説ありますが、ある漢字が別の語にも転用され、相互に同じ意味で用いられるようになったものだと言われています。

10.3.2 部首

漢字を部首によって分類するという方法があります。**部首**とは、漢字の一部分のことで、後漢時代の文字学者の**許慎**が、形態的な類似性（主として意符）に基づいて漢字を分類したことに由来します。部首は200以上ありますが、偏▢、旁(つくり)▢、冠(かんむり)▢、脚(あし)▢、構(かまえ)▢▢▢▢、垂(たれ)▢、繞(にょう)▢の7種類に大別されます。以下に、代表的な例を挙げますので、部首の名前を自分で確認してみましょう。

(9) 校　　(10) 歌　　(11) 花　　(12) 思　　(13) 病　　(14) 国　　(15) 通

ただし、このような部首の分類は、漢字をある程度知っている人には有意味ですが、漢字の構造そのものになじみがない非漢字圏の初学者には、漢字検索の手がかりになりません。そのような非漢字圏学習者にもわかりやすい分類に、**春遍雀来**(ハルペンジャック)(2001)の4つの分類（左右型▢、上下型▢、囲み型▢、全体型▢）があります。初めて見る漢字でも、形状を手がかりにして、辞書が引けるようになっています。

なお、現在の部首は、清の時代に編纂された**『康熙字典』**(こうき)の分類に基づくものだと言われています。しかし、中国語も日本語も、『康熙字典』以来、字体が変化しているので、今となっては、なぜその漢字の部首がそれなのか、理解できないものがありま

す。例えば、「相」の部首は、左側のきへんではなく、右側の目です。ある程度、学習が進んだ学習者には、同じ部首の漢字は、意味的に関連があり、未知の漢字の意味推測に有効な情報になることも多いのですが、部首に依存しすぎると、誤った意味推測をしかねないので、注意が必要です。

10.3.3 同形語

中国から日本に移入されたのは、漢字だけではありません。それらの漢字を使った語（漢字熟語、漢語 ☞ 11.1）も多数入ってきました。現在でも、日本語と中国語の両方の言語で同形語が使われています。**同形語**とは、「反対」と"反対"、「緊張」と"緊張"、「暗算」と"暗算"のように、同じ漢字（ただし、字体の異同は考慮しません）の組み合わせによる語のことです（中国語には" "を付して、日本語と区別します）。同形語は、約3分の2が日本語と中国語で意味が同じであると言われており、漢字圏学習者は、日本語の同形語は中国語と同じで易しいと考える傾向があります。

ところが、日本語と中国語とで意味が異なる同形語もあります。例えば、「反対」と"反対"は、「この意見に反対する」のように〈賛成しない、不賛成〉という意味は同じですが、日本語の「反対」には、「北と南では方向が反対だ」のように、〈逆の関係〉という意味もあります。中国語の"反対"にはこのような意味はありません。また、中国語の"緊張"は日本語の「緊張」より意味が広く、"工作緊張了（仕事が忙しい）"のように、〈忙しい〉という意味もあります。このまま日本語に置き換えて「*仕事が緊張しています」と言っても意味が通じません。さらに、中国語の"暗算"と日本語の「暗算」では意味が全く異なります。中国語の"暗算"は〈陰謀を企てる〉という意味で、日本語のような〈頭の中で計算する〉という意味はありません。日本語の「暗算」に相当する中国語は"心算"です。

また、辞書に記述されている意味が同じであっても、用法が同じとは限りません。例えば、同形語の「整理」と"整理"は、いずれも〈秩序正しく整える〉と意味は同じです。しかし、中国語では、"整理头发"（"头发"は「髪の毛」）のように言えるのですが、日本語では「*髪の毛を整理する」とは言いません。「整理」と漢字1字を共有する和語の「整える」を使って、「髪の毛を整える」とするのが自然です。

このように、同形語は、形は同じであっても、日本語と中国語とでは、意味や用法にズレがあることもあり、中国語の意味や用法をそのまま日本語に当てはめると、誤用になる場合がありますから、注意が必要です。

練習問題 第10課 文字

【練習問題1】
　漢字圏の学習者が以下のような文を書きましたが、中国語の簡体字や繁体字が混じっています。どこの部分が簡体字や繁体字かを示し、正しく書き直してください。

　　例: 先週、私の国のお正月について、<u>发</u>表しました。
　　　　　　　　　　　　　　　　「発」

　(1) 私の专门は社会心理学です。調査でときどき小学校に行きます。

　(2) 私は日本に来る前に、會社で營業の仕事をしました。

　(3) 私は小説を読むことが好きです。とても乐しいですから。

　(4) 土曜日、はじめて地下鐵に乗りました。そして、澀谷に行きました。

　(5) 実験の結果、薬の効果は認められなかった。

【練習問題2】
　中国語の"合同"、"温存"は日本語でも用いられる同形語ですが、日本語とは少し違う意味があり、"取消合同"、"性格温存"のように言います。では、中国語の"合同"、"温存"にはどんな意味があるでしょうか。辞書などで調べてみましょう。

【推薦図書】
上野恵司・魯曉琨 (1995)『おぼえておきたい日中同形異義語300』光生館.
沖森卓也・笹原宏之・常盤智子・山本真吾 (2011)『図解　日本の文字』三省堂.
加納千恵子・大神智春・清水百合・郭俊海・石井奈保美・谷部弘子・石井恵理子 (2011)『漢字教材を作る』(日本語教育叢書 つくる) スリーエーネットワーク.
国際交流基金 (2011)『文字・語彙を教える』(国際交流基金日本語教授法シリーズ3) ひつじ書房.

第11課
語の分類(1)
語種と位相

11.1 語種:「*友だちに会う約束を解約しました」

11.1.1 語種の相違

　日本語には、もともと日本語にある語(**固有語**、**本来語**)と、他の言語から借用(☞ 9.3)し、日本語に取り入れた語(**借用語**)があります。語の起源のことを**語の出自**と言い、語の出自によって語を分類すること、または、その分類を**語種**と言います。

　日本語には、和語、漢語、外来語、混種語の4つの語種があります。**和語**は日本語の固有語です。**漢語**は中国語からの借用語で、主に漢字2文字から成る、音読みの漢字熟語です。ただし、日本で作られた漢字熟語(**和製漢語**)を漢語に含めることもあります。**外来語**は中国語以外の言語、主に英語、フランス語、ポルトガル語、ドイツ語、イタリア語などのヨーロッパ言語からの借用語です。**混種語**は2つ以上の語種から成る語です。湯桶読み(☞ 10.2)や重箱読み(☞ 10.2)の漢字熟語も、混種語に含まれます。では、次の(1)〜(6)の語種は、それぞれ何でしょうか。

　　(1) 開始　(2) スタート　(3) 始まる　(4) 開始する　(5) 電子レンジ　(6) 台所

　「開始」「スタート」「始まる」は、それぞれ漢語、外来語、和語ですが、「開始する」や「電子レンジ」は、漢語+和語、漢語+外来語なので、混種語に分類されます。また、「台所」は重箱読みですから、これも混種語に分類されます。

　さて、この4つの語種の中で、もっとも多く使われている語種はどれでしょうか。語を数える方法には、異なり語数と延べ語数があります。**異なり語数**は、同じ語が何度出てきても1語としか数えません。一方、**延べ語数**は、同じ語が繰り返し使われているか否かにかかわらず、すべて数えます。例えば、「明日は明日の風が吹く」は、延べ語数では「明日/は/明日/の/風/が/吹く」の7語ですが、異なり語数で数えると、2度目に出てきた「明日」は数えませんから、6語となります。異なり語数で数えた場合、新聞や雑誌などの書き言葉では、漢語が約5割、和語が約4割を占め、

話し言葉では、和語が5割弱で漢語が約4割と、逆転すると言われています。
　では、語種が違うと何が違うのでしょうか。例えば、「解約する」「取り消す」「キャンセルする」にはどんな違いを感じますか。まず、語種には文体的な違い（☞ 11.2）があります。一般的な傾向としては、漢語は文章語に多く使われ、やや改まった感じ、和語は広く使われる日常語、外来語は新しい概念を表す語だと言われます。また、意味や用法にも違いがあります。それぞれの語がどのような語と共起するか調べてみると、以下のような違いがあります。

(7)「～を解約する」：契約、保険、預金、口座、携帯電話
(8)「～を取り消す」：指定、登録、許可、認定、免許、決定
(9)「～をキャンセルする」：予約、注文、予定、旅行、ツアー

これを見ると、「解約」は契約に関する語と、「取り消す」はある機関が正式に出した決定や許可、発行した免許などに関する語と、「キャンセル」は計画していた予定に関する語と、それぞれ共起しており、語種によって違いがありそうです。

11.1.2 和製漢語・和製英語

　漢語の多くは中国語由来なので、中国語を母語とする学習者には簡単だろうと思われがちです。しかし、必ずしもそうではありません。以下を見てください。いずれも音読みの漢字二字熟語ですが、中国語からの借用語ではなく、日本で作られた和製漢語です。そのため、中国語を母語とする学習者にも意味がわからない語があります。

(10) 既婚　(11) 帰宅　(12) 地味　(13) 毒舌　(14) 油断　(15) 暗記

　ただし、日本語でも中国語でも、漢字熟語の構成には共通した規則があるので、意味推測が可能な場合があります。例えば、以下を見てみましょう。

(16) 増加　(17) 左右　(18) 熱湯　(19) 読書　(20) 無人　(21) 悪化

　「増加」は似た意味の漢字で、「左右」は対になる漢字で、構成されています。「熱湯」「読書」は、「熱い湯」「書を読む」と、一方が他方の修飾語や補語（☞ 17.1）になっています。「無人」や「悪化」は、「無-」や「-化」などの接辞が付いています。このようなルールを応用すれば、未知語でもある程度は意味の推測ができます。
　では、もう一度、(10)から(15)の和製漢語に戻ってみてください。「既婚」と「帰宅」は、〈既に結婚している〉、〈自宅に帰る〉と分析ができそうです。これらは、日本語を学んだことがない中国語母語話者でも容易に意味が推測できます。しかし、「地」

+「味」を〈土地の味＝その土地の名産〉、「油」+「断」を〈油を断つ＝油抜きダイエット〉など、日本語の知識を総動員して、こんな連想をしてしまう学習者もいます。

また、漢語の中には、「帰国＋する」「読書＋する」のように、後ろに「する」を伴って、動詞として使えるものが多くあります。一方で、中国語では動詞として使う漢語が、日本語では名詞や形容詞でしか使えないこともあります。そのため、「*参考する」「*不安する」「*豊富する」のような誤用が起こってしまうことがあります。

さらに、かたかなで表記された語にも、日本で作られた**和製英語**があり、これも日本語学習者を悩ませることがあります。和製英語には、原語にはない意味で使われている語や、語の組み合わせがあります。例えば、「コンセント」は英語の "consent (同意する)" とは全く異なる意味で使われていますし、「キャッシュカード」は英語では "cash card" ではなく、"bank card" や "ATM card" などと言うようです。

日本語母語話者は、普段、和製漢語や和製英語についてあまり意識していないかもしれませんが、外国語を学習した経験があったり、日本語と外国語との違いやズレに敏感であると、学習者にとって日本語の何がどう難しいのかを理解するのに、非常に役に立ちます。ぜひ積極的に外国語を学んでください。

11.2 位相と文体:
「*お父さん、あなたは今日何時に帰りますか?」

11.2.1 位相・位相語

「昼ごはん」「昼飯(めし)」「ランチ」「お昼」「昼食」など、指しているものは同じでも、時と場合によって語を使い分けることがあると思います。どの語を、いつ使うかは、話し手の性別、年齢、職業などの属性や、文体や使用場面などの使用環境、話し手と聞き手との人間関係や待遇意識など、さまざまな様相や要因によって決まります。このような現象を**位相**と言い、位相によって異なる語を**位相語**と呼びます。どのような語を使って話したり、書いたりするかを考えるときには、こうした位相にも配慮が必要です。

　　(1) ?はじめまして。マリアと申します。おれは4月に日本に参りました。
　　(2) ?先生、マジでレポートの締め切りは来週ですか。

(1)の「おれ」は、親しい間のくだけた場面で使われる語で、初対面の改まった場面では使いにくいです。また、現代日本語では**言葉の性差**は少なくなっていますが、

女性のマリアさんが「おれ」を積極的に使うのは、不自然でしょう。また、「マジで」「むかつく」「ウザい」のような**若者言葉**も位相語の1つで、(2)の「先生」のような目上の人に対しては、適切な語の選択とは言えません。このような、主に日常会話で用いられ、書き言葉や改まった場面では使われない語は**俗語**とも呼ばれ、位相語に位置づけられます。さらに、「あんよ」のような**幼児語**や、**方言**も位相語に含まれますし、特定の職種や業界でのみ通じる**業界用語**も位相語の一種と考えられています。また、業界用語には他人には意味がわからないように作った語（**隠語**）が多くあります。

なお、日本語学習者、特に大学などで学ぶ留学生の中には、日本人学生が「おれ」「マジで」と言うのを聞いて、同じように使いたがる人もいます。若者言葉、俗語、方言などの位相語は、それを使うことによって仲間意識を共有するという機能もあるためか、日本人学生がみな「おれ」を使っているのに、自分だけ「わたし」と言うのに抵抗を感じて、「おれ」を使いはじめるようです。日本語教育では、通常、使用頻度が高く、使用範囲の広い基本語彙（☞ 9.1）から教えられ、位相語はあまり積極的に指導されることはありませんが、若者言葉、俗語、方言などは、どのような場面で使うのが適切か、指導が必要な場合もあります。

11.2.2 文体と語

日本語は、です・ます体を使うか、だ・である体を使うか、敬語（☞ 23.1）を使うか使わないかなど、述語の部分に文の丁寧さ（☞ 22.3）が現れることが多いのですが、語にも**文体的特徴**が反映されることがあります。まず、11.1で述べたように、語種の違いは語の文体的特徴と関わることがあります。例えば、日常的な口語表現であれば、「実現の可能性を検討します」と言うより、「できるかどうか考えます」と和語を使うことが多いでしょう。ただし、和語の方が漢語より改まった印象を与えることもあります。例えば、「病気」と「病」、「経営する」と「営む」などは、漢語の方が使用頻度が高く、学習者は和語よりも先に漢語を習います。

また、書き言葉と話し言葉の違いによって、語の選択が変わる場合もあります。

(3) インターネットは検索に有用である。?でも、使い方には注意を要する。
(4) 当初、解決には困難が予想された。?だけど、実際は短期間で解決できた。

このように、学習者の接続詞の使用には、文体にそぐわない例が見受けられます。「でも」「だけど」などは、初級の教科書の会話文によく出てきますが、初級の段階では文体はあまり意識されません。そのためか、中級以降に普通体で作文を書くようになっても、口語的な「でも」や「だけど」を使ってしまうことがあります。語の文体

的特徴については、意味や表記を学ぶだけでは身につきにくいので、中上級でさまざまな文体の文章に触れることによって、学んでいく必要があります。

11.2.3 呼称と親族名称

　日本語の**呼称**（人の呼び方）には、自分を指す語（**自称詞**）と相手を指す語（**対称詞**）があります。自称詞と対称詞には、「わたし」「わたくし」「おれ」「ぼく」「あなた」「おまえ」「きみ」など、場面や人間関係などによって使い分けがあります。ただし、日本語の場合、対称詞としてよく用いられるのは、「田中さん、ちょっと相談があるんですが」「しんちゃん、ひさしぶり」「山田様にご伝言がございます」など、固有名詞に「さん」「ちゃん」「様」などの接辞を加えた言い方です。このほかにも、「先生は明日大学にいらっしゃいますか」「社長は明日のパーティーに参加なさいますか」「先輩の出身高校はどこですか」のように、職業、職位、上下関係を表す語が使われます。しかし、このことを知らない学習者は「*先生、あなたは明日大学に来ますか」などと言ってしまうことがあります。

　なお、日本語では、**親族名称**が自称詞や対称詞として使われることもあります。父親が自分を指して「お父さんが教えてあげよう」と言ったり、子どもが父親に向かって「これ、お父さんの時計だよね」と言ったりします。ただし、親族名称を呼称に用いるのには、一定のルールがあります。

　まず、自称詞として使う場合は、目上の者が目下の者に対して、目上である自分を指すときにしか使うことができません。例えば、父親から息子に、「お父さん（＝わたし）が教えてあげよう」とは言えますが、息子から父親に、「*息子（＝わたし）が教えてあげよう」とは言えません。

　また、対称詞として使う場合は、目下の者が目上の者を呼ぶときには使うことができますが、目上の者が目下の者を呼ぶときに使うことはできません。例えば、娘から父親に、「お父さん（＝あなた）は今日何時に帰ってくるの」とは言えますが、父親から娘に、「*娘（＝あなた）は今日何時に帰ってくるの」とは言いません。また、親族名称を対称詞として使うと言っても、呼びかけるときには、「お父さん、今日何時に帰ってくるの」「お兄ちゃん、これ教えて」のように、接辞をつけた言い方にしなければなりません。「*父、今日何時に帰ってくるの」「*兄、これ教えて」とは言いません。

　なお、学習者に親族名称の語彙を教えるときには、自分の家族に言及する場合は、「母」「父」「兄」「姉」「弟」「妹」などを使い、相手の家族に言及する場合は、「お母さん」「お父さん」「お兄さん」「お姉さん」「弟さん」「妹さん」などを使う、ということを説明するとよいでしょう。

第11課 語の分類(1) 語種と位相

【練習問題 1】
次の語の語種は何ですか。

(1) 場所 (2) 子ども (3) 本物 (4) 仕事 (5) 温泉 (6) サラダ油

【練習問題 2】
11.1で見たように、「〜を解約する」「〜を取り消す」「〜をキャンセルする」は、共起する語が異なるようです。また、このことから、3つの語には以下のように意味の違いがあると考えられそうです。では、「〜を整理する」「〜を整える」「〜をアレンジする」についても、同様に、どのような語と共起するか、用例を調べたり、自分で例を考えたりしてください。そして、3つの語の意味の違いを考えてみてください。

例	共起する語の例	意味
解約する	契約、保険、預金、口座、電話	交わした契約などを解除する
取り消す	指定、登録、許可、認定、免許	正式な承認や許可を撤回する
キャンセルする	予約、注文、予定、旅行、ツアー	決めておいた予定を白紙にする

	共起する語の例	意味
整理する		
整える		
アレンジする		

【推薦図書】
沖森卓也・木村義之・田中牧郎・陳力衛・前田直子 (2011)『図解 日本の語彙』三省堂.
国立国語研究所「外来語」委員会(編)(2006)『分かりやすく伝える 外来語言い換え手引き』ぎょうせい.
斎藤倫明(編)(2002)『語彙・意味』(朝倉日本語講座4)朝倉書店.
鈴木孝夫(1973)『ことばと文化』岩波書店.
李在鎬・石川慎一郎・砂川有里子(2012)『日本語教育のためのコーパス調査入門』くろしお出版.

第12課
語の意味とコーパスの活用

12.1 語の意味:「?スーパーで10キロのご飯を買いました」

12.1.1 第二言語の語意学習

　日本語に限らず、語の意味を覚えるというのは、言語学習の中でももっとも基本的な活動の1つです。一般的には、語彙リストや辞書を用いて、新出の語の意味を確認し、覚えます。初級の場合は、語彙リストも辞書も、学習者の母語で意味が説明されています。また、教室では、教師が**絵カード**や写真、あるいは、**レアリア**(実物)を見せて、新出語の意味を導入したり、確認したりすることもあります。

　語の意味を覚えるというのは、語の**形式**(表記や音)が表す意味が何であるかを知り、形式と意味を対応させて覚えることですが、母語を与えたり、絵や写真、レアリアなどを見せることは、学習者に語の意味を示すことになるのでしょうか。

　例えば、「こめ」という語の意味がわからなかったとしましょう。「こめ」を国語辞典で引くと、〈稲の果実〉〈稲の種子からもみ殻を取り除いたもの〉などと書かれています。これは「こめ」の**辞書的意味**です。しかし、国語辞書の説明は日本語そのものが難しく、初中級の学習者には理解が困難です。

　そのようなとき、日本語教育では学習者に実物の米や絵などを見せることがあります。学習者は、実物や絵を見せられれば、「こめ」や「米」と表記し、/kome/ と発音する語が何を指しているのか、すぐに理解するでしょう。ただし、このように実物や絵を見せることは、「こめ」の辞書的意味を教えることではありません。実物や絵を見せるというのは、日本語の「こめ」や「米」、/kome/ という形式の語が、どのようなモノに対してつけられた名前なのかを示すことです。

　成人の学習者の場合は、既にそれぞれの母語で米を表す語、例えば、"rice"や"쌀"を習得しており、それがどんなものかという知識を持っています。ですから、実物や絵を見せて、それが「こめ」/kome/ であると教えれば、それが学習者の母語の"rice"や"쌀"に対応しているということが伝わります。「こめ」が"rice"や"쌀"に対応しているということがわかれば、学習者はそれぞれの母語で既に獲得している"rice"や"쌀"に関する知識を、日本語の「こめ」という語にも適用することができるのです。学習

者が日本語の語の意味を学ぶというのは、基本的には、このように母語で既に獲得している知識に、日本語の形式（表記・音）を対応させていくということです。

12.1.2 意味のいろいろ

学習者に語の意味を教えるのに、絵やレアリアがいつも使えるわけではありません。例えば、「夢」「尊敬する」「好き」のような抽象的な語は、絵で示すことが難しいです。また、「わたし」「これ」「今日」などは、文脈によって指示対象が変わります。これを**直示表現**（**ダイクシス**）と言います。さらに、「学校」「電話」などは、指示対象はありますが、例えば、「学校が休みだ」と、「学校は中野にある」とでは、「学校」の何を指しているかが異なります。前者の「学校」は授業のことを指していますが、後者の「学校」は建物としての学校を指しています。ですから、絵を見せただけでは、前者の「学校」の意味が正確に伝わらない可能性もあります。

このほかに、**内容語**（語彙としての意味を持つ語）だけでなく、助詞や助動詞のように、文法的な意味機能を持っている語（**機能語**）もあります。例えば、「で」「へ」のような助詞は、ある語の後ろについて格（☞ 17.1）を表示するという機能を持っています。このような機能語は、絵で示すことはできませんし、学習者の母語で示そうとしても、同様の機能を持った語が学習者の母語に存在しない場合もあります。

また、「こめ」と"rice"が対応しているといっても、一対一で対応しているわけではありません。"rice"は、「こめ」だけでなく、「稲」「もみ」「炊いたご飯」も表します。「こめ」と"rice"では指示対象が完全には一致せず、ズレがあるのです。このような場合、学習者の母語訳を示しても、正しい理解につながらない可能性があります。

さらに、「こめ」という語を聞くと、日本語母語話者は「味噌汁」「炊く」「白い」などを連想するようですが、英語母語話者の場合、"rice"から"wheat" "pudding" "salad"などを連想するそうです。こうした違いは、「こめ」に関して日本語母語話者が持っている**百科事典的知識**（あることがらに関する社会文化的な知識）と、"rice"に関する英語母語話者の百科事典的知識が異なっているからだと考えられます。百科事典的知識は、言語や文化だけでなく、人や時代によっても異なりうるものですが、同じ言語社会に属する人々の間では、ある程度共有されていると言われています。

ところで、言語学では、語の意味の成分（**意味成分**、**意味素性**、**意味特徴**）を取り出して、分析すること（**成分分析**）があります。これは、2つの語の音をミニマルペア（☞ 3.1）で比較分析するのと似ています。例えば、「兄」は、きょうだいの、〈＋年上〉〈＋男〉のように分析でき、「姉」は、きょうだいの、〈＋年上〉〈－男〉となり、「兄」と「姉」は、性別という意味成分において対立しているということを示すことができま

す。また、「兄」と「弟」では、〈＋男〉は共通していますが、前者は〈＋年上〉、後者は〈－年上〉で、年齢に関する意味成分が異なります。ところが、英語の "brother" には、年齢に関する意味成分〈年上〉がありません。そのため、英語の "brother" は、日本語の「兄」と「弟」の両方を含むことになります。このように、成分分析には、複数の語を比較し、意味の異なる部分を対比して示すことができるという利点があります。その一方で、意味成分を分析的に示せる語は内容語の一部に限られていますし、成分分析が可能な語同士は意味の違いが明確で、分析の必要がないとの指摘もあります。

12.2 語と語の関係: 「?クーラーがついているので、暑くないです、寒いです」

12.2.1 類義語・反義語

　学習者に語の意味を教えるとき、反対の意味や、似ている意味の語を併せて示すことがあります。これは、語と語の間には何らかの関係があることが少なくないからです。では、以下の語と語の間には、どのような関係があると言えるでしょうか。

　　(1) 近く、そば　　(2) 高い、安い　　(3) 裏、表　　(4) 売る、買う

　(1)は**類義語**（意味が似ている語）、(2)〜(4)は**反義語**（意味が反対の語）に分類されます。ただし、反義語といっても、それぞれの関係は一様でなく、**対義語**、**反意語**、**反対語**などと呼び分けられたり、研究者によっても分類と名称が異なります（本書ではまとめて「反義語」と呼びます）。例えば、「高い」と「安い」のように、程度性があり、どちらでもないという段階が存在する連続的な反義関係もあれば、「裏」と「表」のように、一方であれば、他方ではないという**相補的な関係**（排反関係）もあります。また、「売る」と「買う」のように、同じ事象を反対の立場から見ることによって生じる反対関係もあります。このほかにも、「上」と「下」のように、ある基準点に対する方向の違いを表す反義語もありますし、「先生」と「生徒」のように、一方が存在するためには他方の存在が前提となるようなものもあります。

　ところで、「暑い」の反義語は何かと聞かれたら、何と答えますか。

　　(5) A: 部屋は暑いですか。
　　　　B: いいえ、クーラーがついているので、(　　) です。

ここでは、Bは快適な程に気温が低いと言いたいので、「涼しい」が入ります。「寒

い」は、不快な程に気温が低いということを表すため、文意に合いません。

なお、形容詞は、対応する反義語がある場合が多いので、初級では、「高い」・「安い」、「面白い」・「つまらない」のように、ペアにして練習します。ただし、対応する反義語が同じ品詞にはない場合もあります。例えば、「若い」の場合は、「年を取っている」や「高齢の」が反対の意味を表します。しかし、「新しい (new)」・「古い (old)」のように、「若い (young)」の反義語も「古い (old)」だと勘違いしてしまう学習者もいます。

12.2.2 上位語・下位語

次に、(6)～(10)の意味関係を考えてみましょう。

(6) 動物 　　(7) 犬 　　(8) 猫 　　(9) チワワ 　　(10) 柴犬

これらの語には、「動物」というカテゴリーの中に、「犬」や「猫」が含まれ、「犬」のカテゴリーの中に、「チワワ」や「柴犬」などの犬種が含まれるという、階層的な関係があります。このように、より大きな**カテゴリー**（グループ、集合）で他を含む語のことを**上位語**、含まれる語を**下位語**と言います。また、このような上位語と下位語の関係は**包摂関係**（**階層関係**）と呼びます。「動物」は「犬」と「猫」の上位語であり、「チワワ」と「柴犬」は「犬」の下位語です。さらに、同じカテゴリーに属する語同士を**同位語**と呼ぶこともあります。「チワワ」と「柴犬」は「犬」のカテゴリーの中で同位語の関係にあります。

包摂関係と言うと、難しそうに聞こえますが、日本語教育では初級の比較的早い段階で、練習する機会があります。それは、「Xの中で何がいちばん…ですか。わたしはYがいちばん…です」という文型を練習するときです。Xの部分に上位語が入り、Yの部分にはXの下位語が入ります。例えば、「スポーツの中で何が一番好きですか」という文なら、「テニス／野球／サッカーが好きです」と答えます。このように、初級の段階では、文型とセットにして語彙を体系的に学ぶこともあります。

12.2.3 共起語・連語・慣用句

語は単独で使われることはほとんどなく、他の語と組み合わせて使われます。組み合わせが比較的自由な場合もありますが、固定的な場合もあります。例えば、以下の例は不適切ですが、どこをどう直せばよいかは明らかでしょう。

(11) *シャワーに入る　　(12) *約束を壊す　　(13) *味が弱い

「シャワー」は「あびる」、「約束」は「破る」が適切な動詞です。「味」は「薄い」

という形容詞が適切です。このように、ある程度固定的な語と語の組み合わせのことを、**連語**（**コロケーション**）と言います。連語は、他の語では言い換えられないので、一つひとつを覚える必要はありますが、それぞれの語の意味がわかれば、連語全体の意味は比較的理解しやすいという特徴があります。例えば、「シャワーをあびる」の場合、「シャワー」と「あびる」のそれぞれの語の意味が連語にそのまま反映されます。

一方、「顔が広い」「足を洗う」「さじを投げる」は、それぞれ、〈知り合いが多い〉〈好ましくないことをやめる〉〈改善の見込みがないとあきらめる〉と、連語全体として慣用的な意味を表しています。このような語の組み合わせは、**慣用句**と言います。慣用句は、それぞれの語の意味がほとんど残っていないため、慣用句の意味を引き出すことは難しいものです。なお、慣用句の中には、「足を洗う」のように、**文字通り**（**字義通り**）**の意味**（この場合は〈足の汚れを落とす〉）が転じて、比喩（☞ 12.3）としての意味（この場合は〈好ましくないことをやめる〉）を持つものもあります。

日本語教育では、連語は、初級のはじめのころから比較的よく指導されます。特に、名詞を教えるときには、どのような動詞と一緒に使うのかを併せて提示します。例えば、「電話」なら「電話をかける」、「薬」なら「薬を飲む」、「テスト」なら「テストを受ける」のような具合です。一方、慣用句は、中級以降になって徐々に学びますが、「目がない」「口を出す」「手を貸す」など、**身体語彙**（目、口、鼻、首、手など）を使ったものを多く学びます。文字通りの意味から、なぜそのような慣用的な意味が生まれたのかを考えることで、学習が進みやすくなることもあります。

12.3 比喩：「『医者のタマゴ』は、『医者が食べるタマゴ』という意味ですか？」

12.3.1 多義語と同音異義語

語にはたいてい意味が複数あります。以下の「落とす」を使った文を見てください。

(1) 手がすべって、コップを落としてしまった。
(2) どこかで財布を落としてしまった。
(3) たわしでこすって、靴の汚れを落とした。
(4) 順位を少し落としたが、制限時間内にゴールできた。

(1) の「落とす」は〈動作者の何らかの行為が原因となって、対象物が元あった所から下の方に位置を変化させる〉という意味ですが、(2) の「落とす」は〈持ち物をな

くす、失う〉という意味です。(3) は〈要らないものを取り去る〉、(4) は〈程度、質量を下げる〉という意味です。このように、複数の意味が備わっている語を**多義語**と呼びます。ただし、複数の意味といっても、何らかの関連性があります。「落とす」の場合、もっとも基本的で中心的な意味（**基本義**、**中心義**）は (1) で、(2)～(4) は基本義から派生した意味（**派生義**、**周辺義**）です。

一方、「はな（花）」と「はな（鼻）」、「きる（切る）」と「きる（着る）」のように、かな表記が同じで、同じ音形（アクセントは異なります）でも、意味に全く関連性がない場合は、**同音異義語**と言います。同音異義語は、ほとんどの場合、漢字で表記すると判別可能です。例えば、「かんせい」なら、「完成」「感性」「歓声」「閑静」「官製」「慣性」などがあります。また、漢語の同音異義語は、音で聞いただけでは特定することが非常に困難ですが、品詞や共起語が異なる場合が多いので、それをヒントに判別することができます。例えば、「かんせいする」と動詞で使われていれば、「完成」だと判断できますし、「かんせいをみがく」という連語なら「感性」、「かんせいな住宅地」とナ形容詞で使われているなら「閑静」でしょう。

多義語と同音異義語の違いは、複数の意味同士に関連性があるかどうか、また、それに関連して、漢字で表記すると同じかどうか、によりますが、明確には線引きできない場合もあります。例えば、以下の「あげる」はどうでしょうか。

(5) 下を向かないで、顔を<u>あげて</u>ください。
(6) わかった人は、右手を<u>あげて</u>ください。
(7) 選手の勝利を祝って、国旗を<u>あげます</u>。

「あげる」は、「上げる」「挙げる」「揚げる」と異なる漢字があてられますが、〈上の方向に移動させる〉という意味が共通しているように感じられます。これを同音異義語と考えるか、多義語と考えるかは、研究者によって判断が分かれます。同音異義語は、辞書では別々に見出し語が立てられますが、この「あげる」は、「あげる（上げる・挙げる・揚げる）」のように、1つの見出し語の中で解説されていることが多いようです。日本語教育では、初級で習う語に、このような多義語か同音異義語か微妙な動詞があります。特によく出てくるのは「かける」で、「電話をかける」「鍵をかける」「めがねをかける」「壁に絵をかける」など、いろいろな連語で登場します。

12.3.2 メタファーとメトニミー

「りんごのようなほっぺ」「雪<u>のように白い</u>」など、「AのようなⅠように B」という表現は、あることを説明するのに他のもので例えるという表現技法（**比喩**）の一種で、

直喩と言います。このほかにも、比喩にはいくつかの種類があります。

(8) 財布の口が開いている。
(9) チンさんは医者のタマゴです。
(10) 今晩は鍋が食べたい。
(11) 黒板を消しておいてください。
(12) 解決策が見つからず、頭を抱えている。

「口」というのは、本来は人間や動物の顔の一部を表す語ですが、(8)のように〈物を出し入れする開閉部分〉という意味で使われることがあります。財布の開閉部分の形や機能が「口」と似ているところから、財布の開閉部分を人間の顔の「口」に見立てて、(8)のように表現しているのです。また、(9)の「医者のタマゴ」も〈(動物の)卵〉を意味しているわけではなく、〈医者になるために勉強している人〉という意味です。卵が孵化して、ヒナが成長していくように、チンさんも一人前の医者を目指して、医学を学んでいる途中であることを表します。このように、2つの事態の間に、何らかの**類似性**が認められる場合、一方の事態を表す語を使って、他方の事態を表現することを、**メタファー**（**隠喩**）と言います。

また、(10)の「鍋」は、鍋そのものではなく、鍋料理、鍋の中身を指しています。(11)の「黒板を消して」も、黒板そのものではなく、黒板に書かれている文字を消してほしいのです。鍋と鍋の中身、また、黒板と黒板の文字は、空間的に隣接しています。また、(12)の「頭を抱える」は、ここでは〈困った事態になって、考え込む〉という意味ですが、どうしたものかと考え込んでいるとき、しばしば手で頭を抱えるような動作をすることから、何らかの関連性、時間的な連続性があると考えられます。このように、2つの事態の間に、何らかの**隣接性**や**関連性**が認められる場合、一方の事態を表す表現形式を用いて他方を表すことを、**メトニミー**（**換喩**）と言います。

このように、メタファーやメトニミーは日常的に非常によく使われています。日本語教育でも、初級で教える「テレビを見る」「新聞を読む」などは、見るのは「テレビ番組」ですし、読むのは「新聞記事」ですから、これらもメトニミーと言えます。

12.3.3 プロトタイプと家族的類似性

みなさんは、「食器」と聞いて、真っ先に何を思い浮かべますか。「皿」「茶碗」「どんぶり」「コップ」「箸」「スプーン」などを思い浮かべるのではないでしょうか。このように、あるカテゴリーにおいて、比較的多くの人が共通して思いつく、より代表的なメンバー（事例）のことを、**プロトタイプ**と呼びます。なお、お正月に使うような

「重箱」、高級なお寿司屋さんでお皿の代わりに使われる「笹の葉」、中華料理ではよく使う「れんげ」、食品を食べる際に使うこともある「爪楊枝」、食事のときに敷く「ランチョンマット」、食事中に指先を洗うのに使う「フィンガーボール」などを、「食器」として挙げる人もいるかもしれません。「重箱」や「笹の葉」は、形状や材質の違いはあっても、食べ物を盛り付ける、乗せるという点で、「皿」や「茶碗」と共通点がありますし、「れんげ」や「爪楊枝」も、食べ物をつかみ、食べ物を口に運ぶ道具という点で、「スプーン」や「箸」と似ています。「ランチョンマット」や「フィンガーボール」は、食事の環境を整える小物であるため、食器というカテゴリーに含めるとしても、境界線上にあると言えるでしょう。このように、中心的なメンバーから周辺的なメンバーまでの、すべてのメンバーに共通した絶対的な特徴や条件はないものの、相互に部分的な類似性や関連性を持ってつながっているメンバーの集合のことを、**ヴィトゲンシュタイン**という哲学者は**家族的類似性**と呼びました。

　この家族的類似性は、多義語の意味関係にも見て取ることができます。ここで、12.3.1 で紹介した多義語の「落とす」について、もう一度考えてみます。「落とす」の基本義は、(1)「コップを落とした」に見られるように、〈動作者の何らかの行為が原因となって、対象物が元あった所から下の方に位置を変化させる〉という意味ですが、派生義には、この基本義の意味の一部が引き継がれています。例えば、(2) の「財布を落とした」は、〈財布が自分の手の届くところ（例えば、ポケットの中）から移動してなくなった〉と解釈できます。また、(3) の「靴の汚れを落とした」も、〈たわしでこすったり、手でもんだりして、靴の表面にあった汚れをそこから取り去った〉と説明できそうです。同様に、(4) の「順位を落とした」も、〈以前の順位から下の順位に下がった〉と考えることができます。このように、「落とす」のプロトタイプ的意味は (1) ですが、(1)〜(4) には、意味において家族的類似性があると言えます。

　このように分析することができれば、多義語の意味の推測や学習も面白くなりそうです。また、学習者が、自分の母語の多義語について同様に分析し、それを日本語と比較してみると、意外なところで日本語との共通点が見いだせるかもしれません。

12.4　コーパスの活用: 共起語や意味の違いを比較するために

　11.1 で見たように、「解約する」「取り消す」「キャンセルする」は、語種が違うだけでなく、共起語や用法にも違いがあります。では、ある語がどのような語と共起しやすいかは、どうやって確認すればよいでしょうか。

このようなときに便利なのがコーパスです。**コーパス**（**corpus**）というのは、一定の方法で集められた言語資料のデータベースのことです。日本語の代表的なコーパスに、国立国語研究所による「**現代日本語書き言葉均衡コーパス（Balanced Corpus of Contemporary Written Japanese**, BCCWJ）」があります。これは書籍、新聞、雑誌、インターネットのブログ、教科書、国会会議録など、多様なジャンルの書き言葉を集めたコーパス（**書き言葉コーパス**）で、約1億語から成ります。

BCCWJを利用する方法は、3種類（少納言、中納言、DVD版）あります。どのような機能が使えるか、どこまで専門的に使いたいかなどによって、どのタイプを選べばよいかが異なります。また、タイプによって、事前の登録が必要か、有償か無償かなど、利用の条件も異なります。専門的な知識がない初学者や、簡易的な検索をする場合には、無償で使える「少納言」（http://www.kotonoha.gr.jp/shonagon）がよいでしょう。「少納言」の画面を開き、「検索文字列」というボックスに語を入力すると、その語がどのぐらいの頻度で使用されているか、どのような文脈の中にその語が現れているかが表示されます。また、BCCWJでは、年代や文章のジャンルを指定して検索することもできます。

共起語の検索に特化して分析するなら、NINJAL-LWP for BCCWJ を使うと便利です。**NINJAL-LWP for BCCWJ**（**NLB**）とは、BCCWJのデータをオンラインで検索する特別なシステムです。NLBを使うと、ある語がどのような語と高頻度で共起するか、どのような活用形（☞18）で用いられることが多いか、また、意味の近い他の語とどのように異なるかが、表の形で表示されるので、視覚的に捉えやすくなっています。例えば、先ほどの「取り消す」と「解約する」をNLBで調べてみると、「取り消す」の出現頻度は1,128で、一番多く共起しているのは「指定」で、頻度は80でした。次いで「登録」（頻度68）、「許可」（頻度48）、「認定」（頻度35）の順でした。なお、これらの共起語は、「解約する」との共起はゼロでした。一方、「解約する」は、全体の頻度は347で、一番多かった共起語は「契約」と「保険」でいずれも頻度は10、次いで「預金」（頻度7）、「口座」（頻度5）でした。ただし、「契約」は、「契約を取り消す」と、「取り消す」との共起例もありました。

さらに、どのような形で使われているかを見てみると、「取り消す」は「取り消される」という受身（☞20.2）で使われることが比較的多いようです。一方、「解約する」は、「解約したお金」「解約した携帯」「解約した場合」のように、後ろの名詞を修飾する（☞16.3）用法や、「解約したい」のように、願望を表す表現とともに用いることが多いということがわかります。語がどのような用法で用いられているのかを調べる際には、このようなツールを用いるとよいでしょう。

第12課 語の意味とコーパスの活用

【練習問題1】

次の2つの語の間には、どのような関係があると考えられますか。類義語、反義語、上位語・下位語・同位語のいずれかで答えてください。また、反義語の場合は、どのような反義関係か、説明してください。

(1)「生」と「死」　　(2)「貸す」と「借りる」　　(3)「ごはん」と「ライス」
(4)「医者」と「患者」　(5)「ブーツ」と「スニーカー」　(6)「安全」と「危険」

【練習問題2】

次の文には、どのような比喩表現が含まれていますか。

(1) 玄関が開いているから、閉めて。
(2) もう一度、文章の頭から読んでください。
(3) 手が足りないから、誰か手伝って。
(4) このパン、味はいいんだけど、石みたいにかたくて、あごが痛くなる。
(5) 優勝を目指す我がチームにとって、けがをしてしまった私はお荷物だ。

【練習問題3】

日本語学習者から、「やっと」と「とうとう」はどう違うのかと聞かれたとしましょう。みなさんなら、どのように答えますか。コーパスで意味や用法を確認し、どのように答えればよいか、考えてください。

【推薦図書】

国広哲弥（1997）『理想の国語辞典』大修館書店.
谷口一美（2006）『学びのエクササイズ　認知言語学』ひつじ書房.
籾山洋介（2002）『認知意味論のしくみ』（シリーズ・日本語のしくみを探る5）研究社.
籾山洋介（2009）『日本語表現で学ぶ　入門からの認知言語学』研究社.
森山新（編著）（2012）『日本語多義語学習辞典　動詞編』アルク.

第13課
語の分類 (2)
品詞とオノマトペ

13.1　品詞:「?一流なホテルに泊まりたいです」

13.1.1　品詞の分類と意味の分類

　語の分類方法の1つに品詞（☞ 16.2）があります。品詞は、活用の有無や種類、文の中での振る舞いなど、文法的な特徴に基づく語の分類です。国語教育では日本語の品詞は10種類とされていますから、文法的側面から見ると、語は10種類に分類できるということになります。では、意味に基づく分類というのはあるのでしょうか。

　語を意味によって分類した最古の成果は、Peter Mark Roget が 1852 年に発表した "Roget's Thesaurus of English Words and Phrases" だと言われています。日本語でもシソーラスや類語辞典といった名称の辞典が刊行されていますが、国立国語研究所 (2004) の『分類語彙表 増補改訂版』も、その1つです。『**分類語彙表**』には、約10万語が収められていますが、「1. 体の類」（名詞類）、「2. 用の類」（動詞類）、「3. 相の類」（形容詞類）という大分類があり、その下に、部門、中項目などの下位カテゴリーがあります。例えば、「情報」という語は、〈体の類〉の、〈精神および行為〉部門の、〈言語〉項目の、〈伝達・報知〉というところに収められています。同じ〈伝達・報知〉には、「伝達」「コミュニケーション」「報道」などの語も挙げられています。なお、意味的分類といっても、大分類は品詞に相当します。これは、名詞、動詞、形容詞という品詞区分が、もの、動き、ありさまという意味的概念に対応しているからだとされています。

　ただし、名詞がもの、動詞が動き、形容詞がありさまという区分は、すべてに当てはまるわけではありません。名詞らしい名詞もあれば、形容詞や動詞に近い名詞もあります。例えば、「本」「一流」「勉強」という3つの名詞を比べてみると、「本」はものを指示しており、典型的な名詞だと言えるでしょうが、「一流」は「一流のホテル」のように、形容詞的な意味合いが強く、主として、名詞を修飾するときに使われます。「勉強」は「勉強する」と、動詞としてもよく使われます。また、「痛み」は名詞、「痛

い」は形容詞、「痛む」は動詞ですが、「歯の痛み」「歯が痛い」「歯が痛む」は意味的に近いと感じられるでしょう。つまり、一般的な傾向としては、名詞がもの、動詞が動き、形容詞がありさまを表しますが、同じ品詞の中でも、典型的な語から、周辺的な語まで、意味や用法の点で幅があるということです。

そこで、本課では、同じ品詞の語にどのような多様性があるのか、どのような下位分類ができるのかについて、名詞、形容詞、動詞、副詞を中心に考えます。ただし、動詞は文型との関わりで考察するのがわかりやすいので、ここでは簡単な整理に留めます。詳細は活用（☞18.1）、テンス・アスペクト（☞19）などを参照してください。

13.1.2 名詞

次の (1) から (4) は、名詞を下位分類したものです。それぞれの分類にはどのような共通点があるでしょうか。

(1) 猫、県　(2) 太郎、岩手県　(3) こと、もの、ところ　(4) ひとつ、3キロ

まず、(1) は普通名詞、(2) は固有名詞です。**普通名詞**は、ある分類に属する事物に対する総称です。**固有名詞**は、その分類の中の特定のただ1つの事物に与えられた名称です。例えば、「県」という普通名詞は、市や町を包括する地方公共団体のことで、特定の県を指しているわけではありません。一方、「岩手県」は、「県」という分類に属している、東北地方の特定の県を指す固有名詞です。

また、(3) は形式名詞です。**形式名詞**は、実質的な意味を持たず、単独ではあまり用いられません。「富士山に登った<u>こと</u>があります」「昔はよく山に登った<u>もの</u>だ」「今帰って来た<u>ところ</u>です」のように、他の語に修飾されて名詞節（☞16.3）を構成し、文末表現などに使われます。「行った<u>ものの</u>」「行った<u>ものを</u>」「行った<u>もので</u>」「行く<u>ものか</u>」のように、同じ形式名詞を用いた文型が複数ありますし、「ものだ」「ことだ」「のだ」のように、意味の似ている文末表現もあります。このように、語が、語としての実質的な意味を失い（**意味の漂白化**）、接続表現や文末表現などで用いられ、文法的な意味機能を持つようになることを**文法化**と言います。日本語教育では、形式名詞を1つの語として取り上げることはほとんどなく、文型の一部として提示するのが一般的です。

(4) は数詞（数量詞）です。**数詞**（**数量詞**）は、数字（**本数詞**）と**助数詞**（☞9.3）で構成されます。「ひとつ」「3本」「10回」のように、数量を表すもののみを数量詞、あるいは**基数詞**と呼び、「1番」「第2回」「第3位」のように、順序を表すものを**序数詞**と呼び分けることもあります。「何人」「いくつ」のように不定の数を表す表現や、「一

月一日」「一月（ひとつき）」のように日付や日数を表す語も数詞の一種です。なお、名詞は一般的に助詞（☞ 17.1）を伴って文を構成しますが、基数詞は、(5)のように、助詞を伴わず単独で用いられ、副詞的な働きをすることがあります。

(5) りんごを<u>ひとつ</u>ください。　＊りんごを<u>ひとつを</u>ください。

なお、名詞の中には、形容詞のような意味を持つ語もあります。

(6) 　時計がある、　　時計を買う、　　めずらしい時計、　　時計の文字盤
(7) ？一流がある、　？一流を買う、　？めずらしい一流、　一流のホテル

(6)と(7)を比べてみてください。「時計」も「一流」も品詞は名詞ですが、「一流」は、意味を拡大解釈しない限り、補語（☞ 17.1）になったり、他の形容詞から修飾されたりしません。形容詞のように、後ろに名詞を伴って名詞を修飾する用法で使われます。「<u>大荒れ</u>の天気」「<u>極上</u>の逸品」「<u>無人</u>の駅」などもそうです。他の言語に訳すと、形容詞になることが多いためか、ナ形容詞だと勘違いする学習者もいます。

13.1.3　形容詞

　日本語教育では、学校文法の形容詞をイ形容詞、形容動詞をナ形容詞と呼び（☞ 16.2）、両方をあわせて形容詞と呼びます。形容詞は意味の点から分類できます。

(8) 悲しい　(9) 残念だ　(10) 痛い　(11) 白い　(12) 高い　(13) 静かだ

(8)(9)(10)のように、主観的な感情や感覚を表す形容詞は**感情形容詞**（**感情・感覚形容詞**）、(11)(12)(13)のように、人や事物の属性や状態を表す形容詞は**属性形容詞**と呼ばれます。なお、(8)と(9)のみを感情形容詞と呼び、(10)は**感覚形容詞**と呼び分けることもあります。

　感情形容詞を使って感情や感覚を表現する場合には、日本語では、一般的に主語は1人称の「私」に限定されます（**主語の人称制限**）。英語などでは "He is sad" と言えますが、日本語では「＊彼は悲しい」ではなく、「彼は悲し<u>がっている</u>」としたり、「彼は悲し<u>そうだ</u>」などのモダリティ（☞ 22.1）表現を使うのが適切です。

　一方、属性形容詞は人や事物の属性や状態を表しますが、客観的に事物を描写している場合だけでなく、その状態を話し手がどう捉えているかが反映される場合があります。例えば、「<u>白い</u>花」といった場合、「<u>白い</u>」という属性は「花」に備わっているもので、おそらく誰が見ても「白い」と認識できるでしょう。しかし、「この時計は<u>高い</u>」といった場合には、何らかの判断基準に基づいて、話し手が「高い」と認識した

ということを表しています。似たような時計と比較すると「高い」、ということかもしれませんし、自分の経済状況から考えると「高い」、ということかもしれません。よって、教室活動で属性形容詞を絵カードで導入や練習をする場合には、少し注意が必要です。「¥35,000」の値札がついた時計が1つ描かれている絵を見せても、「高い」とも「安い」とも言えません。もし、「高い」という語を引き出したいなら、隣にもう1つ、「¥1,000」の時計を描いたり、財布にお金がほとんど入っていないという状況を描き加えるなど、判断の基準を示しておく必要があります。

また、形容詞も多義語（☞ 12.3）が多く、上記の分類は固定的ではありません。

　　(14) 短時間で高収入がもらえるような、おいしいバイトはないかなぁ。
　　(15) 先生の冗談は、ときどき、ちょっと寒い。

(14)の「おいしい」は、〈お金を稼ぐのに効率的だ〉の意味で、(15)の「寒い」は、〈面白くない〉の意味で、ともに属性形容詞として使われています。

また、「多い」や「少ない」のように、もっぱら述語で使われる形容詞もあります。

　　(16) *多い人が来ました。

「来た人が多い」とは言えますが、「*多い人が来た」とは言えません（ただし、「好き嫌いが多い人」などは可）。名詞を修飾する場合には、「多くの人が来た」と形を変えたり、「たくさんの人が来た」と他の語に変える必要があります。

13.1.4 連体詞

名詞を修飾するという点で形容詞と似た働きをする語に、**連体詞**があります。連体詞は、活用がなく、文の述語に用いられないという点で、形容詞とは異なります。「大きな家」「この本」のように初級で出てくる連体詞もありますが、「あらゆるもの」「思わぬできごと」「単なる興味」「たいしたこと」など、比較的難易度の高い語が多いです。なお、「大きな」は、ナ形容詞のように見えるため、学習者の中には、「大きい」はイ形容詞で、「大きな」はナ形容詞だと勘違いする人もいます。しかし、ナ形容詞であれば、「きれいだった」「便利になる」と言えますが、「*大きだった」「*大きになる」とは言えないことからもわかるように、「大きな」はナ形容詞ではありません。

13.1.5 動詞

動詞というと、動きや変化を表す動詞（動態動詞 ☞ 19.1）をすぐに思い浮かべますが、「要る」「似る」のように、状態を表す動詞（状態動詞 ☞ 19.1）もあります。動態

動詞は、動作が継続して行われうる動詞（**継続動詞**）と、比較的短い時間で完了する動詞（**瞬間動詞**）に分類されることもあります。また、「ドアが開く」「ドアを開ける」のように、ヲ格（☞ 17.1）の名詞を取るか取らないかという点から、自動詞・他動詞（☞ 20.1）に分類されたり、動作者の意志でコントロールできるかどうかという点から、**意志動詞・無意志動詞**に分類されることもあります。さらに、「歩く」「渡る」のように、移動を表す動詞を**移動動詞**、「泣く」「喜ぶ」のように、感情を表す動詞を**感情動詞**、「着る」「脱ぐ」などを**着脱動詞**と呼ぶこともあります。

13.1.6 副詞

副詞は、様態副詞、程度副詞、陳述副詞に大別されます。

(17) <u>ゆっくり</u>話してください。　雨が<u>ばらばら</u>降っている。
(18) <u>とても</u>おいしかったです。　<u>もっと</u>ゆっくり話してください。
(19) <u>たぶん</u>晴れるでしょう。　<u>もし</u>雨だったら。

(17) は**様態副詞**（**情態副詞**、**状態副詞**）で、動詞の表す動作や状態がどのようであるかを限定する副詞です。(18) は**程度副詞**で、形容詞や様態副詞とともに使われ、形容詞や様態副詞の表す事態の程度や幅を表します。(19) **陳述副詞**は、話し手の心的態度を表します。陳述副詞はモダリティ（☞ 22.1）表現とともに用いられることが多いので、日本語教育では「たぶん～でしょう」のように、文型の一部として示されることが多いです。このように、特定の述部とともに用いられる副詞は、**呼応の副詞**と呼ばれます。陳述副詞の多くは呼応の副詞です。なお、「<u>あまり</u>おいしくない」「<u>全然</u>難しくない」などは程度副詞ですが、常に否定形と呼応するので、これらも呼応の副詞です。

また、「いつも」「ときどき」のような頻度を表す副詞（**頻度副詞**）、「もう」「まだ」のようなテンス・アスペクト（☞ 19）の意味を表す副詞、「ぴかぴか（に磨く）」「こんがり（焼ける）」のように結果を表す副詞（**結果副詞**）などの分類もあります。

13.2 オノマトペ:「*ドアがバタン閉まりました」

13.2.1 擬音語と擬態語の区別

日本語には擬音語や擬態語が多く存在します。**擬音語**というのは、生物の出す声・音と、自然界の物音を表した語のことです。前者だけを、**擬声語**と呼び分けることもあります。一方、**擬態語**は、人や事物の動きや様子、人の気持ちなどを言語音を使っ

て表す語です。では、以下は擬音語と擬態語のどちらに分類できますか。

　　(1) ワンワン　(2) キャーキャー　(3) じろじろ　(4) バタン　(5) どんどん

　(1) は犬の泣き声、(2) は人の声と考えられますから、擬音語です。(3) は、「じろじろ見る」のように「見る」と共起し、「見る」様子を表しているので、擬態語です。また、(4)「バタン」はドアが閉まる音に由来する擬音語ですが、「*ドアを丁寧にバタンと閉める」では意味を成さないことからもわかるように、勢いよく閉まっている様子も表しているので、擬態語の機能も持っています。(5) は、「日本語がどんどん上手になってきました」と言えば、日本語が順調に上手になっていることを表しており、擬態語ですが、「ドアをどんどんと叩く音がする」と言えば、擬音語と解釈できます。

　表記は、擬音語はかたかなで、擬態語はひらがなで書くのが原則ですが、擬態語でも何らかの効果を狙ってかたかなで書かれることもあります。また、(4) や (5) のように、擬音語とも擬態語とも解釈できる語もあるため、表記の原則は崩れつつあるようです。なお、近年では、擬音語と擬態語をあわせて、**オノマトペ**と呼ぶようになっています。

　日本語のオノマトペは、「じろ」+「じろ」のように2モーラ (☞ 5.2) の反復が多いのですが、「バタン」「ドサッ」のように反復しないオノマトペも少なくありません。また、語頭には、/g/、/p/、/b/ などの濁音や半濁音 (☞ 3.3) が来るものが多いです。

　なお、日本語はオノマトペの多い言語ですが、世界の言語の中では、韓国語がもっとも多いと言われています。オノマトペ辞典の見出し語の数を比較すると、日本語は3,000〜4,000語であるのに対して、韓国語は8,000語もあるのだそうです。

13.2.2　習得の難しさ

　オノマトペの習得が困難なのは、数が多いからだけではありません。品詞の問題もあります。多くのオノマトペは、副詞 (特に様態副詞) として使われますが、「ぐちゃぐちゃの部屋」「ぼろぼろになる」など名詞として使われる語や、「ぐったりする」「どきどきする」のように、「する」を伴って動詞として使われる語もあります。「ワンワン」は、幼児語では犬そのものを表す名詞としても使われます。

　また、「バタンと閉まる」「ドキッとする」のように、「と」が必要な語もあれば、「こんがり (と) 焼けた」「はっきり (と) 聞こえる」のように、「と」がなくても使える語もあります。さらに、「ぼろぼろになる」「ぴかぴかに磨く」のように、「に」が必要な語もあります。一般的に、様態副詞として使われ、モーラ数が少なく、「ーん」「ーっ」のように撥音や促音 (☞ 3.2) で終わるオノマトペには、「と」が必須です。また、結

果副詞として使われ、「ほろほろ」のように、2モーラが反復するオノマトペは、「に」を伴うことが多いと言われています。

さらに、1つのオノマトペに複数の意味用法がある場合もあります。例えば、「ゴロゴロ」は、「雷がゴロゴロ鳴る」「お腹がごろごろする」「休日は家でごろごろしている」「あのレベルの選手なら、ごろごろいる」など、多様な意味用法があります。

13.2.3 恣意性と有契性

一般に、語の音と意味の関係は恣意的であると言われます。**恣意的**である（**恣意性**）というのは、論理的な必然性がないということです。なお、このことは、フランスの言語学者である、フェルディナン・ド・ソシュール（1857–1913）によって指摘されました。例えば、〈大気中の水蒸気が高いところで凝結して、地上に落ちてくる水滴〉のことを、なぜ日本語では /ame/ というのか、そこには理屈で導き出せる必然性はありません。このような語の恣意性は、日本語だけではなく、世界の言語に一般的に認められる特性です。ところが、オノマトペ（特に擬音語）には、音と意味に何らかの必然的な関係性（**有契性**、**有縁性**）が感じられます。例えば、「コロコロ」「パタパタ」「サラサラ」のような無声の破裂音や摩擦音（☞ 2）のオノマトペには、軽やかさ、機敏さが感じられ、「ゴロゴロ」「バタバタ」「ザラザラ」などの有声音からは、重さ、強さ、鈍さなどが感じられます。また、「ポキッ」「ドサッ」など、促音（☞ 3.2）を含むオノマトペは、スピード感があり、瞬間的に終わる動作に用いられます。

このように、特定の音には、何らかのイメージや意味を想起させやすいという側面があります。これを**音象徴**と呼び、オノマトペを**音象徴語**と呼ぶこともあります。音象徴に関する研究を見てみると、ある音がどのようなイメージを喚起させるかは、言語や文化によって異なるという報告がある一方で、いずれの言語話者でも類似した感性を持っているという報告もあります。例えば、英語母語話者に、広母音（☞ 2.1）を含む /mal/ と狭母音（☞ 2.1）を含む /mil/ という音を聞いてもらい、大きなテーブルと小さなテーブルのどちらを指すかを質問した実験（Sapir 1929）では、/mal/ を大きいテーブル、/mil/ を小さいテーブル、と答えた人が多かったそうです。また、日本語母語話者に、母音を含む無意味語を聞いてもらった実験（吉岡 2004）でも、/a/ を含む語は大きさや広さ、/i/ を含む語は小ささや狭さをイメージさせる傾向があったそうです。このように、音によっては、言語にかかわらず、類似した音象徴性を持っていると言えるかもしれません。

なお、音象徴語といっても、「シーンとする」「じーっとして動かない」のように、音や動きの無い様子を音で表そうとするオノマトペがあるのは興味深いことです。

練習問題 第13課 語の分類(2) 品詞とオノマトペ

【練習問題1】
次の語の品詞は何ですか。まず、例文を考えてみてください。それから、品詞が何か考えてください。なお、1つの語が複数の品詞を持つこともあります。

(例) 疲れ	疲れがたまっている。	名詞
(1) いつか		
(2) 四限目		
(3) さらなる		
(4) みんな		
(5) あっけらかん		
(6) とんでもない		

【練習問題2】
形式名詞「こと」は、さまざまな表現形式の中で用いられています。どのような表現があるか、例を挙げてください。また、その表現の意味を説明してください。

【練習問題3】
意味が複数あるオノマトペである「しゃきしゃき」「ぽろぽろ」について、どのような意味用法があるか、例文を挙げてください。また、その意味を説明してください。

【推薦図書】
田守育啓 (2002)『オノマトペ 擬音・擬態語をたのしむ』(もっと知りたい！日本語) 岩波書店.

田守育啓・スコウラップ, ローレンス (1999)『オノマトペ――形態と意味』(日英語対照研究シリーズ6) くろしお出版.

日本語記述文法研究会 (編) (2010)『現代日本語文法1 第1部 総論 第2部 形態論』くろしお出版.

日本語記述文法研究会 (編) (2003)『現代日本語文法4 第8部 モダリティ』くろしお出版.

第14課
第二言語の語彙知識と知識の測定

14.1 知識の側面：意味はわかるが読めない語もある

　これまでの課で見たように、語を習得するというのは、語に関するさまざまな知識を獲得するということです。この課では、まず、語彙知識をいくつかの側面から整理します。そして、語彙知識があるかどうか、すなわち、語彙が習得できたかどうかは、どのようにして確認したらよいのかについて、考えてみます。

14.1.1 受容と産出

　まず、語彙知識は、受容と産出という側面から定義することができます。受容的な語彙知識（**受容的語彙知識**）というのは、語の表記を見て、あるいは語の音を聞いて、その意味が想起できるということで、そのような語を**受容語彙**、あるいは**理解語彙**と言います。一方、産出的な語彙知識（**産出的語彙知識**）というのは、ある意味や概念を表そうとしたとき、それに相当する語を書いたり、話したりすることができるということで、**産出語彙**、あるいは**使用語彙**と呼びます。

　第二言語習得や外国語教育の分野では、第二言語（L2）で提示されたある語について、その語に相当する第一言語（L1）を示すこと（L2 → L1）ができれば、受容的知識があると説明されることがあります。同様に、産出的知識は、第一言語のある語を、第二言語で示すこと（L1 → L2）だと解釈されることがあります。例えば、英語がL1の日本語学習者の場合、「雨」という日本語（L2）の語を見て、それが英語（L1）の"rain"に相当するということを知っていれば（L2 → L1）、「雨」の受容的知識があると判断されます。反対に、英語（L1）の"rain"に相当する日本語（L2）は、「雨」だということを知っていれば（L1 → L2）、「雨」の産出的知識があるとみなされます。

14.1.2 量と質

　語彙知識は、量的側面（量）と質的側面（質）、あるいは、広さと深さという観点か

ら議論されることがあります。語彙知識の**量的側面**（**量、広さ**）というのは、語をいくつぐらい知っているのか、つまり、ある人の既知語彙の数（量）を指します。これは**語彙サイズ**とも呼ばれます。言語習熟度が高くなれば、語彙サイズも増えていくことから、一般に、語彙サイズは言語習熟度の目安や、到達目標の指標として参照されます。例えば、5,000 語程度の語彙知識があるなら、中級レベルの日本語力だと推測されますし、日本の大学などで日本語で講義を受けたり、レポートを書いたりするためには、1 万語以上の語彙知識が必要だと言われています。

一方、語彙知識の**質的側面**（**質、深さ**）というのは、語の何をどのぐらい知っているかを表します。ある語について、基本的な意味は何か、どのように表記されるのか、品詞は何か、反義語や類義語にはどのような語があるか、文体的な特徴はあるのか、比喩的な意味はあるのか、どのような語と共起するのか、用法上の制約はあるのかなど、その語についてどのぐらい詳しく知っているか、ということです。

ただし、語彙知識の質的側面にはどのようなものがあるかを、網羅的に示した知見は、日本語教育ではまだ提示されていないようです。そこで、本書では、英語教育の代表的な研究成果である Nation (2001) の枠組みを紹介しておきたいと思います。Nation (2001) では、語彙知識の質的側面を、(1) 形式、(2) 意味、(3) 使用の 3 つに大別し、それぞれについて、さらに 3 つの下位知識を設定しています。(1) 形式には、①音声、②表記、③語の構成、(2) 意味には、④形式と意味、⑤概念と指示、⑥連合、(3) 使用には、⑦文法的機能、⑧連語、⑨用法上の制約があるとされています。例えば、「目薬」という語は、「目」と「薬」から成っているということがわかるなら、③語の構成に関する知識があると言えます。また、「目薬」は「さす」という動詞と共起するということを知っているなら、⑧連語に関する知識があると言えます。

14.1.3 さまざまな知識における受容と産出

受容・産出、および量・質というのは、それぞれ異なる知識の側面ですが、これらは、相互に排他的な関係にあるのではなく、組み合わせて議論されます。

例えば、「見て意味がわかる語は 2 万語である」というのは、受容できる語彙サイズが 2 万語だということで、「書いたり、話したりできる語は 1 万語である」というのは、産出できる語彙サイズが 1 万語だということです。

さらに、「熱があるから、薬を（　　　）」という空所補充（☞ 14.2）形式のテストで、「飲みます」という語を書き入れることができたとしたら、それは「薬」の連語に関する知識があり、それを産出することができた、ということになります。また、「スピーチの順番になって、とてもドキドキした」という文の中で、「ドキドキする」が

「緊張する」と同じような意味であることを知っているなら、「ドキドキする」という語の意味に関する受容知識がある、ということになるでしょう。

14.1.4 利用可能性

上記のように、語彙知識にはさまざまな知識が含まれますが、仮にそれらの知識を持っていても、思い出すのに時間がかかって、すぐに使える状態でなければ、言語運用に支障をきたします。そのため、持っている知識をどの程度素早く、正確に取り出すことができるのかというのも、語彙知識に関わります。これを語彙知識の**利用可能性**（**アクセシビリティー**）と呼びます。利用可能性の高い語というのは、使う準備が整っている語だと考えられますが、発話や聴解の場合には特に重要な概念でしょう。

14.2 語彙知識の測定 (1)：テストの方法

では、学習者が多様な語彙知識を習得しているかどうかは、どのようにして確かめればよいのでしょうか。この節では、テストの形式について考えてみます。

14.2.1 テストに用いる言語

日本語能力試験のような**大規模客観テスト**では、受験者の母語が均一ではないため、テストは目標言語だけで作られます。しかし、教室内で、意味を覚えたかどうかを確認するためのクイズなどでは、学習者の母語などを使ったテストも有用です。また、中級以降であれば、既知語彙も増えるので、目標言語だけでテストを作っても、全く問題ありませんが、初級の前半では、目標言語だけでテストを作る場合には、十分に吟味しないと、何を問うているのかわからなくなることがあります。

(1) ぎんこう に いきます。
　① ほんを　かりる　ところ　　② きってを　かう　ところ
　③ おかねを　おろす　ところ　　④ おちゃを　のむ　ところ

例えば、「ぎんこう」の意味を習得しているかどうかをテストするために、(1) のような設問を作ったとします。この場合、正答の③を選ぶためには、「おろす」が既知でなければなりません。しかし、「おろす」は「ぎんこう」より難易度の高い語です。そうなると、ターゲットになっている語が「ぎんこう」なのか、「おろす」なのか、また、不正解だった場合、何がわからなくて不正解だったのか、明確になりません。さ

らに、上記の選択肢には連体修飾節（☞ 16.3）が使われていますが、これは「ぎんこう」という語を習う初級前半の学習者には未習であることが多く、文の構造そのものがわからない可能性もあります。

14.2.2 手がかりの有無

　語彙テストの場合、語を単体で示して、その語の意味を問うということも可能ですが、語にはたいてい複数の意味があるので、文脈を持った設問文の中に入れて、語の知識を問うのが一般的です。ただし、文脈が豊富すぎると、習得していない語でも意味が推測できて、正解が選べるということがありますから、どの程度の文脈を提示するか、十分に検討しなければなりません。

(2) さめている
　　① あつくない　　② こわくない　　③ はやくない　　④ おおきくない
(3) スープがさめている。
　　① あつくない　　② こわくない　　③ はやくない　　④ おおきくない
(4) スープがさめている。
　　① あつい　　　　② あつくない　　③ からい　　　　④ からくない
(5) スープがさめているので、温めて飲みましょう。
　　① あつい　　　　② あつくない　　③ からい　　　　④ からくない

　(2) のように、文脈が全くない場合には、手がかりがないので、「さめている」の意味がわからなければ、正答できません。(3) は、(2) に文脈を加えましたが、正答以外の誤答選択肢が、どれも「スープ」とは共起しにくい語です。このような選択肢では、「さめている」の意味がわからなくても、消去法で正答が選べそうです。一方、(4) は、どの選択肢で解釈しても文意が通りますから、「さめている」の意味がわからなければ、正答できないでしょう。ただし、同じ選択肢でも (5) のように文脈が豊富すぎると、意味がわからない人でも正答できてしまいます。このように、テストを作る場合には、何を測りたいのかを考えて、文脈や選択肢を吟味することが重要です。

14.2.3 テストの形式：空所補充形式

　一般的な語彙テストでは、**空所補充**（空所に適切な語や句を入れる）形式の問題をよく見かけますが、この形式はどのような知識を問うのに適しているでしょうか。

(6) スープが (　　　　) いるので、温めて飲みましょう。
　① さめて　　　② にえて　　　③ くさって　　　④ こぼれて
(7) スープが (　　　　) います。
　① さめて　　　② にえて　　　③ くさって　　　④ こぼれて

　(6)の場合には、全体の文脈によって、空所部分にどのような意味の語を入れればよいのかが決まってきます。ですから、ここでは、文脈によって限定された空所部分の意味や概念が、目標言語では何という語で表されるのか、を知っているか否かが問われています。このように、空所部分の意味概念が1つに定まる程度の、過不足ない文脈が必要です。一方、(7)のような文脈と選択肢の組み合わせでは、どの選択肢でも正答になりえるので、テストとしては不適切です。

　なお、一文ではなく、ある程度長い文章の空所補充形式テストのことを、**クローズテスト**と言います。クローズテストは原文から語や文字を抜いて作られますが、一定の間隔で空所を作る方法（**一定間隔法**）と、意図的に特定の語を抜いて空所を作る方法（**変則間隔法**）とがあります。一般に、クローズテストは読解しながら、空所に適切な語を書き入れるので、多肢選択式ではなく、記述式です。そのため、空所に当てはまる語は1つに決まらないことがあります。また、空所部分の意味概念を決定づける手がかりには、前後の文法的、意味的な文脈だけでなく、文章全体の内容理解や、文章のトピックに関する背景知識などが関わることも少なくありません。そのため、クローズテストは、語や文字を書き入れるテストではありますが、語彙テストというよりは、総合的な言語知識や言語能力を測るテストとして位置づけられます。

14.3　語彙知識の測定 (2)：テストで測る知識の測面

　前の2つの節では、語彙知識のさまざまな側面と、その知識を測るテストの形式について、整理しました。そこで、この節では、語彙の多様な知識をどのような形式で測ればよいのかということについて、考えてみましょう。

14.3.1　量的側面

　語彙サイズを測るというのは、実際には大変難しいことです。受容できる語彙の数を数えるためには、日本語の語をすべて列挙し、それらが既知であるかどうかを確認するという手続きが必要だからです。第9課で、成人の日本語母語話者の理解語彙は

4万語程度だと述べました。これは、辞書の見出し語の中から一定数の語を抽出し、日本語母語話者に既知か未知かをチェックしてもらい、その既知率を基に推定された値で、実測値ではありません。同様に、産出できる語彙数を数えるというのも、極めて難しいことです。しかし、外国語教育においては、語彙サイズは学習目標や習得段階の目安の1つになりますから、推定値であっても、重要な指標だと考えられます。

日本語教育では、こうした語彙サイズを測るテストはまだ研究開発の途上にあり、一般に使用されているものはないようですが、英語教育ではいくつかのテストが発表されています。例えば、受容語彙サイズを測るテストとしては、チェックリスト方式のテストや、Nation (2001) の語彙レベルテストなどがあります。**チェックリスト方式**は、学習者に語彙リストを渡し、既知か未知かをチェックさせるというもので、上記の辞書の見出し語をチェックさせるという方法と原理的には同じです。また、**語彙レベルテスト（Vocabulary Levels Test, VLT）**は、語を提示し、その意味を表している定義を選択肢から選ぶというテストです。2,000語レベル、3,000語レベル、5,000語レベルのような難易度別の語彙リストが用意されており、その中から出題語を選定してテストを作成し、正答数が一定以上であれば、その人の語彙サイズは2,000語レベルである、5,000語レベルである、などと推定します。

一方、産出語彙サイズを測るテストとなると、さらに困難で、英語教育でも有用なテストは見当たりませんが、上記のVLTを開発したNationが、文を完成させる空所補充形式のテストで、産出語彙サイズを推定する方法を提案しています。

14.3.2 質的側面

前の節で述べたように、語の知識にはその語の基本的な意味だけでなく、表記、共起語、用法、文体的特徴、比喩的な意味など、さまざまあります。以下の問題例は、よく見かけるテスト形式ですが、それぞれどのような知識を測っていると言えるでしょうか。どのような知識があれば、正答にたどり着けるでしょうか。

---

(1) このズボンは<u>きつい</u>から、ほかのをはいてみたい。
　① 値段が高い　　　　　　② サイズが小さい
　③ 色が似合わない　　　　④ デザインが古い
(2) 最近太ってしまって、ズボンが少し（　　　　　）。
(3) 最近、学校の勉強が<u>きつく</u>なってきた。
　① 面白く　　② 大変に　　③ つまらなく　　④ やさしく

(4) ① 太ったのだろうか、去年買ったズボンが少しきつい。
　　② 私は朝、きついコーヒーを一杯飲めば、目が覚めます。
　　③ 二人の間には、きつい信頼関係があって、入り込めない。
　　④ 父は頭がきついから、私の一人暮らしを許してくれない。
(5) 彼は勉強（　　）で、1年に100冊以上の本を読むそうだ。
　　① 者　　　　② 人　　　　③ 手　　　　④ 家

　前述したように、このようなテストでは、設問文中のターゲットの語以外の語は、学習者が理解できる語を用いるのが一般的です。そうすることによって、テストの測定対象が、ターゲット語の知識に絞られます。
　(1)は、ターゲット語の意味を表している表現を選ぶ問題ですから、意味を問うていると言えます。一方、(2)の空所補充では、設問文の文脈から空所に入るべき概念が決まるので、その概念を表す語を知っているかどうかを問うています。つまり、(1)は意味に関する受容的な知識を測っており、(2)は意味に関する産出的知識を測っていると言えます。ただし、大規模客観テストの場合には、採点の簡便性を考慮し、空所補充は自由記述式ではなく、多肢選択式で出題されます。選択肢が提示されている空所補充の場合には、自分で語を書き入れるわけではないので、厳密には、産出的知識を測っているとは言えません。
　また、「きつい」には、〈窮屈だ〉という意味だけでなく、〈大変だ〉という比喩的意味（派生的意味）がありますが、(3)ではその比喩的意味を知っているかどうかを測っています。さらに、(4)は、「きつい」がどのような語と共起することが可能かを問うています。(5)は、〈～する人〉を表す複数の接尾辞の中で、「勉強」という語に接続するのはどれかを問うています。

14.4　語彙知識の測定(3)：テストの良し悪し

　これまで見てきたように、テストを作るときには、まず、どのような知識を問うかを決め、それを測るのに適切な形式を検討し、設問文を考えます。さらに、多肢選択式のテストを作る場合には、設問文を考える際に、どのような選択肢を作るかも同時に検討する必要があります。正答と無関係な選択肢ばかりが並んでいると、誤答の選択肢が容易に消去できてしまいます。反対に、選択肢の意味や用法が似ていると、選

ぶのは難しくなりますが、正答が1つに決まらない可能性も出てきます。バランスのよい選択肢を考えてテストを作るというのは、なかなか難しいものです。

　筆者が担当しているゼミでは、ときどき、学生が語彙テストを作り、それを留学生に解いてもらって、自分たちが作ったテストについて分析、検討しています。以下は、以前にゼミ生たちが作ったテストの一例です。

　　(1) サラリーマンは外食が多いです。
　　　　① かいしょく　　② げしょく　　③ がいしょく　　④ そとしょく
　　(2) 終日
　　　　① 1月は31日が終日だ。
　　　　② この駅は終日禁煙です。
　　　　③ 明日はレポート提出の終日だ。
　　　　④ 昨日の終日は音楽を聴いて寝た。

　はたして、この2つはよい問題だと言えるでしょうか。問題項目の良し悪しを検討する(**項目分析**)方法にはさまざまありますが、基本的な指標に、困難度と識別力があります。**困難度**(**正答率**、**通過率**)というのは、その問題の難しさを表す指標で、一般に、その問題の総受験者数に占める正答者数の割合で表されます。値は、受験者全員が正答すれば1で、全員が誤答であれば0と、0から1までの値で示されます。一方、**識別力**(**弁別力**)というのは、その問題が、成績の上位群と下位群をどの程度明確に区別できるかを表す指標で、テストの総得点とその問題の正答・誤答の相関(点双列相関係数)によって表されます。相関ですから、マイナス1からプラス1までの値で示されます。プラスの値(正の相関)だということは、総得点が高い人ほど、その問題に正答する人が多いということを意味します。また、プラスの値の中でも、1に近い値であればあるほど識別力が高い、すなわち、上位群と下位群を区別する精度が高い問題だとみなされます。反対に、ゼロに近い値であればあるほど識別力が低いということになりますし、識別力がマイナスの値(負の相関)であるというのは、総得点が高い人ほど誤答する人が多いということですから、問題項目に何らかの不備があると推測されます。

　ところで、上の2つの設問について、困難度と識別力の値を求めたところ、(1)の困難度は0.9(90%が正答)でした。ほぼ全員が正答する非常に易しい問題だったということです。また、識別力は0.13でした。マイナスの値ではないものの、識別力は極めて低く、上位者と下位者を区別するにはよい問題とは言えません。一方、(2)は、困難度が0.367(36.7%が正答)、識別力が0.62で、比較的難しく、識別力の高い問題

でした。

　ただし、困難度と識別力の値だけを見ていても、受験者がどの選択肢に惑わされたのかはわかりません。そのようなときには、以下の表1のように、成績上位群、中位群、下位群が、どの選択肢をどの程度選んでいるかを分析（**GP分析**）します。

表1　(2) の問題項目の各選択肢の選択率

	選択肢①	選択肢②	選択肢③	選択肢④	合計
上位群（10人）	0.0%	**70.0%**	20.0%	10.0%	100.0%
中位群（10人）	0.0%	30.0%	50.0%	20.0%	100.0%
下位群（10人）	10.0%	10.0%	**70.0%**	10.0%	100.0%
全　体（30人）	3.3%	36.7%	46.7%	13.3%	100.0%

　表1を見ると、下位群には、誤答の選択肢③「明日はレポート提出の終日だ」を選んだ人が70%もいたことがわかります。また、中位群でも③を選んだ人が半数の50%です。「終日」を「最終日」という意味だと勘違いしているのでしょう。ところが、上位群は、正答の②を選ぶ人が70%、誤答の③は20%と、下位群とは正反対の傾向を示しています。これをもっと見やすくするために、図1のようなグラフにすると、下位、中位、上位と上がるにつれて正答の②の選択率が上がり、誤答の③の選択率が下がっているのがよくわかると思います。誤答の③が、上位者と下位者を識別するのに貢献したと言えるでしょう。

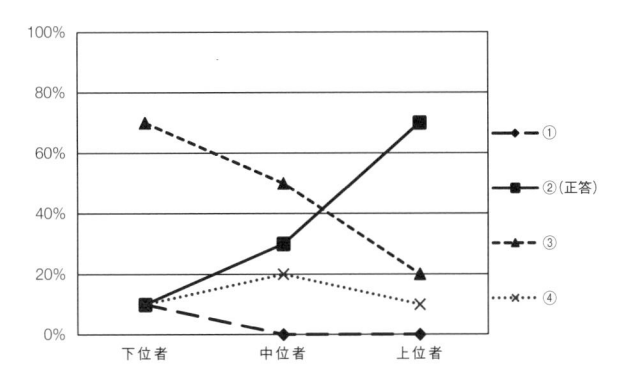

図1　(2) の問題項目の各選択肢の選択率

　テストを作って実施すると、学習者の出来・不出来が気になるのですが、それだけでなく、テストそのものについても、出来・不出来を検討するとよいでしょう。

練習問題 第14課 第二言語の語彙知識と知識の測定

【練習問題1】
次の設問は、どのような知識を測っていると考えられますか。

(1) <u>合図</u>があったら、スタートしてください。
　① ごうず　　② ごうと　　③ あいず　　④ あいと

(2) 私の<u>あやまち</u>を許してください。
　① 誤　　② 謝　　③ 違　　④ 過

(3) 列車の<u>ダイヤ</u>を確認したところ、問題なかった。
　① 設備　　② 車輪　　③ 空席状況　　④ 運行予定

(4) (　　)使用の物に限り、返品を受け付けます。
　① 非　　② 無　　③ 未　　④ 不

(5) ここのところ、目が (　　) ほど忙しい。
　① 飛び出る　　② 回る　　③ 届かない　　④ ない

【推薦図書】

伊東祐郎（2008）『日本語教師のためのテスト作成マニュアル』アルク．

野口裕之・大隅敦子（2014）『テスティングの基礎理論』研究社．

村上京子・加納千恵子・衣川隆生・小林典子・酒井たか子（2013）『テストを作る』（日本語教育叢書 つくる）スリーエーネットワーク．

望月正道・相澤一美・投野由紀夫（2003）『英語語彙の指導マニュアル』大修館書店．

Brown, James Dean (1996) *Testing in language programs*. Upper Saddle River, NJ: Prentice-Hall. （ブラウン, J. D.（和田稔訳）（1999）『言語テストの基礎知識——正しい問題作成・評価のために』大修館書店．）

Nation, Paul (2001) *Learning vocabulary in another language*. Cambridge, UK: Cambridge University Press. （ネーション, I. S. P.（吉田晴世・三根浩訳）（2005）『英語教師のためのボキャブラリー・ラーニング』松柏社．）

第15課
第二言語の語彙習得過程と心内辞書

15.1 学習のしやすさ：「電気」を「つく」?「つける」?

　語には、何度見ても覚えられない語もあれば、自然に覚えてしまった語もあると思います。覚えられるかどうかは、暗記が得意かどうかといった学習者の個人差にもよりますが、語そのものの特性や学習方法が関係することもあります。この節では、どのような語が学習しやすいか、どのような方法で学ぶと記憶に残りやすいかを考えてみます。

15.1.1 音や表記の難しさ・複雑さ

　次の(1)から(5)の語は、初級の前半で学ぶ語です。学習者にとって、どの語が覚えにくいでしょうか。また、それはなぜだと思いますか。

　　(1) 花屋　　(2) 郵便局　　(3) 去年　　(4) 来年　　(5) 日曜日　　(6) 五月

　初学者にとって、モーラ数（☞ 5.2）が多い語や特殊拍（☞ 3.2）が続く語は、そうでない語に比べると、複雑で覚えにくいです。(1)「花屋」に比べて、(2)「郵便局」は、モーラ数も多く、特殊拍も複数あるので、学習者には発音が難しく、覚えにくい語です。また、語の構造も覚えにくさに関わります。「郵便局」は、「郵便」という語は初級では習いませんし、「局」のつく合成語もあまりありません。一方、「花屋」は、「花」が既習ですし、「屋」は**造語力**（新たな語を作る働き）があって「本屋」「肉屋」などでも見るので、「花」+「屋」という構造は理解しやすく、覚えやすいです。
　また、(3)「去年」も(4)「来年」も、**使用頻度**や**親密度**（語に対するなじみの度合い。**親近性**とも言う）は高いのですが、「来年」より「去年」の方が定着が悪いようです。これは、「去」に拗音が含まれているという音の複雑さも関係しますが、「来年」の「来」が、「来週」「来月」と、時間を表す他の語でも用いられるのに対して、「去年」の「去」は、時間を表す他の語では用いられないこととも関係があります。

さらに、漢字の場合は、画数も複雑さの1つです。(5)「日曜日」の「曜」は画数が多いので、「曜」という漢字は初級では教えられないこともありますが、日常生活では使用頻度が高い漢字です。また、後で教えるといっても、「曜」という漢字は「曜日」以外の語ではほとんど用いられないので、初級で教えた方がよいという考えもあります。なお、画数が同じなら、覚えやすさは同じかというと、必ずしもそうではないようです。「五」も「月」も「日」も、いずれも4画ですが、「月」や「日」に比べて、「五」は形が取りにくく、書き順も複雑で、学習者は覚えにくいようです。また、漢数字の「五」を使わなくても、算用数字の「5」で済むことが多いので、学習者が「五」という漢字を書く機会はあまり多くありません。このように、代用できる文字や語があるかどうかも、定着の度合いに影響しているようです。

15.1.2 覚える過程で起こる干渉

では、次の5つの語は、どうでしょうか。

(7) 右　　(8) つける　　(9) 開く　　(10) かける　　(11) 求人　　(12) 了解

(7)「右」は、使用頻度が高く、覚えにくいはずがないと思われるかもしれません。確かに、一度覚えてしまえば、簡単な語でしょう。しかし、覚える過程で混乱が生じることがあります。「右」と「左」のように、対になる語がある場合は、一緒に覚えた方が効率的だとして、同時に習うことが少なくありません。しかし、対になる語を一緒に提示すると、どちらがどちらか混乱してしまうということもあります。また、自動詞と他動詞も、ペアで覚えようとすると、かえって混乱しやすい語の一種です。例えば、(8)「つける」を「つく」と一緒に覚えようとすると、どちらが自動詞でどちらが他動詞か、わからなくなってしまうのです。

また、類義語がある場合には、その意味や用法の違いを理解しなければなりません。例えば、(9)「開く」は、「開ける」との違いが問題になります。言い換えが可能な場合もありますが、「傘を開いてください」「カーテンを開けましょう」などは、言い換えると不自然です。また、「パーティーを開きます」は言い換えられません。

さらに、(10)「かける」のように、意味や用法が複数ある語もあります。初級の教科書では「電話をかける」「鍵をかける」「壁に絵をかける」を習い、生活場面では、「しょうゆをかける」「迷惑をかける」「声をかける」などを耳にします。さまざまな連語（☞ 12.2）で使われますが、意味の関連性が見いだしにくいので、学習者は「かける」には意味がたくさんあって、覚えにくいという印象を持つようです。

学習のしやすさ、覚えやすさは、日本語と学習者の母語との類似度とも関わります。

日本語の場合、語彙の約半数は漢語なので、中国人学習者にとって、語彙の側面においては言語間の距離が近いと言えます。中国語の語彙調査によると、中国語の高頻度語の約半数は、日本語でも使われている同形語（☞ 10.3）だそうです。しかし、10.3 で述べたように、一見同じに見える同形語には、日本語と中国語とで、意味が微妙に異なるものが少なくありませんし、意味が同じでも用法は異なるという同形語もあります。同形語の習得研究では、2 つの言語で、全く意味が異なる語の方が、微妙に意味が似ているものより、習得しやすいことが明らかになっています。例えば、「求人」は、中国語では〈人に頼る〉という意味で、日本語のように〈雇用のために人を捜し求める〉という意味はありませんが、「求人」という語で誤用が起こることはほとんどありません。一方、中国語の"了解"は、〈内容をはっきりと理解すること〉という意味で、日本語の「了解」と非常に近い意味であるため、「*今日の授業はよく了解できました」という誤用が生じやすいとされます。これは、中国語の"了解"は意味が広く、日本語の「了解」だけでなく、「理解」に相当する意味も含まれているからです。似ているからこそ、間違いに気づきにくい、覚えにくいということもあるのです。

15.2 語彙の学習方法:「込んでいる＝comb でいる」

15.2.1 意図的語彙学習と付随的（偶発的）語彙学習

　みなさんは、第二言語や外国語の語を覚えるとき、どのような方法で覚えますか。母語の訳語とセットにする、文の中で覚える、何度も書きながら声に出す、じっと見る、覚えたい語に線を引くなど、さまざまな方法があると思います。一方、覚えようとしたわけではないのに、気がついたら覚えていたという語もあるのではないでしょうか。

　語彙の学習方法は、意図的語彙学習と付随的（偶発的）語彙学習に大別されます。**意図的語彙学習**というのは、学習者が語を覚えることを目的として学習することです。一方、**付随的（偶発的）語彙学習**というのは、語彙学習が主たる目的ではない言語活動（例えば、読解や聴解）の中で、学習者が意図していないにもかかわらず、語を覚えてしまうことです。

　意図的語彙学習でもっとも基本的な方法は、覚えたい語とその母語訳を並べた語彙リストを作ったり、単語を何度も書いたり、声に出したりする、という方法でしょう。覚えにくい語には、線を引いて、目立つようにしておいて、繰り返し見るという方法で覚える人もいるでしょう。また、キーワード法によって覚えようとする人もいます。

キーワード法というのは、一種の語呂合わせで、新たに覚えたい語と音韻的に類似している既知の語を探し、それらの意味を合体させてイメージを作り、そのイメージを記憶するという方法です。例えば、「電車が込んでいる」の「込む」を覚えるとき、音韻的に関連がある英語の語に "comb" があるので、込んだ電車の中で乗客全員が髪の毛にくし（comb）をさしている、というようなイメージを作ります。ただし、イメージを考え出すのは大変ですし、抽象的な意味を持つ語には適しません。また、イメージを作りだしても、それが何の語を覚えるためのイメージだったかを忘れてしまうということもあります。なお、このように、言語学習を効率的に進めるために、学習者が用いる方策のことを、**学習ストラテジー**（**学習方略**）と言います。

一方、付随的語彙学習は、母語の語彙習得の過程によく見られる学習です。読解や聴解では、文章の内容を理解することが主たる目的ですが、その内容理解の過程で新出語に遭遇し、その新出語の意味が示されていたり、辞書で意味を確認したりすることによって、意図したわけではないのに、自然に語を覚えてしまうことがあります。また、意味を確認しなくても、文脈から意味推測（☞ 15.3）が容易にできた場合にも、付随的語彙学習は起こりえます。ただし、付随的語彙学習によって語が記憶に保持されるのは、非常に短期間です。ですから、1度しか出てこない語や、使用頻度が低い語の場合は、すぐに忘れてしまいます。反対に、同じ文章の中に何度も出てくる語やいろいろな文章で使われるような使用頻度の高い語の場合は、繰り返しの効果で記憶の保持が良くなります。

15.2.2 記憶痕跡を強固にする学習

意図的語彙学習として、覚えたい語とその母語訳をペアにして覚えるのは、一般的な方法で、初級から初中級で使用される市販の教科書を見ても、語彙リストには、英語、中国語、韓国語などの訳が付いています。また、学習者が使う辞書も、国語辞典ではなく、日英辞書、日中辞書、日韓辞書などの二言語辞書です。一方、初級の場合、教室で新出語を教えるときには、絵カード（☞ 12.1）やレアリア（☞ 12.1）を見せます。学習者の母語が多様なクラスや、教授法が**直接法**（媒介語を用いない教授法）の場合には、教室で日本語以外の言語の使用が制限されるからです。また、「割りばし」「おせち料理」など、日本の文化に関わる語は実物や絵を見せた方が理解しやすい、他の言語には対応する訳語がないことも、その理由にあります。

では、新しい語を覚えるとき、学習者の母語訳を使うのと、絵カードやレアリアを使うのとでは、どちらが有効でしょうか。どちらにも長所と短所がありますし、学習環境や教授法、学習者が好む学習法によっても異なるので、どちらがよいとは一概に

は言えません。ただし、どちらか一方よりも、複数の方法を組み合わせながら学習する方がよいと言われています。情報を頭の中に記憶する際に、複数の記憶のシステムを活性化することによって、加算的に記憶の保持を高めることができるからです。

ところで、15.1 で語の特性が覚えやすさに関わるということを説明しましたが、学習した語が定着するかどうかは、記憶する過程でどのような活動をどのぐらいしたか、つまり活動の量や質と関係があります。活動の量というのは、反復回数です。付随的語彙学習の説明でも述べたとおり、覚えたい語を繰り返し見たり聞いたりすると、その語の記憶は保持されやすくなります。特に効果的なのは、**多読**（文章を数多く読む活動）です。いろいろな文章のいろいろな文脈の中で、何度も目にする語は、付随的語彙学習が進みやすいと言われています。

一方、活動の質は、活動が記憶の保持にどの程度有効であるかということです。記憶の保持に有効なのは、繰り返し音読する、何度もノートに語を書く、というような語形に関わる活動ではなく、意味に関わる活動だと言われています。例えば、意味を推測する、その語を使って文を作る練習をする、共起する語を並べて共起語の意味的な共通点を探すなど、意味や用法に関わる課題を行った方が、情報が深く処理され、記憶が強固になると考えられています。これは、Craik & Lockhart (1972) という心理学者が提唱した処理水準説で説明できると言われています。**処理水準説**は、情報を記憶する際、形式的な処理よりも意味的な処理の方が処理のレベルが深く、記憶痕跡が強固になりやすいという説です。語彙学習を行う場合には、反復する、活用を言う、何度も書くなどの機械的な練習（これも大切ですが）ばかり行うのではなく、意味や用法を考えなければ解けないようなタスクも行うようにするとよいということです。

15.3 心内辞書と意味推測：
「『洗い出す』は『洗ってから出す』という意味ですか？」

15.3.1 頭の中にある辞書：心内辞書

語彙に限らず、何かを覚えるというのは、長期記憶の中に情報を貯蔵するということですし、貯蔵された情報は知識として活用されます。ですから、大ざっぱに言えば、語を覚えるというのは、長期記憶の中に語に関する情報を貯蔵する作業であり、語を覚えたというのは、長期記憶の中にその語に関する知識があるということです。

ヒトが長期記憶の中に持っている語彙知識の総体を、言語学や心理学の分野では、**心内辞書**（**心的辞書**、**メンタルレキシコン**）と呼びます。心内辞書には、14.1 で述べ

たような、音韻、意味、表記、用法など、語に関するさまざまな知識が含まれています。第二言語習得の場合、既に第一言語の心内辞書が頭の中にあるので、第二言語の語彙習得というのは、第一言語の心内辞書に加えて、新たに第二言語の心内辞書を構築するということです。心内辞書は、言語を運用する際に常にアクセスされます。例えば、読解の際には、文字列が表す意味概念が何であるかを心内辞書で検索して、内容を理解していきます。また、発話する場合は、伝えたい概念を表すのに適切な語の音韻を心内辞書から呼び出します。これは、第一言語の場合も、第二言語の場合も同様です。ただし、第二言語の場合、習熟度が低く、心内辞書に登録されている語彙数が少なければ、アクセスしても、情報を取り出せませんから、読解がよくできなかったり、会話で自分の言いたいことが伝えられなかったりするわけです。

　さて、第一言語と第二言語の２つの心内辞書は、どのような構造になっているのでしょうか。心理言語学やバイリンガリズムの分野では、いくつかの心内辞書モデルが提案されています。ここですべてのモデルを紹介することはできませんが、多くのモデルに共通している点は、第一言語の語形と第二言語の語形がそれぞれ独立した貯蔵庫を持っているということ、しかし、意味は第一言語と第二言語とで共有されているということです。一般に、第一言語の語形と意味は強固な結びつきがあるので、第一言語の語を見ると、すぐに意味にアクセスする（第一言語 → 意味）ことができます。しかし、第二言語の場合には、語形と意味の結びつきが弱いため、迅速に、また、正確に意味にアクセスすることは困難です。また、15.2で述べたように、第二言語で新しい語を学習する場合には、第一言語の訳語と組み合わせて記憶しがちです。そのため、第二言語で表記された語を見ると、その第二言語の語に対応する第一言語の語を想起し、第一言語から意味にアクセスする（第二言語 → 第一言語 → 意味）と考えられています。ただし、使用頻度の高い語の場合、また、第二言語の習熟度が高くなってくると、第二言語の語形も意味との結びつきが強固になり、第一言語を経由しなくても、第二言語から意味に直接アクセス（第二言語 → 意味）できるようになると考えられています。

15.3.2 未知語の意味推測

　15.2では語彙学習の方法について述べましたが、ここでは、読解の中で**未知語**（まだ覚えていない語）に出会ったとき、学習者はどのように対処するのか、考えてみたいと思います。

　未知語に出会った場合、学習者がよく行うのは、**意味推測**です。未知語の意味推測は、読解ストラテジー（読解方略）の１つです。**読解ストラテジー（読解方略）**という

のは、文章の内容理解を効率的に行うために学習者が用いる方策のことで、未知語の意味推測のほかに、文の構造を解析したり、接続詞に注目して段落の関係を理解したり、文章のトピックに関する世界知識を活用するなど、さまざまあります。では、学習者は、何を手がかりにして、未知語の意味推測を行っているのでしょうか。未知語の意味推測には、いくつかの段階があります。例えば、以下の下線部の語が未知語だとして、考えてみましょう。

(1) 映画館に行きました。
(2) 天気予報を見ました。
(3) テレビの天気予報によると、明日は雨が降るそうだ。
(4) 問題点を洗い出した。
(5) 次の試合で勝つために、チームの弱点を洗い出し、整理してみよう。
(6) 竜巻で、屋根の一部が壊れた。
(7) アメリカでは、竜巻に備えて、地下にシェルターを作る家があるそうだ。

　まず、(1) の「映画館」の場合は、語構成の知識を手がかりにして、意味推測が行われます。「図書館」と「映画」が既習であれば、「映画」に「図書館」の「館」が接続した形だと推測することができます。文脈からの手がかりがなくても、推測はうまくいくでしょう。一方、(2) の「天気予報」の場合、「予報」を含む合成語は少ないので、「天気の何か」としか推測できません。また、「見ました」だけでは、手がかりは不十分です。しかし、(3) のように、「テレビ」「明日」「雨が降る」と、手がかりが増えると、意味推測はしやすくなります。

　(4) の「洗い出す」のような語彙的複合動詞（☞ 9.3）は、意味推測に失敗しやすい語の 1 つです。学習者は統語的複合動詞（☞ 9.3）のように、「洗う」と「出す」の意味を組み合わせて推測しようとしますが、それではうまくいかないでしょう。しかし、(5) のように、「弱点」「整理して」とあれば、弱点を整理する前にすることだということはわかります。整理する前にすることですから、自由に言ってみる、考えてみるというような意味だろう、というところまでは推測できるでしょう。

　(6) の「竜巻」は、漢字を見ても意味推測が難しいですが、事故か災害に関係があるというところまでは推測できるでしょう。しかし、竜巻に関する知識があれば、それが手がかりになって、(7) なら、正しく意味推測できるかもしれません。

練習問題 第15課 第二言語の語彙習得過程と心内辞書

【練習問題 1】
ある学習者にとって「ちぢむ」という語が未知語だとしましょう。学習者に意味を推測させたいと思いますが、どのような例文を提示すればよいでしょうか。15.3.2 で考えたように、過不足ない文脈の例文をいくつか作ってください。

【推薦図書】
今井むつみ・針生悦子 (2014)『言葉をおぼえるしくみ——母語から外国語まで』筑摩書房.
大関浩美 (2010)『日本語を教えるための第二言語習得論入門』くろしお出版.
小柳かおる (2012)『改訂版 日本語教師のための新しい言語習得概論』スリーエーネットワーク.
中森誉之 (2013)『外国語はどこに記憶されるのか——学びのための言語学応用論』開拓社.
望月正道・相澤一美・投野由紀夫 (2003)『英語語彙の指導マニュアル』大修館書店.
森敏昭 (監修)・21 世紀の認知心理学を創る会 (2001)『おもしろ言語のラボラトリー』(認知心理学を語る 第 2 巻) 北大路書房.
Aitchison, Jean (2012) *Words in the mind: An introduction to the mental lexicon* (4th ed.). Oxford, UK: Wiley-Blackwell.

COLUMN 4　第二言語の語彙習得が第一言語の語彙習得と異なる点は？

　第二言語で語彙を習得する過程は、第一言語とはどのように異なるのでしょうか。

　子どもが第一言語で語を発するようになるのは1歳前後です。そして、1歳半〜2歳の頃になると、爆発的に語を習得します。最初に覚えるのは、「わんわん」「あんよ」「おくつ」など、主に具象物の名称です。大人が事物を指さしたり、目線を送ったりしながら発する言語の音形を聞いて、子どもは事物（例えば、犬）に名称（例えば、「わんわん」）を対応づけます。この過程は**ラベル化**（**ラベルづけ**）と呼ばれます。また、色や形が多少違っていても、「わんわん」というラベルが付与される場面に繰り返し遭遇したり、似ている事例（例えば、猫）に異なるラベルが付与される（「あ、にゃんにゃんだよ」）のを経験しながら、同じカテゴリーに属するものを整理します。この過程は**カテゴリー化**と呼ばれます。なお、第一言語の場合、日本語であっても、他の言語であっても、一般に、名詞の習得が動詞の習得に先行するそうです。動詞は動作や変化を表すものが多いのですが、人間の行動や動きには切れ目がないため、どこからどこまでの動作を切り取って、そこにラベルを当てはめるのかがわかりにくいからだと言われています。

　一方、第二言語の場合は、ラベル化の過程が第一言語と異なります。一般に、第二言語の場合は、既に第一言語を獲得していますので、事物に対して第二言語をラベル化するのではなく、第一言語の訳語に対してラベル化します。もちろん、2つの言語を並行して習得するという人もいますから、第二言語によるラベル化がないわけではありませんが、一定の年齢に達した後で第二言語を学び始める場合は、第一言語の訳語とペアにして覚えるのが一般的でしょう。

　ところが、このように第一言語の訳語と対応づけて第二言語の語を学ぶ場合、第二言語でカテゴリー化を行うのではなく、第一言語のカテゴリー化をそのまま第二言語に転用してしまいがちです。例えば、日本語を第一言語とする英語学習者が、「いす」="chair"として"chair"という語を覚えたとしましょう。しかし、日本語では背もたれがあってもなくても、「いす」というカテゴリーにまとめてしまうので、背もたれがない椅子（"stool"）に対しても"chair"というラベル化をしてしまうのです。第一言語の訳語とペアにして第二言語を学ぶ場合には、2つの言語でカテゴリー化が異なる可能性があることを認識する（させる）必要があります。

　なお、第二言語の場合も、動詞よりも名詞の方が先に導入されますが、これは名詞を先に導入しておくと、動詞の学習がしやすいからでしょう。

第3部 文法

第16課
語と文

16.1 文法：「*が全員 覚えるさせるられるますた を教科書。」

16.1.1 文とは？

　文とは、語を組み合わせて作られる言語の基本単位で、より大きい単位である文章や談話の構成要素です。意味的に見ると、一定の完結した内容を担うもので、外形的に見ると、書かれるときには句点「。」で区切られ、話されるときには音の切れ目があって（☞7.3）、イントネーションによってまとまりが示されるのが普通です（☞7.1）。

　典型的な文は（1）のように複数の語から成り立っていますが、（2）（3）のように1語によって構成される文もあります。

　(1) 雪が降っています。
　(2) 雪！
　(3) 眠い。

　西洋諸語では主語が述語の形を決めるので、西洋語を中心とする見方では、主語と述語があって初めて文が成立すると考えます。一方、日本語では主語が述語の形を決めるわけではなく、また、必ずしも主語がなくても文が成立するので、文は述語を中心に構成されると言えます。

16.1.2 文法とは？

　(4) *が全員 覚えるさせるられるますた を教科書。

　(4) の語の並びを読んで、これは確かに日本語の「語」で形成されているけれど、「文」ではないと思ったのではないでしょうか。
　どの言語でも文は語から構成されますが、たとえ適切な語を選択しても、それらの語を無秩序に並べただけでは文になりません。文を作り上げていくには、そのための規則、つまり**文法**に従わなければなりません。

(4) は語の選択には問題ありませんが、文法規則に違反しているために文になっていませんでした。このような、文法規則に違反した文を、**不適格文**（**非文**）と言います（*で示します）。文法に従っている文（**適格文**）は (5) です。

(5) 全員が教科書を覚えさせられました。

文法には、いろいろな側面があります。まず、動詞が取ることのできる文型（☞ 17.1）は決まっています（「覚える」の場合「〜が〜を覚える」☞ 17）。語順にも規則があって、格助詞（☞ 17.1）「が」「を」は名詞の後ろに来なければなりませんし、述語は文の最後に来るのが基本です。述語部分には動詞のほかに、事態が起きた時間軸上の位置（「た」☞ 19）、事態を表現する際の立場（「させる」「られる」☞ 20）、聞き手への丁寧さ（「ます」☞ 22）などの要素が現れ、そのそれぞれにルールがあります。また、動詞「覚える」と「させる」「られる」「ます」「た」をそのまま並べて「*覚えるさせるられるますた」とはできません。これらは適切に活用させる必要があります（☞ 18）。また、その並べ方も厳格に決まっていて、「*覚えられさせました」や「*覚えましたさせられ」「*覚えましられさせた」などは存在しません。

各語に関する情報は辞書で調べることができますが、これらの文法規則は、辞書ではなく文法書に記載される事項です。文法規則のうち、語の形成や活用に関わる分野は**形態論**と言い、語が結びついて文を構成する際の規則に関わる分野は**統語論**（**構文論**）と呼ばれます。

「文法」は、1つの文を形成するために必要なルール（**文文法**）を指すことが多いですが、例えば (6) のように、文を超えた、より大きい単位である**談話**や**文章**（**テクスト**）についても規則があり、これは**談話文法**、**テクスト文法**などと呼ばれます。

(6) 昨日、姪の花子が遊びに来た。花子（*が／は）近所に住んでいる。

さらに、実際に言語を用いる際には、(7) (8) のように、正しい語を選んで、文法に従った文を作って発話したり書いたりしても、意思疎通がうまくいかなかったり、対話相手や読み手を不快にさせてしまったりすることもあります。

(7) #先生、ちょっとご相談したいことがあるので、明日伺いましょうか。
(8) #どうぞ推薦状をお書きください。

上記の文が適切かどうかは、言語を使用する人間の意図、対話の参加者間の人間関係、言語使用の現場の状況などを考慮に入れて考えなければなりません。こうしたことを研究する分野を、**語用論**と言います（☞ 23.2）。(7) (8) のような文には文法上の

問題はないので、不適格文（非文）とは区別して**不適切文**と呼びます（#で示します）。

16.1.3 日本語教育のための文法

　母語話者は、幼い時からその言語に触れて文法を自然に**習得**しているので、無意識のうちに適格な文が作れますが、学習者は、文法を意識的に**学習**しなければなりません。

　日本語学習者は、以下のような、母語話者なら通常ありえない間違いをします。

(9)　*ほら、鳥は飛んでる！
(10)　*毎日、図書館に勉強します。
(11)　*あの人は元気と親切です。
(12)　*引っ越した前は通学に2時間かかっていました。
(13)　*あの人が私にプレゼントをあげました。

　母語話者であれば、これらの文が「おかしい」ということはすぐにわかりますが、では、それはどのような規則に違反しているからなのかと聞かれると、わからないことが多いのではないでしょうか。話せることと説明できることは別で、母語話者は、自由に文を作れるからといって、日本語文法を規則として説明できるとは限らないわけです。実際、母語話者は、非母語話者の産出する不適格な文に触れて初めて、自分が意識したことのない文法に気づくことがよくあります。学習者の誤用が、母語話者の頭の中にある無意識の文法を意識の世界に導き出してくれると言えるでしょう。

　日本語母語話者は、学校で国語の古典文法や英文法は勉強しますが、習わなくても不自由なく使える現代日本語の文法はあまり勉強しません。日本語母語話者が学校で学ぶ国文法（**学校文法**）は、古文の文法との歴史的なつながりを重視しているので、日本語の歴史的な理解には役立ちますが、現代日本語の文法としてはわかりにくい部分もあります。そこで、現代日本語を外国語として勉強する学習者のために、学校文法とは異なる、日本語教育のための文法（**日本語教育文法**）が考えられています。

　教育のコース内容全体を示したものを**シラバス**と言いますが、文法を基礎にして構成される**文法シラバス**（**構造シラバス**）では、文法を定型的な文の形で示した**文型**を用い、初級、中級、上級と、順次複雑なものを提示するのが普通です。

　日本語教育文法では、学習者の間違いを引き起こさない、学習者の疑問に答えられる、体系的な記述を目指さなければなりません。

16.2 品詞:「*欲しいます」「*病気な人」

16.2.1 品詞の見分け方

語を、その文法的性質によって分類したものが**品詞**です。動詞や名詞、形容詞などはなじみ深いもので、日本語の語を品詞別に分けることは全く難しくないと思うかもしれません。では、以下の語の品詞は何か、考えてみてください。

(1) 歩く　(2) ある　(3) ない　(4) 異なる　(5) 違う　(6) できる
(7) 欲する　(8) 欲しい　(9) 望む　(10) 望ましい　(11) 悲しい　(12) 悲しむ
(13) 好き　(14) 嫌い　(15) きれい　(16) におい　(17) くさい
(18) 安い　(19) 安井　(20)【気分が】ハイ　(21)【呼ばれて】はい

どのように判定しましたか。その判定は何に基づいているでしょう。品詞は意味で決められますか。

学校文法において、日本語の品詞は、普通、名詞・動詞・形容詞・形容動詞・連体詞・副詞・接続詞・感動詞・助動詞・助詞の 10 種類に分類されます。これらは、単独で存在できるか (助動詞と助詞は単独で存在できない)、活用するか (動詞・形容詞・形容動詞・助動詞は活用する ☞ 18)、活用する語はどのタイプの活用をするか、活用しない語は文の補語 (☞ 17.1) になれるか、といった観点で分類されています。日本語教育文法では、学校文法と分類や名称が一部異なり、また、すべての品詞の名称を教えるわけではありません。以下、主な品詞についてのみ見ていきます。

16.2.2 動詞、イ形容詞 (☞ 13.1)

学校文法で「形容詞」と呼ばれる品詞は、日本語教育では「**イ形容詞**」と呼ばれます。基本形 (辞書に載っている形) が「い」で終わるからです (**動詞**はウ段で終わります)。単に「形容詞」と呼ばないのは、後で述べるように形容動詞が「ナ形容詞」と呼ばれることと関連しています。本書では「イ形容詞」という名称を使います。

さて、上の (1)～(21) の品詞を判定しようとする際、「歩く」は動詞だとすぐにわかりますが、「ある」「ない」「異なる」「違う」「できる」になると、迷った人もいたのではないでしょうか。「ある」や「異なる」は、「歩く」と違って動作を表しているとは思えないので、動詞らしくないと思う人もいるでしょう。また、「できる」は "can" だから助動詞と思った人もいるかもしれません。

品詞を意味で決めようとすると、「欲する」「欲しい」は似たような意味ですから、

同じ品詞でなければいけないような気がします。しかし、例えば丁寧に言おうとするとき、「欲する」は「ます」を付けて「欲します」にできますが、「欲しい」は「*欲しいます」にできず、「欲しいです」になります。「ある」と「ない」は存在に関して逆の意味を表すペアですから、この2つも同じ品詞でしょうか。同様に、丁寧に言うときを考えると、「ある」は「あります」になりますが、「ない」は「*ないます」ではなく「ないです」となります。品詞の観点から見ると、「欲する」と「ある」、「欲しい」と「ない」がそれぞれ同じグループで、前者が動詞、後者がイ形容詞です。

このように品詞は、形態と機能による分類ですから、意味では決められないのです。「動詞」は確かに動作を表すものが中心ですが、すべてが動作を表すわけではなく、「ある」「異なる」「できる」のように状態を表すものもあります。

ここで問題になるのが、「違う」です。「違う」の活用形として、「違かった」「違くて」「違くない」などが浮かんだ人が多いのではないでしょうか。これらは、イ形容詞型の活用形です。「違う」はウ段で終わっていることからも明らかなように動詞ですが、イ形容詞型の活用が用いられるようになっています。興味深いのは、イ形容詞としての基本形「違い」がまだないことですが、「チゲー」は使われているようなので、将来は「違い」がイ形容詞として辞書に掲載されるかもしれません。

16.2.3　名詞、ナ形容詞 (☞ 13.1)

学校文法の「形容動詞」は、日本語教育で「**ナ形容詞**」と呼ばれます。「静かだ」「便利だ」「いやだ」など、現代語の形容動詞には動詞的な性質はなく、イ形容詞と同様の機能を持つため、日本語教育文法では、学校文法の形容詞と形容動詞の両方を形容詞と認定し、その活用の違いから、前者をイ形容詞、後者をナ形容詞とします。後者は、名詞の前に置かれたときに「な」が現れることから、その名前がついています。

ナ形容詞は、語幹（変化しない部分）の独立性が高く、名詞に近い品詞ですが、**名詞**であれば、「が」や「を」を付けることができ (22)、名詞の前に置かれると「名詞1 の 名詞2」という形になる (23) のに対し、ナ形容詞には「が」や「を」は付かず (24)、名詞の前に置かれると「ナ形容詞 な 名詞」という形になります (25)。

　　(22) 仕事がある。／仕事を求める。　　(23) 仕事（の／*な) 場所
　　(24) *静かがある。／*静かを求める。　　(25) 静か (*の／な) 場所

「病気」は「彼は病気だ」のように用いられ、意味的に考えるとナ形容詞であってもおかしくないのですが、「病気が治った」のように「が」が付けられ、名詞の前に置かれたときに「病気（の／*な) 人」となりますから、品詞としては名詞です (☞ 13.1)。

「自由」「元気」のように、名詞とナ形容詞の両方の用法を持つものもあります。

(26) 自由の女神／自由な女神　　(27) 元気の秘訣／元気な人

時と数にかかわる名詞には、(28)(29)のような副詞的用法があります。日本語では「3つのリンゴをください」よりも「リンゴを3つください」の方が自然です。

(28) 将来、何になりたい？
(29) 昔々ある所に、子豚が3匹住んでいました。

形式名詞（☞ 13.1）は、(30)(31)のように助詞に転化することがあります。

(30) 問い合わせたところ、まだ決まっていないということだった。
(31) だって、いやなんだもの。

16.3　文の種類:
「*試験が終わると、遊びに行きましょう」

16.3.1　述語のいろいろ

文は、原則として述語を中心に構成されます。その述語にどの品詞が用いられるかによって、**名詞文・形容詞文・動詞文**に分かれます。

(1) 弟はまだ学生です。　　　　← 名詞文
(2) 部長は厳しいです。　　　　← 形容詞文
(3) 私は週末、遊びに行きます。　← 動詞文

肯定文／否定文は、述語が肯定されているか否定されているかによる分類です。(1)～(3)は肯定文、(4)は否定文です。

(4) 兄は学生ではありません。／課長は厳しくないです。／彼は行きません。

(1)～(4)は、肯定文であれ否定文であれ、表現されている内容を話し手が信じて述べ、相手に伝える文（**平叙文**）ですが、(5)のように、内容について十分な情報がない、または確信が持てないため、相手に情報を求める文（**疑問文**）もあります。

(5) 弟さんは学生ですか。／部長は厳しいですか。／週末、遊びに行きますか。

さらに (6) (7) (8) は、情報を述べるのでも求めるのでもなく、文を発話することで相手の行動を促そうとする、**行為要求文**です。(6) (7) のように何かをすることを求める**命令文**や、逆に何かをしないことを求める (8) のような**禁止文**などがあります。

(6) 止まれ。　　(7) ご飯の前に手を洗いなさい。　　(8) 動くな。

ほかに、(9) のように話し手が自身の行為の実行を決定し表出する**意志文**、(10) のように話し手と一緒に行動することを聞き手に促す**勧誘文**などもあります (☞ 22.1)。

(9) 明日から早く起きよう。　　(10) ねえ、一緒に行こう。

16.3.2 単文／複文（主節／従属節）

文は述語を中心に構成されると述べましたが、(11) のように、1つの文の中に述語部分が1つしかないものを**単文**、(12) (13) のように複数あるものを**複文**と言います。

(11) 手を洗いました。
(12) 手を洗ってご飯を食べました。
(13) ご飯を食べる前に手を洗いました。

複文には、述語を中心に構成される部分（**節**）が複数あるわけですが、そのうち主になるものを**主節**、従になるものを**従属節**と言います。(12) の場合、文末に置かれている「ご飯を食べました」が主節、「手を洗って」が従属節です。

16.3.3 複文のいろいろ

複文は、従属節の種類によって分類されます。まず、(14) (15) のように、文中の名詞を修飾する節（**連体修飾節**、**名詞修飾節**）があります。

(14) 昨日食べた ケーキ はおいしかった。
(15) 料理が焦げる におい がする。

同じような文に見えますが、構造的に異なります。「昨日ケーキを食べた」とは言えますが、「*におい（を／に／で）料理が焦げる」とは言えないことに注意してください。名詞「ケーキ」が修飾節の内部に入れられる (14) は**内の関係**、名詞「におい」が修飾節の内部に入れられない (15) は**外の関係**と呼ばれます。

(16) (17) のように、表されることがらが「こと／の」でまとめられ、全体で名詞と同じ働きをしている節は、**名詞節**と言われます。

(16) 会議が延期になった<u>こと</u>を参加予定者に伝えました。
(17) 久しぶりに友だちに会える<u>の</u>が嬉しい。

ほかに、(18) は**疑問節**、(19) は**引用節**と呼ばれ、名詞節と同様、文を補足します。

(18) <u>誰が来たか</u>教えてください。
(19) <u>そんなことは聞いていない</u>と言っていました。

以下 (20) ～ (26) はすべて副詞的従属節で、**副詞節**と呼ばれます。

(20) <u>昨日会ったときに</u>、そう言っていました。　← 時
(21) <u>靴をはいたまま</u>上がってきた。　　　　　　← 付帯状況
(22) <u>頑張れば</u>合格できるかもしれません。　　　← 条件
(23) <u>頑張っても</u>合格できそうにありません。　　← 譲歩
(24) <u>頑張ったから</u>いい成績が取れました。　　　← 原因・理由
(25) <u>いい成績をとるために</u>頑張っています。　　← 目的
(26) <u>あんなに頑張ったのに</u>不合格でした。　　　← 逆接

条件節には、(22)「ば」以外にも、(27)(28)(29)「と／たら／なら」があり、これらには、(30)(31) のように後続できる主節の種類に制約がある場合があります。「と／ば／たら／なら」は、学習者にも日本語教師にも難しい項目の1つです。

(27) <u>試験が終わると</u>すぐに春休みです。
(28) <u>食べてみたら</u>わかるよ。
(29) <u>君がそう言うなら</u>それでいいよ。
(30) *<u>試験が終わると</u>遊びに行きましょう。
(31) *<u>食べてみるなら</u>わかるよ。

(32) のように、主節に対して対等に近い関係を持つ節は、**等位節**と呼ばれます。

(32) <u>彼は残って</u>、私は帰った。

「～て」という形の従属節には、(12)(32) 以外にも (33)～(35) のような用法があり、それぞれ異なる意味を担っていて、どの程度主節に従属しているかも異なります。

(33) <u>用事があって</u>帰った。
(34) <u>手をつないで</u>帰った。
(35) <u>急いで</u>帰った。

第16課 語と文

【練習問題1】

次の語の品詞は何ですか。

(1) 特急　(2) 特別　(3) 静か　(4) 最高　(5) おかしい
(6) 嫌う　(7) 属する　(8) 痛い　(9) 痛む　(10) 聞こえる

【練習問題2】

次の(1)～(10)の文の種類は何ですか。表の当てはまる箇所に番号を書いてください。

(1) 試験は来週ですか。
(2) この問題は難しいです。
(3) (心内発話) あと5分で、帰ろう。
(4) いい加減にしなさい。
(5) そろそろ行きましょうか。
(6) 誰がそんなこと言ったの。
(7) わざわざ行ったのに、入れなかった。
(8) 嘘をつくな。
(9) よかったら一緒にやろうよ。
(10) 最寄り駅は中野です。

文の種類		例文
平叙文		
疑問文		
行為要求文	命令文	
	禁止文	
意志文		
勧誘文		

【推薦図書】

庵功雄 (2012)『新しい日本語学入門 ことばのしくみを考える 第2版』スリーエーネットワーク.
小川誉子美・三枝令子 (2004)『ことがらの関係を表す表現――複文』(日本語文法演習 上級) スリーエーネットワーク.
日本語記述文法研究会 (編)(2010)『現代日本語文法1 第1部 総論 第2部 形態論』くろしお出版.
日本語記述文法研究会 (編)(2008)『現代日本語文法6 第11部 複文』くろしお出版.
野田尚史 (編)(2005)『コミュニケーションのための日本語教育文法』くろしお出版.

第17課
格と主題

17.1 格助詞：
「猫がネズミを追いかけた／猫をネズミが追いかけた」

17.1.1 格とは？

第16課で、文は述語を中心として構成されると述べました。しかし、述語だけの(1)では事態が描けないため、(2)のように「何が」「何を」という部分が必要です。

(1) 追いかけた。
(2) 猫がネズミを追いかけた。

以下の文(3)は、(2)と全く同じ語で構成されていますが、「猫」と「ネズミ」に付いている「が」「を」が交代しているために意味は異なります。

(3) 猫をネズミが追いかけた。

つまり、「が」や「を」が、その前の名詞と述語との関係を示しています。名詞が述語との間に持つこの文法的関係を**格**と呼び、格を示す助詞を**格助詞**と言います。

日本語では、格関係は格助詞によって示されますが、異なる方法を用いる言語もあります。(4)(5)のような英語の場合には、格は何で示されているでしょうか。

(4) A cat chased a mouse. ／A mouse chased a cat.
(5) He met her. ／She met him.

(4)では語順が、(5)では語順に加えて代名詞の格変化が、名詞(代名詞)と動詞との関係を示していることがわかります。

日本語において格関係は格助詞で示されると述べましたが、語順が全く関係しないわけではありません。(3)を読んだときに、不自然と感じた人もいるでしょう。(6)のように、「〜が」の方を「〜を」よりも先に置くのが普通だからです。

(6) ネズミが猫を追いかけた。

以下のように格助詞が現れないときには、語順によって意味が解釈されます。

(7) 太郎、次郎、叩いた。
(8) 次郎、太郎、叩いた。

17.1.2 格助詞

日本語教育で一般に格助詞として認められているのは以下の9つで、それぞれガ格、ヲ格、ニ格、デ格、ト格、ヘ格などと呼ばれます。

(9) が／を／に／で／と／へ／から／まで／より

学校文法では、「田中さんの本」「息子の太郎」における「の」も格助詞（連体格）と扱いますが、このような「の」は名詞と述語との関係を示すものではないため、連体助詞とし、格助詞の中に含めないことにします。

(9)の格助詞にはいろいろな用法があり、1つの格助詞が1つの用法に限られるわけではありません。例えば、「が」「を」「に」には以下のような用法があります。

「が」 (10) 猫がネズミを追いかけた。　← 主体
　　　 (11) 何がほしい？　　　　　　　← 対象
「を」 (12) テレビを見る。　　　　　　← 対象
　　　 (13) 何時に家を出ますか。　　　← 起点
　　　 (14) 横断歩道を渡る。　　　　　← 通過点
「に」 (15) 9時に集合してください。　　← 時
　　　 (16) 駅前に本屋がある。　　　　← 存在の場所
　　　 (17) エレベーターで7階に上がった。← 到達点
　　　 (18) 友だちに相談した。　　　　← 相手
　　　 (19) 買物に行く予定だ。　　　　← 目的

「で」「と」「へ」「から」「まで」「より」については、主な用法の例文のみ挙げます。

(20) 学校で友だちと喧嘩した。　　　　← で：動作の場所、と：相手
(21) 自転車で駅へ向かった。　　　　　← で：道具・手段、へ：方向
(22) 大雪で交通機関に乱れが生じた。　← で：原因・理由
(23) 5時から9時までバイトがある。　　← から：起点、まで：到達点
(24) バイトより勉強の方が大切だ。　　← より：比較の対象

17.1.3 補語

「猫が」「ネズミを」のように、名詞と格助詞で構成される部分は**補語**と呼ばれます。動作や状態の主体を表すガ格補語を**主語**と呼んで、他と区別する立場と、ガ格補語だけが特別に「主」たる機能を果たしているわけではないので、他の補語と区別する理由がないと考えて日本語に主語を認めない立場がありますが、本書では、(10)の「猫が」のようなガ格補語に主語という用語も使用します。

補語のうち、ある事態を記述するのに必ず必要なものを**必須補語**、そうでないものを**副次補語**と呼びます。必須補語は動詞によって異なりますが、「追いかける」や「作る」の場合、必須補語は「～が」(主体)と「～を」(対象)です。(26)のように、「～に」(時)、「～で」(場所)、「～と」(仲間)などを付け加えることもできますが、これらは必須ではなく、付け加えると事態の描写が詳細になるにすぎません。

(25) 太郎が貯金箱を作った。
(26) 夏休みに太郎がうちで友だちと貯金箱を作った。

日本語教育では、以下のように述語と必須補語を組み合わせて、**文型**として提示します。

(27) 場所に　モノが　あります。
(28) 人1が　人2に　モノを　あげます／くれます。
(29) 人／モノ1のほうが　人／モノ2より　(形容詞)です。

17.2　間違えやすい格助詞:「*図書館に勉強します」

17.2.1 「に」と「で」

日本語学習者は、(1)のような文を作ることがあります。

(1) *図書館に勉強します。

日本語母語話者であれば、この文がおかしいことはすぐにわかります。正しい文は「に」ではなく「で」を用いた(2)です。しかし、(3)であれば「に」を使って問題がありません。同じ「図書館」に付いているのに、(1)はなぜおかしいのでしょうか。

(2) 図書館で勉強します。
(3) 図書館に本がたくさんあります。

考えるためにいくつか例文を挙げます。説明できる仮説を立ててみてください。

(4) 教室に学生がいる。
(5) 教室で発表する。
(6) 玄関に鏡が置いてある。
(7) 玄関で服装をチェックする。

どんな仮説が考えられますか。その仮説は (8)(9) も説明できるでしょうか。

(8) この先の交差点で交通事故があった。
(9) スタジアムでコンサートがある。

さらに、「に」には以下のような例もあります。

(10) 電車に乗る。
(11) 目的地に到着する。
(12) 壁にポスターを貼る。
(13) 突然、空に火の玉が出現した。

上記をまとめると、場所に付く「に」「で」の用例において、「に」は存在の場所、または到達点を表し、「で」は動作の行われる場所を示していると言えます。

17.2.2 「に」と「へ」

「に」とよく似た文型で用いられる格助詞に、「へ」があります。

(14) 急いで駅へ向かった。

(14)では「へ」でも「に」でも問題ないと思われます。しかし、(10)〜(13)を「へ」に代えた「??電車へ乗る」「??目的地へ到着する」「??壁へポスターを貼る」「??空へ火の玉が出現した」には、違和感があります。これは、「へ」が方向を示し、到達点は示さないためだと考えられます。ただし、人によって判断が異なりますし、名詞につながる形にするために「の」を挿入する場合には、「に」ではなく「へ」が使われます。

(15) 目的地への到着

17.2.3 「で」と「を」

動作の行われる場所を示す「で」と、通過点を表す「を」を見てみます。

(16) 廊下（で／を）走ってはいけません。

（16）ではどちらも使えそうですが、(17) なら「を」、(18) なら「で」がふさわしいと感じられます。移動の経路が問題になっている (17) では通過点を表す「を」が適切で、移動よりも運動としての側面が重要な (18) では「で」が選ばれると考えられます。

(17) 校長室まで急いで行かなければならなかったが、運動場が通れなかったので、しかたなく廊下を走った。
(18) リレーの練習をしなければならなかったが、運動場が使えなかったので、しかたなく廊下で走った。

17.2.4 「に」と「と」

次に、「に」「と」を考えます。

(19) 友だち（に／と）会った。
(20) わざわざ遠い所まで友だち（に／*と）会いに行った。

(19) は「に」「と」のどちらも使えますが、(20) になると「と」は不適格になります。同様に、(21) は「に」「と」の両方が可能で、(22) は「に」しか使えません。

(21) 自転車（に／と）ぶつかった。
(22) 塀（に／*と）ぶつかった。

先に見た、場所に付く「に」には到達点を表す用法がありました。「に」が人や物に付く場合は、何らかの働きかけが向かっていく相手を表します。これは一方的な動きです。それに対し、「と」は相互的な動きを表すため、自分だけが一方的に動く (20)(22) では「と」がそぐわないのです。「電話する」の場合を見てみましょう。

(23) 友だち（に／と）電話した。
(24) 8時に友だち（に／*と）電話した。
(25) 8時から9時まで友だち（*に／と）電話した。

(23) は「に」「と」の両方が可能ですが、「8時に」なら「に」、「8時から9時まで」なら「と」しか使えません。同じ「電話した」でも、(24) は「電話をかけた」、(25) は「電話で話した」という意味で使われていて、(24) は一方的、(25) は相互的です。「相談する」の場合、「に相談」なら一方的にお伺いを立てるような相談、「と相談」

なら対等な立場で相互に話し合うような相談を表します。

(26) 妻 (に／と) 相談してみます。

17.2.5 「と」と「と一緒に」
以下の「友だちと」はすべて同じ用法でしょうか。

(27) 友だちと遊んだ。　　(28) 友だちと喧嘩した。
(29) 友だちと出かけた。　(30) 友だちと結婚した。

「と」の後ろに「一緒に」を付加できるか考えてみると、(27)(29) には問題なく付加できて意味も変わりませんが、(28)(30) には付けられません。無理に付けると、(28) は「友だちと1グループを形成して誰か他の人と喧嘩した」、(30) は「友だちと自分が同時にそれぞれ異なる人と結婚した」のように意味が変わってしまうでしょう。

ここで動詞の意味を考えると、「遊ぶ」「出かける」は一人でもできる動作ですが、「喧嘩する」「結婚する」は相手がなければ成立しない動作であることがわかります。「遊ぶ」「出かける」の場合、「と」で表されているのはたまたま一緒にその動作をする仲間で、「喧嘩する」「結婚する」の場合は必ず必要な相手です。

17.3　主題：「開けた人は閉めてください／開けたドアは閉めてください」

17.3.1 「は」も格助詞？
「は」は「が」と同様、主語を表す助詞であると考えている人が多いかもしれませんが、「は」を、「が」「を」「に」などと同じ格助詞と考えてよいでしょうか。

(1) クジラは哺乳類である。
(2) 昨日買った本はもう読んでしまった。
(3) 明日は試験がある。
(4) この学部には大勢の留学生が在籍している。
(5) 北海道では大雪が降ったそうだ。

(4)(5) では、「に」「で」の後に「は」が付加されていることに注意してください。(4)(5) の文から「は」を消去しても、意味は通じます。

(6) この学部に大勢の留学生が在籍している。
(7) 北海道で大雪が降ったそうだ。

(1)～(3)はどうなるか、名詞節の中に「は」が現れないという性質を利用して見てみます。例えば、「～ことはわかっている」の中に入れると次のようになります。

(8) クジラが哺乳類であることはわかっている。
(9) 昨日買った本をもう読んでしまったことはわかっている。
(10) 明日試験があることはわかっている。

(8)では「は」があった位置に「が」が現れ、(9)では「を」が現れています。(10)では何も現れません。さらに、(11)(12)を見てください。

(11) 開けた人は閉めてください。
(12) 開けたドアは閉めてください。

(11)「開けた人」は「閉める」行為の主体で、(12)「開けたドア」は「閉める」行為の対象です。にもかかわらず、「開けた人」にも「開けたドア」にも「は」が付けられるのですから、「は」は格助詞ではないということになります。

17.3.2 「は」の機能

「は」で提示される部分と、後続部分との関係は多彩です。(13)を見ればわかるように、「～は」という部分を聞いただけでは、後続部分との関係は予測できません。

(13) この授業は（難しい／去年も履修した／教室が変更になった）。

では、「は」は何を表しているのでしょうか。「は」は、語るべき**主題**、テーマを差し出し、「～について述べると」ということを伝えています。「は」で主題を提示して、その後の**解説**部分でそれについての何らかの情報を述べるわけです。

主題部分は、解説部分にある述語の主語である必要はありません。例えば、(13)「この授業」は、「が」「を」「の」の関係でそれぞれの解説部分と結びついています。「～は」だけを聞いた段階では、それについて何かが語られるということしかわからないのです。「は」は、格ではなく主題を提示する機能を果たしているので、格助詞ではなく、**提題助詞**（または、「も」「だけ」などとともに**取り立て助詞**）と呼ばれます。

主題として取り上げられるものは、既に聞き手にもわかっている**旧情報**であることが普通です。すべての文に主題があるわけではありませんが、主題のある文（**有題文**）

では、通常、旧情報である主題に、何らかの**新情報**が付け加えられて、文ができ上がります。このような構造を、**情報構造**と呼びます。

(4)(5)のように、格助詞「に」「で」は後ろに「は」が付け加えられても残りますが、(1)(2)のように、格助詞「が」「を」は「は」が付くと消え、その名詞が述語に対して持っている格関係が見えなくなります。日本語は、情報構造の表示の方が格の表示に優先する、主題優勢言語であると言えます。

17.3.3 「は」と「が」

主題になる要素はガ格補語とは限りませんから、「は」は、「が」とだけではなく、「を」とも「に」ともその他とも対立しています。しかし、主題になるのはガ格補語がいちばん多いのも事実で、「は」と「が」の使い分けは、日本語学習者を悩ませる問題の1つですから、以下、その使い分けをごく簡単に見ておきます。

(14) ここは第1教室です。
(15) ここが第1教室です。

(14)では、「ここ」がどの場所を指すか話し手と聞き手には既にわかっていて、その共通に理解されている「ここ」が主題として取り立てられています（**主題**の「は」）。その主題である「ここ」について、「第1教室」であることを新情報として述べる文ですから、解説部分の「第1教室」が**情報の焦点**です。他方、(15)は、どこかに「第1教室」というものがあることはわかっていて、その「どこか」が「ここ」であることを述べる文で、「ここ」が情報の焦点です（**総記**の「が」）。

(16)のように質問された場合は、(14)で答える必要がありますが、(17)のように質問された場合には、(15)の文を使用しなければなりません。

(16) ここは第2教室ですか。
(17) どこが第1教室ですか。／第1教室はどこですか。

さらに、「が」には眼前の事態をそのまま叙述する機能があります（**中立叙述**の「が」）。この場合、「が」の前の要素だけでなく、文全体が新情報です。

(18) 鳥が飛んでる。
(19) 雨が降ってきた。

また「は」には、2つの事態を対比的に取り立てる**対比**の用法があります。

(20) 今週は行ったが、先週は行かなかった。

練習問題 第17課 格と主題

【練習問題1】
次の(1)～(3)それぞれの「で」の意味を考えてください。

(1) 椅子の上で遊んだ。
(2) 椅子で遊んだ。
(3) 椅子のことで喧嘩した。

【練習問題2】
(　　)に入れるのに適切な方を選んでください。

(1) 昔々、大きな王国に住む王様(が／は)いました。王様(が／は)領土を3人の娘に与えたいと思いました。
(2) A: 失礼ですが、佐藤さんですか。
    B: いえ、私(が／は)山田です。
(3) 【大勢に向かって】A: すみません、この中に山田さん、いらっしゃいますか。
    B: 私(が／は)山田です。

【推薦図書】
庵功雄(2003)『『象は鼻が長い』入門――日本語学の父 三上章』くろしお出版.
庵功雄(2012)『新しい日本語学入門 ことばのしくみを考える 第2版』スリーエーネットワーク.
中西久実子・庵功雄(2010)『助詞――「は」と「が」、複合格助詞、とりたて助詞など』(日本語文法演習 上級)スリーエーネットワーク.
日本語記述文法研究会(編)(2009)『現代日本語文法2 第3部 格と構文 第4部 ヴォイス』くろしお出版.
日本語記述文法研究会(編)(2008)『現代日本語文法5 第9部 とりたて 第10部 主題』くろしお出版.
野田尚史(1985)『はとが』(日本語文法セルフ・マスターシリーズ1)くろしお出版.
野田尚史(1996)『「は」と「が」』(新日本語文法選書1)くろしお出版.
益岡隆志・田窪行則(1987)『格助詞』(日本語文法セルフ・マスターシリーズ3)くろしお出版.
三上章(1960)『象は鼻が長い――日本文法入門』くろしお出版.

第18課 活用

18.1 動詞活用：文を終止できるのは終止形だけ？

18.1.1 学校文法の動詞活用

　学校文法では、動詞に5つの活用タイプ（五段・上一段・下一段・サ行変格・カ行変格）を認め、動詞の活用形を、未然・連用・終止・連体・仮定・命令の6つとします。5つの活用タイプの活用形を表にして示すと、以下のようになります。**語幹**は変わらない部分で、**語尾**は変化する部分です。

表 18.1　学校文法の動詞活用表　（○：語幹と語尾の区別がない）

活用タイプ	例	語幹	語尾					
			未然	連用	終止	連体	仮定	命令
五段	読む	よ	ま／も	み	む	む	め	め
上一段	起きる	お	き	き	きる	きる	きれ	きろ／きよ
下一段	寝る	○	ね	ね	ねる	ねる	ねれ	ねろ／ねよ
サ行変格	する	○	し	し	する	する	すれ	しろ／せよ
カ行変格	来る	○	こ	き	くる	くる	くれ	こい

　外国語として日本語を学ぶ学習者にとって、この表はわかりやすいでしょうか。学習者の立場になって考えてみると、いくつか疑問が浮かんできます。

① 「終止形」と呼ばれる形があるが、文を終止できるのは終止形だけか。
② 命令形「起きろ」「起きよ」には確かに命令の意味があるが、「起きれ」には「仮定」の意味があるか。もし「仮定形」が「仮定の形式につながる活用形」を意味するなら、なぜ「起きると」「起きたら」「起きるなら」などの形で「と」「たら」「なら」につながる「起きる」「起き」は「仮定形」ではないのか。
③ 1形式に2名称（「終止形」「連体形」）があったり、2形式に1名称（五段「未然形」）しかなかったりするのは、なぜか。
④ 語幹は変わらない部分で語尾は変化する部分なのに、なぜ上一段と下一段では、どの活用形でも変化しない「き」や「ね」が語尾の方に入っているのか。

18.1.2 日本語教育文法の動詞活用

　日本語教育では、必ずしもすべての活用形を一覧表にして示すわけではありませんが、用いるとすれば以下のような活用表を用います。（「受身形／可能形／使役形」も「～形」と呼ばれますが、これらは活用形ではなく、それぞれが一段活用をする動詞なので、表の中には入れていません（☞ 20.2、20.3）。）

表 18.2　日本語教育文法の動詞活用表

活用タイプ	例	語幹	ナイ形	マス形	辞書形	バ形	意志形	命令形
五段（グループ 1・U・子音）	読む	yom	a ない	i ます	u	e ば	o う	e
一段（グループ 2・Ru・母音）	起きる 寝る	oki ne	ない	ます	る	れば	よう	ろ／よ
不規則（グループ3）	する	s	i ない	i ます	u る	u れば	i よう	i ろ／e よ
	来る	k	o ない	i ます	u る	u れば	o よう	o い

　このように、学校文法で「助動詞」「助詞」とされる「ない」「ます」「ば」「う／よう」などの部分まで含めて捉えるところが特徴です。文を終止できるのは「終止形」とは限らないことから、辞書に載っている形という意味で「辞書形」と呼びます。

　五段動詞の語幹は、「m」「k」などの子音で終わると考えた方が、1つの規則で五段動詞すべての活用を説明できて合理的です。上一段活用と下一段活用は、活用のタイプとしては全く同じなので、区別せずに同じ型（一段動詞）と扱います。教科書によって、五段動詞は「グループ1」「U-verbs」「子音（語幹）動詞」、一段動詞は「グループ2」「Ru-verbs」「母音（語幹）動詞」、不規則動詞は「グループ3」とも呼ばれます。五段動詞を「Ⅰ型」、一段動詞を「Ⅱ型」と呼ぶ教科書もあります。

　五段動詞の語幹はローマ字で考え、子音で終わるとした方がよいと述べましたが、ローマ字化する場合には、問題もあります。例えば、「立つ」という動詞の場合、ヘボン式で活用形を書くと、「tatanai」「tachimasu」「tatsu」「tateba」「tatoo」となり、「t」以外に「ch」「ts」という表記もあって、活用の体系がわかりにくくなります。他方、訓令式で「tatanai」「tatimasu」「tatu」「tateba」「tatoo」と書くと、活用の体系としてはわかりやすいですが、発音がわかりにくくなります（☞ 2.2、10.1）。

18.1.3　普通／丁寧（文体）、肯定／否定（肯否）、過去／非過去（テンス）

　動詞は、相手に対して丁寧に言うのかそうでないのか（**文体** ☞ 22.3）、肯定するのか否定するのか（**肯否** ☞ 16.3）、過去のことなのかそうでないのか（**テンス** ☞ 19.1）

など、さまざまな体系を併せ持っています。動詞「する」を例に、普通体／丁寧体の文体ごとに、肯定／否定、過去／非過去の形をまとめると、以下のようになります。

表 18.3　動詞（普通体）

	非過去	過去
肯定	する	した
否定	しない	しなかった

表 18.4　動詞（丁寧体）

	非過去	過去
肯定	します	しました
否定	しません	しませんでした

話し言葉では、「しないです」「しなかったです」という丁寧否定形も使われます。

18.2　五段動詞（Ⅰ型）と一段動詞（Ⅱ型）：「*雪が降て、5センチ積もました」

18.2.1　五段動詞のテ形、タ形

表 18.2「日本語教育文法の動詞活用表」に示した活用形以外に、日本語教育で**テ形**、**タ形**と呼ばれる活用形があります。これはもともと**連用形**（「ます」の前の形）に「て／た」の付いた形で、不規則動詞では「して」「来て」、一段動詞では「語幹＋て／た」ですが、五段動詞では音の変化（音便）が生じて、連用形とは異なる形になっています。テ形で代表させてまとめると、以下のとおりです（タ形も同様です）。

表 18.5　五段動詞のテ形の作り方

動詞例	連用形＋て	音変化の規則	テ形
話す	はなし＋て	して（変化なし）	話して
書く	かき　＋て	きて ⇒ いて	書いて
泳ぐ	およぎ＋て	ぎて ⇒ いで	泳いで
読む	よみ　＋て	みて	読んで
死ぬ	しに　＋て	にて ⇒ んで	死んで
飛ぶ	とび　＋て	びて	飛んで
立つ	たち　＋て	ちて	立って
走る	はしり＋て	りて ⇒ って	走って
笑う	わらい＋て	いて	笑って

ただし、以下の動詞は例外的なテ形を持っています。

行く⇒行って（×行いて）、問う・請う⇒問うて（×問って）・請うて（×請って）

18.2.2 五段動詞と一段動詞の見分け方

　日本語母語話者は、どの動詞がどのタイプの活用をするかすぐにわかりますが、学習者が初めて見る動詞の活用タイプを判別する方法はあるでしょうか。

　まず、不規則動詞「する」と「来る」は覚えてもらうしかありません。日本語母語話者が英語を習うときには、不規則動詞の長い表が教科書に載っていて、それを覚えさせられます。"buy/bought/bought" "come/came/come" "give/gave/given" "swim/swam/swum" "write/wrote/written" 等々、ずいぶんたくさんあります。それに比べると、現代日本語の不規則動詞は2つだけと非常に少なく、学習者に優しい言語だと言えます。

　不規則動詞でなければ、一段動詞か五段動詞のどちらかですが、この二者はどうやって見分ければよいのでしょう。不規則動詞「する」「来る」以外の動詞について述べた以下の文 (1)〜(7) が、正しいかどうか考えてみましょう。

(1) (　　) 一段動詞はすべて辞書形が「る」で終わる。
(2) (　　) 辞書形が「る」で終わらなければ五段動詞である。
(3) (　　) 辞書形が「る」で終われば一段動詞である。
(4) (　　) 一段動詞はすべて辞書形が「iる」か「eる」で終わる。
(5) (　　) 辞書形が「iる」か「eる」で終わらなければ五段動詞である。
(6) (　　) 辞書形が「aる」か「uる」か「oる」で終われば五段動詞である。
(7) (　　) 辞書形が「iる」か「eる」で終われば一段動詞である。

　一段動詞はすべて辞書形が「る」で終わります。したがって、「歩く」「働く」「泳ぐ」「話す」「勝つ」「死ぬ」「呼ぶ」のように、辞書形が「る」で終わらない動詞は五段動詞だと判断できます。

　しかし逆に、「る」で終わる動詞は、一段動詞だとは限りません。そこで次に、辞書形が「る」で終わる動詞を考えます。一段動詞では、「る」の直前（語幹の最後）は必ず母音「i」か「e」が来ます。つまり、一段動詞はすべて辞書形が「iる」か「eる」で終わります。そうすると、辞書形が「iる」か「eる」で終わらない（「aる」か「uる」か「oる」で終わる）動詞は五段動詞です。次の例で確認してください。

(8)「aる」：　ある、図る、回る、渡る、浸かる、まさる、テンパる
(9)「uる」：　売る、刷る、降る、作る、かぶる、こする、ググる
(10)「oる」：　折る、取る、乗る、積もる、残る、祈る、デコる

　さて問題は、辞書形が「iる」か「eる」で終わればすべて一段動詞かということですが、残念ながらそうではありません。新しい動詞が出てきたとき、その辞書形が「i

る」か「eる」で終わっていれば、辞書を引いてどちらの活用タイプか確認する必要があります。しかし逆に言えば、「iる」「eる」以外の場合は、辞書を引かなくても上に述べた手続きで一段か五段か判断できます。

辞書形が「iる」か「eる」で終わる五段動詞は、以下のような語がその代表例ですが、初級の段階で出てくる動詞はそれほど多くありません。

(11) 要る、切る、知る、散る、入る、走る、帰る、滑る、照る、減る

「着る」は一段で「切る」は五段、「変える」は一段で「帰る」は五段です。
次の (12) を発話した学習者は、五段動詞を一段動詞のように活用させています。

(12) *雪が降て、5センチ積もました。

五段動詞のテ形の作り方を習得していなかったことが誤用の原因かもしれませんが、辞書形が「aる」「uる」「oる」で終われば五段動詞だということを知っていれば、少なくとも、「降る」「積もる」が五段動詞であることはすぐにわかるはずです。

18.3 形容詞の活用:「*昨日は、忙しいでした」

18.3.1 活用する形容詞

日本語教育では、学校文法で「形容詞」と呼ばれる品詞を「イ形容詞」、学校文法で「形容動詞」と呼ばれる品詞を「ナ形容詞」と呼びます (☞ 16.2)。この2種類の形容詞は活用を持っています。形容詞には、(1) 述語になる用法、(2) 名詞を修飾する用法、(3) 動詞を修飾する用法がありますが、このうち、(2) 名詞を修飾する用法のときに特徴的に現れる形から「イ形容詞」「ナ形容詞」と呼ばれています。

(1) この料理はおいしい。/私の部屋は静かだ。
(2) おいしい料理がたくさんある。/静かな部屋で勉強したい。
(3) おいしくいただきました。/静かにしてください。

日本語の形容詞は、活用するという点が、英語の形容詞とは異なります。イ形容詞、ナ形容詞はそれぞれどんな活用をするのでしょうか。

18.3.2 ナ形容詞

ナ形容詞は、辞書では「静か」「嫌い」など、語幹だけで掲載されていますが、次の

ように活用します。

表 18.6　ナ形容詞の活用　(「では」は「じゃ」となることもある)

例	語幹	ナイ形	連用形	辞書形	連体形	バ形	テ形	タ形
静かだ	静か	ではない	に	だ	な	であれば	で	だった

「だろう」は、ナ形容詞の活用形としてではなく、モダリティ形式 (☞ 22) として扱われることが普通なので、この表の中には入れていません。

述語として用いられるときには、普通体なら「静かだ」「嫌いだ」等の形になり、丁寧体では「静かです」「嫌いです」等の形になります。「静かだ」を例に、普通体と丁寧体に分けて肯定／否定形、過去／非過去形を挙げると以下のとおりです。

表 18.7　ナ形容詞 (普通体)

	非過去	過去
肯定	静かだ	静かだった
否定	静かでは／じゃない	静かでは／じゃなかった

表 18.8　ナ形容詞 (丁寧体)

	非過去	過去
肯定	静かです	静かでした
否定	静かでは／じゃありません	静かでは／じゃありませんでした

名詞には活用がなく、名詞を述語にするときには**コピュラ**と呼ばれる「だ／です」などが使用されます。名詞文の場合、その「だ／です」が活用するわけですが、ナ形容詞の活用は、次に挙げる「名詞＋コピュラ」の活用と全く同じ形です。

表 18.9　名詞 (普通体)

	非過去	過去
肯定	学生だ	学生だった
否定	学生では／じゃない	学生では／じゃなかった

表 18.10　名詞 (丁寧体)

	非過去	過去
肯定	学生です	学生でした
否定	学生では／じゃありません	学生では／じゃありませんでした

16.2 で述べたように、ナ形容詞は名詞と非常に近い品詞であり、名詞の一種と捉える立場もあります。なお、ナ形容詞と名詞の丁寧否定形としては、「では／じゃないです」「では／じゃなかったです」も広く使われます (☞ COLUMN 5)。

18.3.3　イ形容詞

イ形容詞の基本形が「い」で終わることは、第 16 課で既に述べましたが、ほかにはどのような活用形を持つでしょうか。「若い」を例にすると、以下のようになりますが、書き言葉であればほかに「若かろう」もあります。

表 18.11　イ形容詞の活用

例	語幹	ナイ形	連用形	辞書形	連体形	バ形	テ形	タ形
若い	わか	くない	く	い	い	ければ	くて	かった

　述語としてイ形容詞を用いる叙述用法には、名詞文、ナ形容詞文と同様、普通体と丁寧体があります。

表 18.12　イ形容詞（普通体）

	非過去	過去
肯定	若い	若かった
否定	若くない	若くなかった

表 18.13　イ形容詞（丁寧体）

	非過去	過去
肯定	若いです	若かったです
否定	若くないです	若くなかったです

　イ形容詞丁寧体を見ると、ナ形容詞の丁寧体とは異なる体系であることに気づきます。ナ形容詞では、「です」が「でした」「ではありませんでした」と活用しますが、イ形容詞では、普通体のそれぞれの形に、丁寧にするための「です」が付加されているだけで、「です」自体は変化しません。「静かです」と「若いです」は同じように見えますが、「です」の果たしている役割が違うわけです。このことを理解していないと、(4) のような間違いを犯すことになります。

　　(4) *昨日は、忙しいでした。

　イ形容詞の丁寧体・否定形には、表 18.13 に挙げた「〜くないです」「〜くなかったです」に加えて、「〜くありません」「〜くありませんでした」という形も存在します。名詞文、ナ形容詞文では、表 18.7 から表 18.10 に示したように、普通体「学生／静かではない」の「ない」が丁寧体で「ありません」になり、「学生／静かではなかった」の「なかった」が「ありませんでした」になります。「〜くありません」「〜くありませんでした」というイ形容詞の丁寧体・否定形の作り方は、この名詞文、ナ形容詞文の丁寧体・否定形の作り方と同様です。

練習問題 第18課 活用

【練習問題1】
　学習者が、知らない動詞をテ形で見たとき、その動詞を辞書で引くためには、辞書形に直す必要があります。次の動詞の辞書形としては、どのような形がありえるか考えてください。

(1) いて　　(2) いって　　(3) かして　　(4) よんで　　(5) かって
(6) とけて　(7) こいで　　(8) とんで　　(9) しめて　　(10) おいて

【練習問題2】
　次の動詞は一段動詞ですか、五段動詞ですか。

(1) 渡す　　(2) 働く　　(3) 急ぐ　　(4) 踏む
(5) 死ぬ　　(6) 転ぶ　　(7) 立つ　　(8) 使う
(9) 余る　　(10) 知る　　(11) 切る　　(12) 着る
(13) 塗る　　(14) 変える　　(15) 帰る　　(16) 治る

【推薦図書】
庵功雄（2012）『新しい日本語学入門 ことばのしくみを考える 第2版』スリーエーネットワーク.
寺村秀夫（1984）『日本語のシンタクスと意味II』くろしお出版.
日本語記述文法研究会（編）（2010）『現代日本語文法1 第1部 総論 第2部 形態論』くろしお出版.
日本語記述文法研究会（編）（2007）『現代日本語文法3 第5部 アスペクト 第6部 テンス 第7部 肯否』くろしお出版.
野田尚史（1991）『はじめての人の日本語文法』（はじめての人シリーズ）くろしお出版.

COLUMN 5　未来の丁寧体活用表？

「です」は、もともと名詞にしか接続しないとされていたのですが、1952年に国語審議会が出した建議「これからの敬語」で、「『大きいです』『小さいです』などは、平明・簡素な形として認めてよい」とされました。

名詞、ナ形容詞、動詞の丁寧体は、表18.10、18.8、18.4のとおりですが、否定形では以下のような「です」型丁寧体が一般的になってきています。

(1) a. 学生じゃないです。　　b. 学生じゃなかったです。
(2) a. しないです。　　　　　b. しなかったです。

さらに肯定形でも、(3)のようなナ形容詞過去形の「です」型や、数は少ないものの、動詞のタ形に「です」を付加した(4)なども耳にすることがあります。

(3) すごくきれいだったですね。
(4) わかったですよ。

動詞のル形に「です」を付けた「するです」のような形はまだほとんど見られませんが、この傾向が続いていくと、イ形容詞だけでなく、名詞、ナ形容詞、動詞の丁寧体においても、普通体に「です」を付加するという単純なシステムが「平明・簡素な形」として認められていき、未来の丁寧体の活用表は以下のように非常にシンプルなものに統一されるかもしれません。

現在のイ形容詞丁寧体

	非過去	過去
肯定	若いです	若かったです
否定	若くないです	若くなかったです

未来の名詞・ナ形容詞丁寧体？

	非過去	過去
肯定	学生です	学生だったです
否定	学生では／じゃないです	学生では／じゃなかったです

未来の動詞丁寧体？

	非過去	過去
肯定	するです	したです
否定	しないです	しなかったです

第19課
テンス・アスペクト

19.1 主節のテンス:「中野にキャンパスがある／中野でコンサートがある」

　テンス（**時制**）は文の内容が時間軸上のどこに位置づけられるかを示す文法範疇です。テンスを考えるに当たり、「する」などの辞書形を、「した」などの**タ形**との対比で、**ル形**と呼びますが、これは「書く」「話す」など「ル」で終わらない動詞、丁寧体のマス形、名詞・形容詞述語「本だ／です」「静かだ／静かです」「若い／若いです」なども含む名称とします。ル形、タ形が主節に用いられるときのテンスを考えます。

19.1.1 ル形のテンス (1)
　以下はすべて、述語の動詞がル形です。どんなテンスが表されているでしょうか。

(1) 明日、コンサートに行く。
(2) 今日、ゼミで発表する。
(3) 今回のケースは前回とは異なる。
(4) 彼女は教員になる。
(5) 彼は韓国語が話せる。
(6) ここから富士山が見える。

　(1) (2) (4) は未来、(3) (5) (6) は現在であることがわかります。(1) は「明日」によって時が規定されているから未来になるのかというと、そうではなくて、(2) のように「今日」であっても、ル形が用いられていれば、まだ発表していないと解釈されます。他方、「異なる」「話せる」「見える」は未来ではなく、発話の時点で成立している現在の事態を表しています。この差は何によってもたらされているのでしょうか。
　「行く」「発表する」「なる」は、動作や変化を表す動詞（**動態動詞**）で、「異なる」「話せる」「見える」は、何らかの状態を表す動詞（**状態動詞**）です。この差がテンスの差となって現れます。
　(7) (8) を比べてください。

(7) 中野にキャンパスがある。
(8) 中野でコンサートがある。

どちらも同じ「ある」という動詞ですが、(7) の「ある」は、ものが「存在する」という意味の状態動詞として使われ、(8) の「ある」は、イベントが「開催される」という意味の動態動詞として使われているため、(7) は現在、(8) は未来を表します。名詞や形容詞の述語も状態性述語ですから、「緊急事態だ」「忙しい」は現在を表します。このようにル形は、現在も未来も表すので、**非過去**形と呼ばれます。

未来を表すのは「だろう／でしょう」という形ではないかと思った人もいるかもしれません。しかし、「今なら家にいるだろう／いるでしょう」という文は未来を表していませんし、「だろう／でしょう」には「しただろう／したでしょう」という形もありますので、テンスを表す形式とは言えません (☞ 22.2)。

19.1.2 ル形のテンス (2)

動詞のル形には、19.1.1 で述べた以外の用法もありますので、そのうちのいくつかを取り上げておきます。

(9) 毎朝 30 分ジョギングする。
(10) 駅前のレストランによく行きます。

(9) (10) のル形は「毎朝」「よく」という頻度の表現とともに用いられて、反復して行われる**習慣**性の行為を表します。頻度の表現がなければ、通常、未来を表すと解釈されます。

次の (11) (12) には、動態動詞が用いられてはいますが、未来を表しているわけではありません。これらは、テンスを超越した**恒常的真実**を述べるものです。

(11) 人は必ず死ぬ。
(12) 太陽は東から昇る。

一般に、言語は現実世界のできごとを記述するために使われますが、以下の (13) (14) の動詞は、現実世界を記述するのではなく、そのように述べることによってその行為を行う (「宣言します」と言うことで宣言行為をする) もので、**遂行動詞**と呼ばれます (話し手を行為者とするル形の動詞の文のみ、行為を遂行する力を持ちます)。

(13) 第 22 回冬季オリンピックの開催を宣言します。
(14) ご親切に感謝します。

19.1.3 タ形のテンス

以下の (15)〜(19) は、ここまでに挙げた文のいくつかをタ形にした例文です。

(15) 今日、ゼミで発表した。
(16) 彼女は教員になった。
(17) 彼は韓国語が話せた。
(18) ここから富士山が見えた。
(19) 第22回冬季オリンピックの開催を宣言しました。

ル形のときと違い、タ形になると動態動詞も状態動詞も等しく**過去**を表します。(19) の動詞「宣言する」も、タ形になると過去に宣言行為が行われたことを記述するだけです。(15) には、(2) と同様「今日」が使われていますが、動詞がタ形なので、既に発表が終わったと解釈されます。つまり、日本語のテンスでは、ル形とタ形が対立して、ル形が非過去（現在と未来）を、タ形が過去を担当しています。

ただし、タ形にも以下のような例外的な用法があります。

(20) どいた、どいた。／帰った、帰った。
(21) 失礼ですが、どちらさまでしたか。
(22) あ、こんなところにあった。

(20) の文は、事態を記述するために使用されているのではなく、相手に何らかの行為を促すために使われていて、「どけ／どきなさい」「帰れ／帰りなさい」に近いものです。(21) は過去に一度得ていた情報を再度確認するための表現、(22) は発見したときの表現で、これらはいずれもモダリティ的な用法だと言えます (☞ 22)。

19.2 従属節のテンス：「*走った前に準備体操をしました」

19.2.1 主節がタ形の場合

日本語学習者は、(1) のような文を作ることがあります。

(1) *走った前に準備体操をしました。
(2) 走る前に準備体操をしました。

(2) の「走る前に」が正しいと教えられると、準備体操だけでなく「走った」のも過

去のことなのに、なぜ「走った」を使わないのか、疑問に思う学習者もいるようです。

日本語の従属節のテンスは、どのようなシステムを持っているのでしょうか。

次の (3) は「〜後 (に／で)」の例です。

　　(3) (*走る／走った) 後に水分補給をしました。

このように「〜前に」にはル形、「〜後 (に／で)」にはタ形 (「〜ル前に」「〜タ後 (に／で)」) と、形が決まっています。しかしル形とタ形の使い分けは、「〜前」「〜後」という従属節だけで問題になるのではなく、以下のような従属節でも観察されます。

　　(4) ここに (来る／*来た) ときに、初めて地下鉄に乗りました。
　　(5) 風邪を (*引く／引いた) ときに、病院へ行きました。
　　(6) 明日の発表で (使う／*使った) レジュメをコピーしました。
　　(7) 一日かけて (*作る／作った) 資料を誤って消してしまいました。

以上の文における、主節と従属節の動詞が示す事態の、時間軸上の位置を◎ (主節の事態の位置) と○ (従属節の事態の位置) で示すと、以下のようになります。

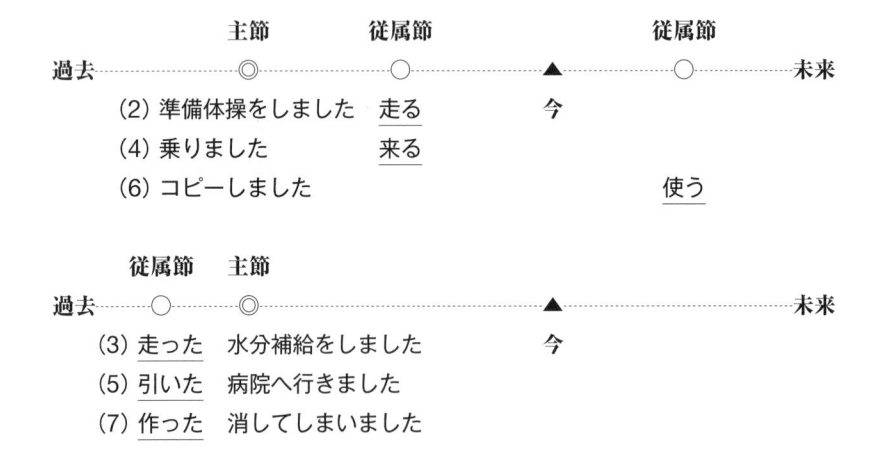

```
              主節      従属節              従属節
過去 ──────────◎────────○───────▲────────○──────── 未来
    (2) 準備体操をしました  走る         今
    (4) 乗りました          来る
    (6) コピーしました                              使う


        従属節  主節
過去 ────○─────◎─────────────▲──────────────────── 未来
    (3) 走った  水分補給をしました    今
    (5) 引いた  病院へ行きました
    (7) 作った  消してしまいました
```

このように図示してみると、従属節の動詞のテンスは、今から見て過去か非過去かによって決まっているのではなく、主節の事態の位置◎から見て、従属節の事態の位置○が前か後か (図では◎より左か右か) によって決まっていることがわかります。従属節が主節より後 (右) ならル形、前 (左) ならタ形が使われます。

　　(8) の引用節では、思考内容が「思った」時点と同時に成立しているので「正しい」

が選ばれ、(9)のような連体修飾節では、ル形かタ形かで、意味が違ってきます。

(8) 私は彼が (正しい／*正しかった) と思った。
(9) (する／した) ことのリストを作った。

19.2.2 主節がル形の場合、主節にテンスがない場合

従属節のテンスが主節で描かれる事態との前後関係で決まるのは、主節がタ形のときだけではありません。以下は、主節がル形、または主節にテンスがない場合です。

(10) (発表する／*発表した) テーマは来週、話し合って決めます。
(11) 今度 (*見つける／見つけた) ときに買います。

```
                        従属節      主節      従属節
過去---------▲----------○----------◎----------○----------未来
            今         (10)      決めます   発表する
                     (11) 見つけた  買います
```

(12)(13)は、まだ成立していない事態という意味では未来ですが、相手に働きかける文なので、現実の時間軸上に位置づけることはできません。ただ、主節と従属節の相対的前後関係は以下のように図示できます。(10)〜(13)のいずれも、従属節のテンスは主節の事態よりも前なのか後なのかによって決まっていることがわかります。

(12) (*走る／走った) 後は必ず水分を補給してください。
(13) 長期間 (外出する／*外出した) ときには、プラグを抜きましょう。

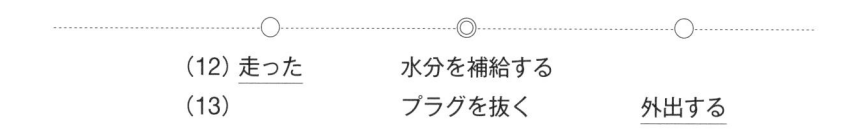

```
----------○----------◎----------○----------
(12) 走った      水分を補給する
(13)            プラグを抜く      外出する
```

19.2.3 時制の一致

英語の時制の一致とは、(14)のような文において、主節のテンスが過去であれば、それに合わせて従属節のテンスも過去になるというものです。

(14) I thought he (*is / was) right.

しかし日本語では、既に見たように、(8) に「正しかった」を使うことはできません。英語は、主節も従属節も今を基準にテンスを決めるシステム (**絶対テンス**) であるのに対し、日本語は、従属節のテンスを、今との関わりではなく、主節の表す事態の時点を基準に決めるシステム (**相対テンス**) が基本です。

英語の「時制の一致」を習ったとき、難しいと思った日本語母語話者の方もいると思いますが、その背後には日本語と英語のテンスの仕組みの違いがあったのです。

19.3 アスペクト：「もうお花見しましたか」「*いいえ、しませんでした」

動詞の描く事象が、時間軸上のどこに位置づけられるかではなく、一連の動きや変化のうち、どの局面にあるかを表す文法範疇を**アスペクト**（相）と呼びます。例えば、その事象は完成しているのか、継続しているのか、開始しているのか、終結しているのかなどを表します。日本語には、「食べ始める」「走り続ける」「読み終わる」など、アスペクト的意味を加えるために後項動詞を加えた複合動詞（☞ 9.3）もありますが、この課ではこのような語彙的アスペクトではなく、文法的アスペクトを扱います。

19.3.1 「る」と「ている」

19.1 で、ル形は非過去を表し、動態動詞のル形は未来を、状態動詞のル形は現在を表すと述べました。では、「ている」という形式は何を表しているのでしょうか。

(1) 妹がテレビを見ている。
(2) 父はごはんを食べている。
(3) 雨が降っている。

これらの文は、未来のことではなく、現在進行中の事態を表しています。この「ている」は、「見る／食べる／降るという動作が**現在進行**中の局面にある」という意味を表していると言えます。では、次の例ではどうでしょうか。

(4) 兄は結婚している。
(5) 授業は始まっている。
(6) 窓が閉まっている。

(4)〜(6)の「ている」は、「結婚する／始まる／閉まるという動作が現在進行中の局面にある」ことを表しているのではなく、「結婚する／始まる／閉まるという変化が起き、今もその変化の結果が残っている」こと（**変化の結果の存続**）を表しています。(1)〜(3)では、「〜ている」と言える局面が終わった後に初めて「〜た」と言える（「見ている」→「見た」）のに対して、(4)〜(6)では、逆に「〜た」で表される局面の後に「〜ている」と言える局面が来ます（「結婚した」→「結婚している」）。

「見る」「食べる」「降る」など動作を表す動詞（**動作動詞**）の「ている」形は、その動作が進行中であることを表し、「結婚する」「始まる」「閉まる」など変化を表す動詞（**変化動詞**）の「ている」形は、変化の結果の存続を表すのが基本です。

それでは、次の文は、進行中の動作、変化の結果の存続のどちらを表しているでしょうか。

　　（7）彼女は着物を着ている。

「彼女は今、隣の部屋で着物を着ている」なら進行中の動作、「彼女は今日、美しい着物を着ている」なら変化の結果の存続と解釈されます。この二義性は、「着る」という動詞に、動作と変化の両面があることによって生じています。着物を着るには一定の時間が必要で、その間は動作が進行しますが、その動作が完了すると、着物姿になるという変化が生じるので、そのどちらに焦点を当てるかで意味が異なるわけです。

次のように、進行中の動作か変化の結果の存続か、判断が微妙な場合もあります。

　　（8）a. 子どもが鉄棒にぶら下がっている。　b. 電線が切れてぶら下がっている。
　　（9）a. 彼は立っている。　　b. 彼は1時間も不動の姿勢で立っている。

以下は派生的な用法で、経験・記録と呼ばれます。

　　（10）彼は二度離婚している。
　　（11）シェイクスピアは1564年に生まれている。

19.3.2 「ている」をめぐるいくつかの問題

日本語初級でよく扱われる会話に、以下のようなものがあります。

　　（12）A: 教科書を読みましたか。
　　　　　B: はい、読みました。／いいえ、読みませんでした。

これに対し、次のような場合には、「ませんでした」で答えることができません。

(13)【桜の開花宣言が出て数日後】A: もうお花見しましたか。
　　　B: *いいえ、しませんでした。

「もう」ではなく「昨日」や「春休み中に」を使って期間を限定する文であれば、「しませんでした」と答えても大丈夫ですが、そうでなければ、「いいえ、していません」と答える必要があります。ある事態が発話時に未成立であることを表す場合は、過去にある行為を行わなかったことを表す場合とは異なる表現を用います。「～ましたか」「はい、～ました／いいえ～ませんでした」という機械練習ばかりしていると、この違いが理解できません。

「ている」を使うべきところで「た」を使ったために、不自然になる場合もあります。

(14) A: 結婚していらっしゃいますか。
　　　B: ??はい、私はもう結婚しました。

また、日本語では、変化の局面を見ていなければ「～た」とは言えませんが、韓国語では、変化の局面を見ていなくても「～た」に当たる表現が使えるそうです（生越 1997）。それを日本語に当てはめると、(15) の発話が生じてしまいます。

(15)【相手の服のボタンがとれているのを見つけて、相手に】? ボタンとれた。
(生越 1997)

日本語では、知識がある状態や所有の状態を表すのは「知っている」「持っている」ですが、"know" "have" の発想から以下のような誤用が生じる場合があります。

(16) A: ご存じですか。　B: *はい、知ります。
(17) A: パンフレット、お持ちですか。　B: *はい、持ちます。

英語の "know" "have" は状態動詞であるのに対して、日本語の「知る」「持つ」は変化を表す動詞であるため、その変化の結果が存続していることを表すには、「ている」形が必要というわけです。同時に、「知っています」に対応する否定形は、「知っていません」ではなく「知りません」になるという、体系そのものの不整合も、難しさの原因となります（「持っています」の否定形は「持っていません」です）。

第19課 テンス・アスペクト

【練習問題1】

次の動詞のル形を、(a) 現在、(b) 未来、(c) 恒常的真実、(d) 習慣に分類してください。

(1) 明日からバイトを<u>する</u>。
(2) 変な音が<u>する</u>。
(3) 週に一度はテニスを<u>する</u>。
(4) 電流は電圧に<u>比例する</u>。
(5) 私は平泳ぎなら500メール<u>泳げる</u>。
(6) 彼はときどきうちに遊びに<u>来る</u>。
(7) じゃあ、また<u>来る</u>ね。
(8) 冷蔵庫にパンとバターが<u>ある</u>。
(9) 友だちのうちでパーティーが<u>ある</u>。
(10) ちりも積もれば山と<u>なる</u>。

【練習問題2】

次の動詞を、(a)「ている」の形にならない動詞、(b)「ている」の形で現在進行を表す動詞、(c)「ている」の形で変化の結果の存続を表す動詞、(d) 常に「ている」の形で用いられる動詞に分類してください。

(1) 走る　　(2) 枯れる　　(3) 優れる　　(4) 勉強する
(5) ある　　(6) 腐る　　　(7) そびえる　(8) 発展する

【推薦図書】

庵功雄 (2012)『新しい日本語学入門 ことばのしくみを考える 第2版』スリーエーネットワーク.
庵功雄・清水佳子 (2003)『時間を表す表現——テンス・アスペクト』(日本語文法演習 上級) スリーエーネットワーク.
金田一春彦 (編) (1976)『日本語動詞のアスペクト』むぎ書房.
砂川有里子 (1986)『する・した・している』(日本語文法セルフ・マスターシリーズ 2) くろしお出版.
日本語記述文法研究会 (編) (2007)『現代日本語文法3 第5部 アスペクト 第6部 テンス 第7部 肯否』くろしお出版.

第20課 ヴォイス

20.1 動詞の自他と「ている／てある」：「*電気がつけています」

20.1.1 ヴォイス

ある事態にはいろいろな人や物が関わっているので、同じ事態であってもどの立場から描くかによっていろいろな文が作れます。(1)～(3)はいずれも「花子が太郎を助けた」ことに変わりありませんが、それをどの立場から描いているかが異なります。

(1) 花子が太郎を助けた。
(2) 太郎が花子に助けられた。
(3) 花子に太郎を助けさせた。

このように、事態を表現するときの立場に関わる文法範疇を、**ヴォイス**(**態**)と呼びます。ヴォイスの転換は通常、格の変化と動詞の形の変化を伴います。(1)は能動文、(2)は受動(受身)文、(3)は使役文と呼ばれます。(1)は「助ける」行為をした花子の立場から、(2)は行為を受けた太郎の立場から、(3)は、文中に現れてはいませんが、花子の行為を強制または許容した人の立場から表現した文です。

次の(4)可能、(5)自発、(6)授受(「てもらう」)も、ヴォイスの形式です。使役・可能・自発については20.3で、授受については第21課で扱います。

(4) 彼女は中国語が話せる。
(5) 先行きが思いやられる。
(6) 太郎が花子に助けてもらった。

20.1.2 動詞の自他

ヴォイスと関連する現象として、動詞の自他があります。動作の対象がなく、ヲ格の名詞を取らない動詞(「閉まる」等)を**自動詞**、動作の対象を表すヲ格の名詞を取る動詞(「閉める」等)を**他動詞**と言います(ヲ格でも、起点や通過点を表すヲ格(「会社

を出る」「廊下を走る」☞ 17.1）を取る動詞は自動詞です）。

　日本語には、形の上で共通部分を持つ自動詞と他動詞のペアが多く存在します（**有対自動詞／有対他動詞**：「閉まる／閉める」「あく／あける」「起きる／起こす」「切れる／切る」「つく／つける」「伸びる／伸ばす」等）。ただし、動詞の自他はすべてにあるわけではなく、自動詞のみの動詞（**無対自動詞**：「歩く」「寝る」「咲く」等）、他動詞のみの動詞（**無対他動詞**：「置く」「読む」等）も多く存在します。少数ですが、**自他同形**の動詞もあります（「ひらく」「とじる」等）。

　自動詞と他動詞を間違えると、以下のような発話が生じます。

　　(7) *電気がつけています。

　自動詞と他動詞の形態的対応は、何種類かのパターン（aru-eru、u-eru、ru-su 等）に分けられるものの、1つの文法的ルールでは作り出せないので、語彙的な現象です。

　自動詞と他動詞のどちらを用いるかは、事態をどのように捉えるかによります。典型的には、「なる」に代表される自動詞を用いた構文は自然に生じたこととして事態を表すのに対し、「する」に代表される他動詞を用いた構文は行為者が意図的に行った行為として表現します。言語によってどちらの表現を好むかに違いがあり、自動詞表現を好む言語は「なる」的な言語、他動詞表現を好む言語は「する」的な言語と呼ばれます。日本語母語話者は、他動詞を使うことで行為者の意志をあからさまにするより、自然に成立した事態として述べることを好む傾向があり、日本語は「なる」的な言語だと言われます。例えば、電車の車掌は、自分でドアを開閉していても (8) のようにアナウンスし、駅員は、ホームの変更を (9) のように放送するのが普通でしょう。

　　(8) ドアが閉まります。閉まるドアにご注意ください。
　　(9) のぞみ263号は発車ホームが変更になりました。

　また、他動詞が行為そのものに焦点を当てるのに対し、自動詞表現はその結果に焦点を当てます。例えば、非常に固いビンの蓋を開けようとしてしばらく力を込め、やっと目的が達成されたとき、日本語母語話者は通常、自動詞文 (10) で表現します。

　　(10)　あ、あいた！
　　(11) #あ、あけた！

　このように、明らかに意図的な行為の場合でさえ、結果の方に関心があれば自動詞文が自然です。けれども、学習者にとってこのような自動詞文は習得が困難なようで、かなり学習段階が進んだ学習者でも他動詞文 (11) をよく使用します。

20.1.3 「ている／てある」

次の (12) ～ (14) は、同じような事態の表現に思えますが、どう異なるのでしょう。

(12) 水道が止まっている。
(13) 水道が止めてある。
(14) 水道が止められている。

(12) は「自動詞＋ている」、(13) は「他動詞＋てある」、(14) は「他動詞の受身形＋ている」というパターンです。(12) の話し手は、特に誰かが意図を持って行った行為の結果だという認識を持たず、事態そのものを記述しています。(13) と (14) は、誰かが「止める」という意図的行為を行ったという認識を話し手が持っている点は共通ですが、(13) では話し手または他者による、目的を持った行為の結果であると認識され、(14) では他者の行為の結果で、話し手にとっては迷惑だと認識されている点が異なります。家に帰ったら断水だったという場合は (12)、水道工事担当者の会話なら (13)、水道料金滞納の結果なら (14) がふさわしい表現となるでしょう。

20.2 受身:「かばんが盗まれた／かばんを盗まれた」

20.2.1 直接受身

「XがYに対して何かの行為をする」というような事態が起きた場合、その行為を行った人 (**行為者・動作者**) の方が際立つため、その事態は行為者をガ格にした文 (**能動文**) を使って、(1) のように行為者の立場から表現するのが一般的です。

(1) 花子は太郎を追いかけた。(注: ガ格を主題としてハで表示。以下同)

一方、行為を受けた人 (**被動者**) の立場から事態を記述する方が何らかの理由でふさわしい場合には、(2) のような受身文が使われます。これを**直接受身**文と言います。

(2) 太郎は花子に追いかけられた。

直接受身文は、他動詞の能動文でヲ格であった名詞をガ格に、ガ格であった名詞をニ格にし、動詞を受身形にすることで作られます。日本語教育では、(3) のようにパターン化して教えられます。動詞の受身形の作り方は (4) のとおりです。

(3) 能動文: X̲ が Y̲ を 他動詞　⇒　受身文: Y̲ が X̲ に 他動詞 (受身形)

(4) 五段⇒語幹＋aれる、一段⇒語幹＋られる、する⇒される、来る⇒来られる

　ただし、「XがYに話しかける／プロポーズする」のようにニ格で動作の相手を表す動詞や、「XがYにZを教える／頼む」のようにニ格とヲ格の両方を取る動詞では、ニ格名詞であった「Y」が受身文のガ格名詞になり、「YがXに話しかけられる／プロポーズされる」「YがXにZを教えられる／頼まれる」という受身文が作られます。

　日本語教育では、(3)の機械的変換練習がよく行われますが、能動文と受身文の選択は話し手と行為者・被動者の関係や、文脈などによって決まるもので、どちらを使ってもよいというわけではありません。

　例えば、話し手自身が被動者である場合には、能動文(5) a ではなく、被動者の立場から表現する直接受身文(5) b の方が自然で、逆に話し手自身が行為者である場合には、直接受身文(6) b は不自然です。事態は通常、話し手の立場から描かれるからです（話し手の身内が事態に関わる場合も、その立場から描くのが普通です）。

　　(5) a.??花子は私を追いかけた。　　b.　私は花子に追いかけられた。
　　(6) a.　私は太郎を追いかけた。　　b.??太郎は私に追いかけられた。

　さらに、文脈も能動文と受身文の選択に関わっていて、(7)の後では(1)が、(8)の後では(2)がふさわしいでしょう。

　　(7) どうしても言いたいことがあってずっと探していた太郎をやっと見つけた。
　　(8) 花子に見つからないように注意していたが、その日偶然出会ってしまった。

20.2.2　持ち主の受身

　直接受身文は、20.2.1で述べたように、(3)の変換で作られます。しかし、(9)の受身文は能動文(10)に戻すことができません。

　　(9)　私はおじさんに頭をなでられた。
　　(10) *おじさんは私を頭をなでた。

　(9)に対応する能動文は(11)です。(11)に(3)の操作を加え、「私の頭」をガ格にした直接受身文(12)は不自然で、あまり用いられません。

　　(11)　　おじさんは　私の頭を　なでた。
　　(12) ??私の頭は　おじさんに　なでられた。

(9) のガ格名詞は、話し手「私」です。(9) は、(11) の文で「頭」の持ち主にすぎず、ヲ格名詞句の内部に「私の」という形で存在していた「私」をガ格に昇格させて作った受身文であることがわかります。これは、**持ち主の受身**と呼ばれます(「頭」は「私」の一部なので、「私」を「頭」の「持ち主」と呼ぶのは違和感があるかもしれませんが、「私の財布」「彼の能力」などと同様に扱い、「持ち主」と呼んでいます)。

日本語では、以下の直接受身文 (13) も持ち主の受身文 (14) も可能です。「が」と「を」は全く違う助詞なのに、両方言える日本語は非論理的だと言うべきでしょうか。

(13) かばんが盗まれた。
(14) かばんを盗まれた。

(13) のガ格名詞は「かばん」で、(14) のガ格名詞は、現れてはいませんが、通常、「私」です。(13) は客観的・中立的に事態を述べているのに対し、(14) は行為者の行為によって影響を受けた、かばんの持ち主から見た主観的記述です。持ち主が話し手である場合、その立場から主観的に述べるには (14) がふさわしい表現となります。

20.2.3 間接受身

受身文 (15) には、ヲ格名詞「タバコ」がありますが、それは「私」のものではありません。さらに、日本語には (16) のような自動詞の受身文もあります。

(15) レストランで隣の客にタバコを吸われ、食事が台無しになった。
(16) 今、彼女に来られると困るなあ。

(15)(16) から対応する能動文を作ろうとしても、以下のようになり不適格です。

(17) *レストランで隣の客が私にタバコを吸い、食事が台無しになった。
(18) *今、彼女が私を来ると困るなあ。

このように対応する能動文が存在しない受身文は**間接受身**文と呼ばれ、日本語に特徴的であると言われます。これは、行為者の行為(「タバコを吸う」「来る」)によって何らかの影響が生じる場合に、その影響を受ける側から事態を描こうとするものです。「行為者の行為によって生じる何らかの影響」は、受け手にとって「迷惑」「被害」といったマイナスの影響であることが多いため、**迷惑受身**や**被害受身**とも呼ばれます。この間接受身文は、学習者の母語に存在しないことが多く、一般に習得が困難です。

ただし、すべての自動詞から間接受身文が作れるわけではなく、自動詞には、間接受身文にしやすいものと、しにくいものがあります。

(19) 傘を持っていない日に限って雨に降られるものだ。←「降る」
(20) *こんな所に椅子にあられると困る。←「ある」
(21) *パソコンに壊れられた。←「壊れる」

文脈があると許容しやすくなる場合がありますが、判断には個人差があります。

(22) ?いよいよ卒論の仕上げという時期にパソコンに壊れられて参ってしまった。

20.3 使役・可能・自発・「見える／聞こえる」：「??あ、富士山が見られます！」

20.3.1 使役

(1) (2) b のように、行為者に働きかけた人をガ格にした文は**使役**文と呼ばれます。

(1) a. 子どもが座った。 ⇒ b. 親が子どもを座らせた。
(2) a. 子どもがご飯を食べた。 ⇒ b. 親が子どもにご飯を食べさせた。

a、b いずれの文でも、行為者は子どもですが、b の使役文は、その行為者に対して行為者以外（ここでは「親」）による働きかけがあったことを表します。その働きかけは、直接的・強制的に働きかける場合から、行為者自身の希望に沿ってその行為を許容する場合まで、さまざまです（「てもらう」との関係については ☞ 21.3）。

使役文は、(3) (4) のように、行為者に働きかける人物（使役者）をガ格、行為者をヲ格またはニ格とすることで作られます。動詞の使役形の作り方は (5) のとおりです。

(3) $\boxed{X}$ が　　自動詞 ⇒ 使役文：$\boxed{Z}$ が $\boxed{X}$ を／に 自動詞（使役形）
(4) $\boxed{X}$ が $\boxed{Y}$ を 他動詞 ⇒ 使役文：$\boxed{Z}$ が $\boxed{X}$ に $\boxed{Y}$ を 他動詞（使役形）
(5) 五段⇒語幹＋a せる、一段⇒語幹＋させる、する⇒させる、来る⇒来させる

もとの動詞が他動詞の場合 (4) は、使役文で行為者（被使役者）Xには必ず「に」が付きますが、自動詞の場合 (3) は、「を／に」の両方がありえます。通常、強制的な働きかけでは「を」が、許容的な働きかけでは「に」が選ばれます。

(6) 取引先とのトラブルを解決する必要があり、部下を行かせた。
(7) 先週の出張は、どうしても行きたいと言うので、部下に行かせた。

なお、無対自動詞の場合には、(8)(9)のように、他動詞の代替として、自動詞の使役形が使用されます。このように、動詞の自他とヴォイスは隣接する現象だと言えます。

(8) 財政を安定させるために基金が設置された。
(9) 冷蔵庫に入れたのを忘れて、卵を腐らせた。

「安定させる」とは違い、「腐らせる」は非意志的な行為ですが、「卵が腐った」に比べると、「卵を腐らせた」の方が責任を感じているという印象を与えます。

20.3.2 可能

(10) bのように、行為者の行為実現能力や状況による実現性を問題にする**可能**文も、格の変化と動詞の形の変化を伴うので、ヴォイスの一種です。

(10) a. 彼が企画書を書く。 ⇒ b. 彼に企画書が書ける (とは思えない)。

ただし、可能文の助詞は不安定で、能動文と同じ助詞が現れることもあります。

(11) 日本人に英語が話せない理由／日本人が英語を話せない理由

一段動詞と「来る」の可能形は受身形と同じですが、五段動詞の場合は「語幹＋eる」(可能動詞)が使われ、「する」の可能形としては「できる」が用いられます。

(12) 五段⇒語幹＋eる、一段⇒語幹＋られる、する⇒できる、来る⇒来られる

ただし、一段動詞と「来る」の可能形としては、「語幹＋られる(例:食べられる)」「来られる」よりも、「語幹＋れる(例:食べれる)」「来れる」の使用が多くなっています。これは**ら抜き言葉**と呼ばれ、言葉の乱れの代表のように言われますが、五段動詞の可能形が、「語幹＋aれる(例:話される)」から可能動詞「語幹＋eる(例:話せる)」に変わって、受身・尊敬なども表す「語幹＋aれる」から分離されたのと同様の変化が、遅れて一段動詞と「来る」で進行しているのだと考えられます。

次に、意味を考えると、(10) b、(11) の可能は、能力があることを表す能力可能ですが、(13) は、状況から実現できることを表す状況可能です。

(13) ここは一方通行なので、こちら側からは入れません。

可能形を取ることができるのは意志動詞だけです。例えば、「届く」は意志でコントロールすることのできない行為なので、可能形にはできません。

(14) *棚の位置が高くて背伸びをしても届けない。

また、可能の意味を含む動詞「わかる」にも、可能形「*わかれる」はありません。

20.3.3 自発

「れる・られる」には、受身・可能・尊敬のほかに**自発**と呼ばれる用法があります。

(15) 故郷が懐かしく思い出される。

(15)において「思い出す」という行為は、意図的に行われる行為としてではなく、自然にそうなるものとして表現されています。この自発の用法で用いられる動詞は、ほかに「思う」「案じる」「しのぶ」など、思考・認識の動詞に限られます。

20.3.4 「見える／聞こえる」

自発や可能と関わる動詞として、「見える／聞こえる」があります。

(16)【新幹線から外を見て】あ、富士山が見える！
(17) おや、隣の部屋から声が聞こえる。

「見える／聞こえる」には、外部からの刺激が存在しますが、その刺激は、意志的行為をしなくても自然に感覚器官に到達したものとして表現されています。刺激の受け手（感じ手）は話し手に決まっているので、普通、表現されません。表現されるとすれば、「あなたには見えないかもしれないけれども」というような対比の意味を表すためであり、その場合でも、行為者としてガ格で表すのではなく、(18)のように、知覚者としてニ格で表されます。

(18) 音楽を聞くと、私には色が見えるのです。

この「見える／聞こえる」と、「見られる／聞ける」は何が違うのでしょうか。

(19) 日本に行けば富士山が見られますよ。
(20)【新幹線から外を見て】??あ、富士山が見られる！

可能文(19)は、可能な状態の存在を一般論的に述べていますが、「見える」を使った(16)は発話の現場での具体的知覚を述べています。具体的知覚を述べるのに、可能文(20)は不適切です。

練習問題 第20課 ヴォイス

【練習問題1】

次の動詞が自動詞か他動詞かを判定して、当てはまる方に○を付け、対になる自動詞／他動詞があれば、書いてください。ただし、自他同形の場合もあります。

（例）開ける：	自動詞（ 開く ）	⇔	他動詞（ ○ ）
(1) まとまる：	自動詞（ 　 　 ）	⇔	他動詞（ 　 　 ）
(2) 実現する：	自動詞（ 　 　 ）	⇔	他動詞（ 　 　 ）
(3) 出す：	自動詞（ 　 　 ）	⇔	他動詞（ 　 　 ）
(4) オープンする：	自動詞（ 　 　 ）	⇔	他動詞（ 　 　 ）
(5) 散歩する：	自動詞（ 　 　 ）	⇔	他動詞（ 　 　 ）
(6) たたく：	自動詞（ 　 　 ）	⇔	他動詞（ 　 　 ）

【練習問題2】

次の(1)～(5)は、どのタイプの受身文ですか。

(1) 彼女はみんなに愛されている。　　　　　　　　（直接／間接／持ち主）
(2) 愛犬に死なれて、ペットロス症候群になった。　（直接／間接／持ち主）
(3) 道を歩いているとき、後ろから肩をたたかれた。（直接／間接／持ち主）
(4) 駅前に高層マンションが建てられた。　　　　　（直接／間接／持ち主）
(5) 家のすぐ前に高層マンションを建てられた。　　（直接／間接／持ち主）

【推薦図書】

安藤節子・小川誉子美（2001）『自動詞・他動詞、使役、受身——ボイス』（日本語文法演習 上級）スリーエーネットワーク．

庵功雄（2012）『新しい日本語学入門 ことばのしくみを考える 第2版』スリーエーネットワーク．

日本語記述文法研究会（編）（2009）『現代日本語文法2 第3部 格と構文 第4部 ヴォイス』くろしお出版．

第21課
方向性と恩恵

21.1 移動:「?田中さんが私に宅配便を送りました」

21.1.1 物理的移動

「行く」と「来る」は位置の変化を表す動詞で、**移動動詞**と呼ばれます。私たちはどのような基準で「行く」と「来る」を使い分けているのでしょうか。

(1)【電話で】A: 明日来てくれる?
B: はい、行きます。

(1) で問題になっているBの移動は、AにとってはBが自分に近づく移動、Bにとっては自分の現在地から遠ざかる移動です。基本的に、「来る」は話し手の現在地への移動、「行く」は話し手の現在地以外への移動を表すので、「行く」「来る」には話し手から見た方向性が含まれていると言えます。

移動について、話し手に近づく方向と話し手から遠ざかる方向を区別することは、細部に違いはあっても、人間の言語に広く見られる傾向のようです。しかし、日本語の移動動詞は、(1) のように「行く」「来る」だけで独立して用いられる用法(**本動詞用法**) だけでなく、「ていく」「てくる」の形で他の動詞に後続する用法(**補助動詞用法**) が発達しています。以下、この補助動詞用法を見ていきます。

(2) は、移動があったことをその移動の様態とともに表していますが、(3)(4) は「調べる」「買う」行為の後に移動があること(順次動作)を表します。

(2) 急いでいたので、走ってきました。
(3) どんな問題があるか調べてきましたか。
(4) 今週末、お花見? じゃ、私、飲み物を買っていくね。

「調べましたか」「飲み物を買うね」でも意味は通りますが、「ていく」「てくる」を用いて、行為の後の移動を表現した方が日本語として自然です。

(5)(6) は、「〜に」で移動の目的を表す文型です。「調べる」「買う」行為は移動の後で、(3)(4) とは順序が逆です。

(5) どんな問題があるか調べに来ました。
(6) 飲み物を買いに行くね。

(7)は挨拶言葉です。家を出るとき、「行きます」と言う日本語母語話者はおらず、必ず(7)のように言いますが、よく考えると、「行ってきます」は「行く」と「来る」の両方が使われている不思議な表現です。これは、現在地から離れ、その後また現在地に戻るという、Uターン的な動きを表しています。

(7) 行ってきます。

「てくる」には、方向性を持つ動詞に後続して、その動作が話し手に向かって行われることを表す、方向転換の用法もあります。(8)(9)は、「小さな子ども」「宅配便」が話し手に向かって移動したことを表します。

(8) 小さな子どもが近づいてきた。
(9) 田中さんが宅配便を送ってきました。

「近づく」「送る」のような方向性を持つ動詞は、(10)(11)の形では話し手に向かう動きを表せないため、話し手に向かう動きに転換した(8)(9)が用いられるのですが、このことは学習者には習得困難で、(12)(13)のような発話がよく聞かれます。

(10) 小さな子どもが近づいた。
(11) 田中さんが宅配便を送りました。
(12) ?小さな子どもが私に近づいた。
(13) ?田中さんが私に宅配便を送りました。

(8)(9)は、「てくる」で話し手に向かう方向性が表されているので、「私に」と言う必要がなくなっています。他方、(12)(13)は、不適格とまでは言えなくてもいかにも非母語話者の日本語という印象を与えます。「誰が誰に」向かって行った動きなのか明示されていない文の解釈は、「てくる」の有無で左右されるので、(8)(9)を用いるべきときに(10)(11)を用いると、誰に向かう動きかについて誤解が生じる可能性もあります。

21.1.2 物理的でない移動

21.1.1で見た動詞「近づく」「送る」は物理的な移動を表しますが、(14)「連絡する」、(15)「話しかける」のように、物理的な位置変化を伴わない動作を表す動詞にも、「てくる」は付加されます。

(14) 同僚が連絡してきた。
(15) 隣の人が話しかけてきた。

「連絡する」「話しかける」「断る」「知らせる」などは、実際の物理的な位置変化が生じるような動きではありませんが、対象に向かう何らかの動きを表している、方向性を持つ動詞です。このような抽象的な移動の動詞の場合も、物理的な移動の動詞と同様、(16)(17)のような文では話し手に向かう動きを表現することができません。

(16) 同僚が連絡した。
(17) 隣の人が話しかけた。

しかし、学習者は、自分に向かう動きと他者に向かう動きとを区別せずに同じ動詞の形で表し、動きの受け手は「〜に」で表現しようとする傾向があります。

(18) ?同僚が私に連絡した。
(19) ?隣の人が私に話しかけた。

日本語母語話者は、話し手への方向性を(14)(15)のような「てくる」文によって表現し、逆に「私に」とは言いません。物理的移動と同様、「てくる」の有無で解釈が左右され、「てくる」のない形では「動きの受け手は話し手以外である」と解釈されるのが普通なので、学習者が自分に向かって行われた動きを表そうと思って(16)(17)を使うと、誤解されることになります。また、話し手に向かう動きは、「てくる」以外の形（受身表現 ☞ 20.2、授受表現 ☞ 21.3）でも表されるので、これらとの使い分けも必要です。

なお、「ていく」「てくる」は、空間的な用法だけでなく、時間的な用法にも拡張されて使われます。(20)(21)は事態の出現と消失、(22)(23)は変化の進展、(24)は動作の継続の例です。

(20) 雨が降ってきた。　　　　　　　　　　　　　← 出現
(21) 日本の原風景が消えていった。　　　　　　　← 消失
(22) だんだん暖かくなってきた。　　　　　　　　← 変化の進展
(23) その地方の織物産業は次第に衰退していった。← 変化の進展
(24) 入学以来ずっと、勉強とアルバイトの両立に努力してきた。← 動作の継続

21.2 授受:「*彼は私に本をあげました」

21.2.1 授受動詞

授受動詞は、もののやり取りを表す動詞で、日本語の授受動詞には「やる」「あげる」「くれる」「もらう」「さしあげる」「くださる」「いただく」があります。ずいぶんたくさんありますが、与え手主語の動詞「やる」「あげる」「くれる」「さしあげる」「くださる」と、受け手主語の動詞「もらう」「いただく」に大きく分けられます。

21.2.2 「あげる」と「くれる」

与え手主語の授受動詞「あげる」「くれる」には(1)のような使い分けがあります。英語なら(2)のようになるでしょう。

(1) a. 私は彼女に本を(あげました/*くれました)。
　　b. 彼女は私に本を(*あげました/ くれました)。
(2) a. I gave her a book.
　　b. She gave me a book.

英語であれば、話し手が与え手でも受け手でも、与えるという行為は"give"で表されます。しかし、日本語では、話し手が与え手の場合は「あげる」、受け手の場合は「くれる」が用いられます。(「やる」は「あげる」と基本的に同じですが、目下の身内に対する授与行為に用いられます。ただし、現在では、「子ども」や「弟」はもちろん、「犬」や「植木」に対しても「あげる」を使う人が多くなっています。)

話し手が直接関わらない場合も含めて、話し手、聞き手、第三者の間で行われる授与行為にどちらの動詞が使われるかを図示すると、図21.1のようになります。矢印は授与される物の移動の方向を表します。

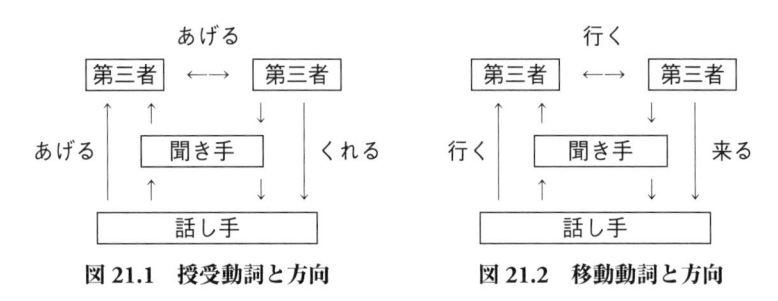

　　図 21.1　授受動詞と方向　　　　図 21.2　移動動詞と方向

図21.1を見ると、話し手に物が近づいてくる方向（下向き↓）の授与には「くれる」が使われ、その他の方向の授与には「あげる」が使われていることがわかります。

同様に方向による移動動詞の使い分けを示す図21.2を見ると、「あげる」は「行く」と、「くれる」は「来る」と同じ方向の時に使われ、授受動詞と移動動詞のシステムが同じであることがわかります。21.1で述べたように、多くの言語が2つの移動動詞を持ち、それを話し手から見た方向で使い分けますが、日本語では移動に加えて物のやり取りにも同じシステムを採用し、「あげる」「くれる」を使い分けるのです。これは世界の言語の中でも特異な現象で、日本語教育において学習が困難な項目の1つですが、学習者が既に「行く」「来る」を習得していれば、授受動詞「あげる」「くれる」も基本的に同じ枠組みであることを利用して教えることができます。

21.2.3 授受と視点

次の(3)では、「あげる」と「くれる」のどちらが適切でしょうか。

(3) 彼女は妹に本を（あげた／くれた）。

(3)で、「妹」が彼女の妹なら「あげた」が適切で、「妹」が話し手の妹なら「くれた」が適切になります。どちらの妹であっても3人称であることに変わりはありませんが、どちらの身内であるかによって、話し手が与え手と受け手のどちらの側から事態を見るかが異なってきます。このように、事態を見る立ち位置を**視点**と言います。受け手よりも与え手に話し手の視点が寄っていれば「あげる」、与え手よりも受け手に話し手の視点が寄っていれば「くれる」が使われます。

そして、「くれる」が使えるとき、つまり受け手側に視点があるときには、受け手を主語とする「もらう」も使用可能です。(4)では「もらう」が使用されていて、視点は受け手にありますから、特に文脈がなければ、「妹」は話し手の妹と解釈されます。「くれる」構文から「もらう」構文への変更は、格の変更を伴うヴォイス的変換です。

(4) 妹は彼女に本をもらった。

21.2.4 敬語形

授受動詞には、敬語形があります。謙譲語・尊敬語を整理して示すと、表21.1のようになります。斜線を引いた欄はその形が存在しないことを表します。「あげる」「もらう」は話し手側主語なので謙譲語しかなく、「くれる」は非話し手側主語なので尊敬語しかありません。「あげる」「くれる」「もらう」の主語と物の移動方向が把握できて

いれば、どの動詞に謙譲語があり、どの動詞に尊敬語があるかも理解しやすいはずです。

表21.1 授受動詞の敬語形

謙譲語		尊敬語
さしあげる	あげる	
	くれる	くださる
いただく	もらう	

21.3 恩恵の授受：「#私はあなたにお土産を買ってきてあげました」

21.3.1 授受動詞の補助動詞用法

　授受動詞は、本動詞として物のやり取りを表すだけでなく、「てあげる」「てくれる」「てもらう」の形で恩恵を受けたり与えたりすることを表す補助動詞用法を持っています。恩恵を受けることを**受益**、恩恵を与えることを**与益**と言います。(1)は中立的な表現ですが、(2)(3)は太郎の行為を話し手にとっての恩恵として表現しています。

　(1) 太郎がお弁当を食べました。
　(2) 太郎がお弁当を食べてくれました。
　(3) 太郎にお弁当を食べてもらいました。

　授受動詞が補助動詞として恩恵を表すのは、本動詞用法のときから、「よいもの、価値のあるもの」の授受に用いられるという性質を持っているためだと考えられます。

　(4) (プレゼント／??脅迫状) をもらいました。

　授受動詞の補助動詞用法は、本動詞が持つ視点の構造を受け継いでいて、話し手（側）が与え手の場合は「てあげる」、受け手の場合は「てくれる」が用いられ、「てくれる」が使える場合には、基本的に「てもらう」も使用できます。

21.3.2 「てくれる」

　動詞「食べる」には方向性がなく、(2)の「てくれる」は恩恵の意味を加えているだけなので、「てくれる」のない(1)も使用可能です。このような「てくれる」受益文には、無生物を主語とするものもあります。この場合、「てもらう」文は使えません。

(5) 何とか天気がもってくれた。
(6) *何とか天気にもってもらった。

　方向性を持つ動詞の場合は、話し手に向かう方向性を表現するのに「てくる」を付加しますが（☞ 21.1）、この方向転換には「てくれる」も用いることができます。

(7) 彼が連絡してきました。
(8) 彼が連絡してくれました。

　両者の使い分けは、話し手がその行為を恩恵的と捉えているかどうかで決まります（話し手に向かって行われた行為を、恩恵の点で中立的に表現する形式としては「彼から連絡があった」も可能です）。相談や依頼の連絡なら(7)「てくる」が、話し手の利益になる情報提供や誘いなら(8)「てくれる」が選ばれるでしょう。この使い分けが理解されていないと、(9)(10)のような発話が生じます。

(9) ??先生は私たちにいろいろ教えてきました。
(10) ??昨日、見知らぬ人が突然、怒鳴り込んでくれました。

　感謝の表現では、受益を明示することが文法規則になっていると言えます。

(11) *連絡して／*連絡してきてありがとう。
(12) 　連絡してくれてありがとう。

21.3.3 「てもらう」

　「てもらう」受益文(3)では、中立的表現(1)に恩恵という意味が加わるだけでなく、主語が恩恵の与え手から受け手になるというヴォイス的転換が行われています。

　「てもらう」文は、受身文や使役文と対立しながら役割分担しています。受身文(13)では、太郎のお弁当を食べるという行為は、話し手にとって迷惑と捉えられていて、「てもらう」文(3)の恩恵という捉え方と対立しています。

(13) 太郎にお弁当を食べられました。

　「てもらう」文(3)は、「てくれる」文(2)に比べると働きかけの意味を強く持っていますが、使役文(14)に比べると、行為者の決定権が大きいように感じられます。

(14) 太郎にお弁当を食べさせました。

聞き手の行為に非過去形「てもらう」文を使うと、指示・命令として機能します。(15) は、実質的には指示・命令ですが、命令文(「担当しろ／担当しなさい」)のような直接性を避けて、あくまで話し手の意志を示すだけの非強制的な宣言です。この機能は、(16)「てくれる」にはありません。

(15) 君には別のプロジェクトを担当してもらう。
(16) #君は別のプロジェクトを担当してくれる。

21.3.4 「てあげる」

「てあげる」は、与益を表します。(17) のように、その場にいない第三者に対する与益を表現することには問題はありませんが、話し手から目の前の聞き手への与益表現 (18) は、恩着せがましく聞こえるため、避けられる傾向にあります。

(17) 彼は彼女にお土産を買ってきてあげました。
(18) #私はあなたにお土産を買ってきてあげました。

話し手から聞き手への与益になるべく言及しないことは、日本語における配慮表現の原則です (☞ 23)。(18) も文法的に不適格というわけではありませんが、日本語教育では、このような場合には (19) のように言う方がよいという情報も伝えておかないと、学習者がトラブルに巻き込まれる可能性があります。ただし、普通体 (☞ 22.3) で話す、ごく親しい相手なら (20) も問題ありません。

(19) お土産です。よろしかったらどうぞ。
(20) お土産買ってきてあげたよ。食べる?

21.3.5 方向性と恩恵の認識・表現

日本語は、話し手の視点が常に文の構成に関わる言語で、方向性と恩恵に非常に敏感です。客観的には同じ行為でも、話し手に近づくのか離れるのか、物がもたらされるのかなくなるのか、恩恵なのか迷惑なのかによって、話し手には全く異なって見えます。日本語では常にこれらに注意を払って、適切な表現形式を選択しなければなりませんが、方向性や恩恵が文の構成にあまり関わらない言語を母語に持つ学習者には、こうしたルールは習得が困難です。関連項目が出てくるたびに繰り返し注意喚起が必要です。

第21課 方向性と恩恵

【練習問題1】

次の(1)〜(7)の「てくる」は、用法A〜Gのどれに当てはまりますか。

(1) 今日は車を使わず、ここまで歩いてきました。　　（　）
(2) 白髪が生えてきた。　　（　）
(3) 桜のツボミが大きくなってきた。　　（　）
(4) ごめん、飲み物買ってくるから、ちょっと待ってて。　　（　）
(5) 昨日の晩、友だちが電話してきた。　　（　）
(6) 彼女は何度も実験を行ってきた。　　（　）
(7) 昼ご飯は食べてきましたので、どうぞおかまいなく。　　（　）

空間的用法　A：　様態＋移動　（例「遅刻しそうだったので走ってきた」）
　　　　　　B：　順次動作　（例「新しい単語を調べてきましたか」）
　　　　　　C：　Uターン　（例「行ってきます」）
　　　　　　D：　方向転換　（例「小さな子どもが近づいてきた」）
時間的用法　E：　事態の出現　（例「雨が降ってきた」）
　　　　　　F：　変化の進展　（例「だんだん暖かくなってきた」）
　　　　　　G：　動作の継続　（例「勉強とバイトの両立に努力してきた」）

【練習問題2】

次の文の（　）に入れるのに適切な方はどちらですか。それはどうしてですか。

(1) 彼は毎年、私の誕生日に花束を（あげる／くれる）。
(2) うちの娘は彼氏に（あげる／くれる）チョコレート作りに余念がない。
(3) あそこのおばあさん、困ってるみたい。手伝って（あげたら／くれたら）？
(4) 花子は、困っているときに助けて（あげた／くれた）太郎に感謝している。

【推薦図書】

庵功雄（2012）『新しい日本語学入門 ことばのしくみを考える 第2版』スリーエーネットワーク．
久野暲（1978）『談話の文法』大修館書店．
新屋映子・姫野伴子・守屋三千代（1999）『日本語教科書の落とし穴』アルク．

第22課 モダリティ

22.1 モダリティの種類:「*悪いけど、私、もう帰ろう」

22.1.1 命題とモダリティ

以下はすべて誰かが「行く」ことについての文ですが、文の持つ機能が異なります。

(1) a. 彼女は行く。　　b. 彼女は行く？　　c. 行こう。　　d. 行きなさい。
(2) a. 彼女は行くだろう／べきだ。　b. 彼女は行くのだ。　c. 彼女は行きますよ。

文の中で、事態を描き、文の核になる部分を**命題**と言い、その命題や聞き手に対する話し手の発話時の心的態度を表す部分は**モダリティ**と言います。命題は客観的なことがら、モダリティは話し手の主観的な把握を表します。例えば、(1) a、b と (2) a、b、c は、「彼女が行く」という命題部分を共通に持っていますが、話し手の事態に対する捉え方、文脈や状況との関連づけ、聞き手に対する心的態度が異なります。

文が持つ伝達上の機能を表すのが、**表現類型のモダリティ**です。表現類型が決まると、文のタイプが決まり、その文に現れることのできる他のモダリティが決まります。表現類型のモダリティには情報系と行為系があります。

22.1.2 表現類型のモダリティ (1): 情報系

情報のやり取りに関わる、**情報系**の表現類型には、叙述と疑問があります。

以下の (3)(4) のような平叙文の類型は、**叙述**です。これらは、聞き手がいなくても成立します (非対話的) が、通常の対話の中では、ある判断・情報を話し手が聞き手に伝達するために用いられます。

(3) 試験は明日だ。
(4) 田中さんが来ている。

次の (5) のように、話し手が情報を持っていない、または情報が不十分で、聞き手からその情報を得ようとする場合に用いられる疑問文の表現類型は、**疑問**です。

(5) 明日の会議に出席しますか。

通常の平叙文には主語に制約がありませんが、**情意表出文**（感情・感覚や願望などを表す文）は話し手以外の主語を取らず、常に話し手の情意を表出します。これらは原則として非対話的です。

 (6) 嬉しい。／痛い。　　　　　← 感情・感覚
 (7) 旅行に行きたい。／時間がほしい。　← 願望

22.1.3　表現類型のモダリティ (2): 行為系

 話し手や聞き手の行為の実行に関わる、**行為系**の表現類型は、意志と行為要求です。
 話し手が自身の行為の実行を決定し表出するのが**意志**で、基本的な形式は (8) のような「（よ）う」です。意志表出文も情意表出文と同じく、主語は常に話し手です。

 (8) 明日は早く起きよう。

「（よ）う」は基本的に非対話的です。自らの意志を相手に伝えるときに (9) は不適格で、(10) のように行為実行を聞き手に宣言する動詞のル形を使う必要があります。

 (9) *悪いけど、私、もう帰ろう。
 (10) 悪いけど、私、もう帰る。

 聞き手の行為を求めることを表すのは、**行為要求**です。命令、禁止、依頼、勧めなど、行為要求の各機能を担う代表的な形式を挙げると、以下のようになります。

命令：命令形／なさい／てくれ／て／てください／こと
禁止：～な／ないでくれ／ないで／ないでください
依頼：てくれる？／もらえない？／くださいませんか／いただけますでしょうか
勧め：ませんか（ないか）／お～ください

(11) は話し手と一緒に行動することを聞き手に促すもので、**勧誘**と呼ばれます。

 (11) 一緒に行きましょう／行きましょうか／行きませんか。

 勧誘は、意志と勧めから派生し、この両者の中間に位置しています。1人称の意志を表すことが基本の「（よ）う」は、聞き手も含めた1人称複数で用いられると勧誘になりますし、2人称ガ格で用いられて勧めを表すのが基本の「ませんか／ないか」も、話し手が行動することを前提とすると勧誘になります。
 行為要求や勧誘の多くは疑問文の形をしていますが、情報を求めているのではなく、

聞き手に行動を促すものです。このように、形式と機能は一対一に対応しません。

22.1.4 対事モダリティ、関連づけのモダリティ、対人モダリティ

モダリティには、表現類型のモダリティ以外に、対事モダリティ、関連づけのモダリティ、対人モダリティがあります。

(12) 台風が上陸するらしいんですよ。

(12)において、命題「台風が上陸する」は核となる事態を表し、「らしい」は命題内容に対する話し手の捉え方、「ん（だ）」は文脈や状況との関連づけ、「です」は聞き手に対する丁寧さ、「よ」は聞き手に対する話の持ちかけ方を表します。

「らしい」のように命題内容に対する話し手の捉え方を表すモダリティは**対事モダリティ**、文脈や状況との関連づけを表す「んだ／のだ」は**関連づけ（説明）のモダリティ**、聞き手に対する話し手の心的態度を表す「です」「よ」は**対人モダリティ**です。対事モダリティと関連づけのモダリティは22.2で、対人モダリティは22.3で見ていきます。

(13)～(15)のように、情報系の表現類型aには、対事・関連づけ・対人のモダリティいずれも現れますが、行為系の表現類型bには対人モダリティしか現れません。

(13) a. 一緒に行くらしい。　　b. *一緒に行きなさいらしい。
(14) a. 一緒に行くのだ。　　　b. *一緒に行きなさいのだ。
(15) a. 一緒に行くよ。　　　　b. 一緒に行きなさいよ。

22.2　対事モダリティと関連づけのモダリティ：「*来るだろうが、来ないだろう」

22.2.1　対事モダリティ(1)：真偽判断

平叙文はその命題の内容を聞き手に伝えるという機能を持ちますが、命題内容に対する話し手の捉え方はさまざまです。話し手が命題を事実だと考えているのか（断言）、おそらくそうだと推し量っているのか（推量）、可能性があることと捉えているのか（可能性）、他者から得た情報として伝えているのか（伝聞）などを表すモダリティは、**真偽判断（認識）のモダリティ**と呼ばれます。(1)～(5)に挙げた真偽判断のモダリティ形式には典型的に共起する副詞があります。

(1) 必ず彼は来る。　　　　　　　　　← 断言
(2) たぶん彼は来るだろう／と思う。　← 推量
(3) もしかしたら彼は来るかもしれない。← 可能性
(4) きっと彼は来るはずだ／にちがいない。← 確信
(5) どうも彼は来るようだ（みたいだ）／らしい。← 様態
(6) 彼は来るそうだ。　　　　　　　　← 伝聞
(7) 彼は来そうだ。　　　　　　　　　← 兆候

　(1) のようにモダリティ形式を付加しないゼロ形式は、話し手がその命題を断言できると捉えていることを示します。(2)「だろう／と思う」が付加されると、その命題は話し手の推量であることが示されますが、(3)「かもしれない」は可能性があると述べるにとどまります。その違いは、以下の (8) (9) の適格性の違いに現れます。

(8) a. *彼は来るだろうが、来ないだろう。
    b. *彼は来ると思うが、来ないと思う。
(9) 彼は来るかもしれないが、来ないかもしれない。

　(4) は、話し手がその命題の確実性を信じていることを示します。「はずだ」は証拠に基づいた確信で、「にちがいない」は特に証拠がなくても確信していれば使えます。
　(5)「ようだ（みたいだ）」「らしい」は、どちらも、述べるに足るだけの証拠があると判断されていることを表しますが、その証拠が直接得られたかどうかによって使い分けられます。若者語では「～っぽい」も使われます。(6)「そうだ」は、人から聞いた情報であることを表し、(7)「（連用形＋）そうだ」は、何らかの兆候に基づく判断で、直後にある事態が生じる前兆がある場合 (10) にも使用されます。

(10) 荷物が落ちそうですよ。

　モダリティ形式は話し手の心的態度を表すと決まっているので、例えば (2)「と思う」は、他の人との対比を表したいのでない限り、「私は～と思う」という形になりません。

(11) A: すみません、コピー用紙はどこにありますか。
　　 B: ??私は確か向こうの棚にあったと思います。

　学習者は (2)「彼は来ると思う」の「思う」の主語を「彼」と誤解することがあります。「彼」の思考の内容を表したいのであれば、「と思っている」という形が必要です。

(12) 彼は（彼女が）来ると思っている。

22.2.2 対事モダリティ (2): 価値判断

対事モダリティの2番目は、ある行為が必要かどうか、容認されるかどうかなど、価値観に基づく判断に関わるもので、**価値判断（評価）のモダリティ**と呼ばれます。

(13) 全員が参加<u>しなければならない</u>／<u>なくてはいけない</u>。 ← 必要・義務
(14) 全員が参加<u>しなくてもいい</u>／参加する<u>ことはない</u>。 ← 不必要
(15) 受験生は試験開始から30分経てば退室<u>してもいい</u>。 ← 容認
(16) 運転者は走行中に携帯を使用<u>してはいけない</u>／<u>てはならない</u>。 ← 非容認
(17) 本人が決める<u>ほうがいい</u>／<u>といい</u>／<u>べきだ</u>／<u>ことだ</u>／<u>ものだ</u>。 ← 適当

話し言葉では、「なければ」「なくては」「ては」の代わりに、「なきゃ」「なくちゃ」「ちゃ」等の縮約形がよく用いられます。

価値判断のモダリティ形式を持つ文は、基本的に、ある事態についての必要・義務・妥当性等の判断を示しますが、聞き手の行為について用いられると、聞き手にその行為を求める（またはやめさせる）ための行為要求文に移行します。叙述の文に現れる価値判断のモダリティ形式が行為要求に移行した例を挙げておきます。

(18) 今後は気をつけ<u>なくてはいけません</u>よ。 ← 指示・命令
(19) 明日は来<u>なくてもいい</u>です。 ← 免除
(20) これ、使っ<u>てもいい</u>よ。 ← 許可
(21) これから試験終了まで退出し<u>てはいけません</u>。 ← 禁止
(22) とにかくすぐに行って会ってくる<u>ことだ</u>ね。 ← 助言・忠告

「ほうがいい」にはル形に接続する「ルほうがいい」とタ形に接続する「タほうがいい」がありますが、聞き手に助言・忠告するときにはタ形の方がよく用いられます。

22.2.3 関連づけ（説明）のモダリティ

以下の (23)(24) の「のだ／んです」はある命題と他の命題を、(25) の「んです」は命題と状況を、話し手が関連づけて捉えていることを示しています。

(23) 記念カードの販売が中止された。希望者が殺到して対応できなくなった<u>のだ</u>。
(24) 今日、お時間いただけますか。ちょっとご相談したいことがある<u>んです</u>。
(25) 【明らかに普通でない様子で現れた相手に】どうした<u>んです</u>か。

これらの「のだ」は、先行文や発話状況と結びつけて、理由、解釈、言い換えなど

を表すもので、**関連づけ（説明）のモダリティ**と呼ばれます。日常会話で非常に使用頻度の高い形式ですが、初級の教科書では導入がかなり後になることが多いため、「のだ」文が使えない間、会話は (26)(27) のようになってしまうという問題があります。

(26) A: これ、お土産です。どうぞ。
　　　B: あ、ありがとうございます。??旅行に行きましたか。
(27)【食事をしない人に】??どうして食べませんか。

22.3　対人モダリティ：「*いいですねと思います」

22.3.1　対人モダリティ

聞き手（読み手の場合も含む）に対して発話された文には、命題に対する話し手の捉え方や、他の命題・状況との関連づけに加えて、聞き手に対する話し手の態度も表されます。この聞き手に対する話し手の心的態度を表す部分を、**対人モダリティ**と言います。対人モダリティには、丁寧さと伝達態度があります。

22.3.2　対人モダリティ (1)：丁寧さ

聞き手に対する話し手の心的態度の1つ目である**丁寧さ**は、聞き手に対して発話するときに、どのような待遇レベルで聞き手を遇するかに関わるものです。これは文体の選択によって示されます（敬語 ☞ 23.1）。(1)(2) は A と B の間の会話です。

(1) A: 行く？　　B: 行く。
(2) A: 行きますか。　B: 行きます。

会話の実質的内容は同一ですが、丁寧さの度合いが異なります。(1) の文体は親しい間柄、インフォーマルな場面で使われる**普通体（常体、だ・である体）**で、(2) は距離のある間柄、フォーマルな場面で用いられる**丁寧体（敬体、です・ます体）**です。普通体は、新聞・雑誌など不特定多数を対象とした書き言葉でも用いられます（である体は書き言葉専用です）。動詞、イ形容詞、ナ形容詞、名詞述語の普通体と丁寧体の形は第18課に挙げましたが、イ形容詞、ナ形容詞、名詞には、さらに「ございます」（**特別丁寧体**）もあります。

(3)(4) a の「だろう」「（よ）う」にも、丁寧体 b があります。

(3) a. 彼女は行くだろう。　⇔　b. 彼女は行くでしょう。
(4) a. 行こう。　　　　　⇔　b. 行きましょう。

　(3)(4) a の「だろう」「(よ)う」の形は、独話や心内発話でも用いることができますが、丁寧体の b は、必ず聞き手が意識された聞き手目当ての発話となり、聞き手のいない場面 (5) や、「～と思った」の引用節の中 (6) で用いることができません。

(5)（心内発話）眠いなあ。でももう 8 時か。しょうがない。*起きましょう。
(6) *私は起きましょうと思った。

　私たちは、相手との関係（上下、親疎、ウチソト等）や場面（フォーマルかインフォーマルか）などを考えて文体を選んでいます。会話の参加者全員が必ずしも同じ文体を使うわけではなく、片方が普通体を、もう片方が丁寧体を使うこともあります。

(7) A: 行く？　　　B: 行きます。

　会話の参加者が同じでも、場面が異なれば文体が変わることがあります。

(8)（授業前）A: 今日、発表するんだ。
　　　　　　B: そっか。後で質問するね。
(9)（授業中）A: それでは、発表します。
　（発表後）B: データの収集方法について 2 点、質問します。

　さらに、話し手も聞き手も場面も同一である一連の発話の中でも、普通体と丁寧体が混合して使われることがあり、これは**スピーチレベルシフト**と呼ばれます。(10) は普通体ベースの会話に丁寧体の文が使用されている例、(11) は丁寧体ベースの会話に普通体の文が使用されている例です。

(10) 引き受けてくれるの？　ありがとう。じゃ、よろしくお願いします。
(11) いただいてもよろしいんですか。嬉しい！　ありがとうございます。

　文体は、従属節の中でも問題になることがあります。(12) は、従属節が普通体でも文全体の丁寧さに問題はありませんが、(13) は丁寧体の文としてちぐはぐです。

(12)　　連絡したのに返事がありません。
(13) ??連絡したが返事がありません。

22.3.3 対人モダリティ (2)：伝達態度

聞き手に対する話し手の心的態度の2つ目である**伝達態度**は、発話をどのような態度で聞き手に持ちかけるかに関わるもので、終助詞によって示されます。日本語には、「ね」「よ」「さ」「ぞ」「ぜ」「わ」「な」「ねえ」「なあ」「かな」「かしら」など多数の終助詞があり、自然な会話は終助詞なしでは成り立ちません。

(14) A: ボタンが取れそうですよ。
 B: あ、本当ですね。ありがとう。
(15) A: ?ボタンが取れそうです。
 B: ??あ、本当です。ありがとう。

対話的な終助詞は、聞き手のいない場面や「〜と思う」の引用節の中での使用は困難です（ただし、非対話的な終助詞「なあ」「かな」「かしら」などもあります）。

(16)【独話】(窓の外を見て)??あ、雨が降ってるね。
(17) *いいですねと思います。

ここでは、終助詞の中でもっともよく使われる「ね」と「よ」の代表的用法だけを挙げておきます。

「ね」は、命令形、禁止形以外には広く接続でき、話し手の認識を示して聞き手に同意・確認を求める用法 (18) が基本ですが、自分の中で確認するとき (19) にも使います。

(18) A: お久しぶりですね。
 B: そうですね。
(19) A: いつも何時ごろ起きるんですか。
 B: うーん、だいたい6時ごろですね。

「よ」には、聞き手が知っておくべきもの、認識するべきものとして命題内容を差し出し、注意を促す機能があります。(14) A や (20) は、聞き手が知っておくべきことを伝えているので、自然な発話ですが、(21) は聞き手が認識して注意を払うべき内容とは考えられないので違和感を引き起こします。

(20) あ、そこ、危ないですよ。
(21) ??私の趣味はテニスですよ。

第22課 モダリティ

【練習問題1】

次の (1)〜(6) a、b の違いを、モダリティの観点から説明してください。

(1) a. 彼女は来なかった。　　　　　b. 彼女は来ませんでした。
(2) a. 入学式は4月7日です。　　　b. 入学式は4月7日ですか。
(3) a. 頑張れば合格できる。　　　　b. 頑張れば合格できるかもしれない。
(4) a. あの辺りは危ないです。　　　b. あの辺りは危ないですよ。
(5) a. 小学生は携帯を持ちません。　b. 小学生は携帯を持ってはいけません。
(6) a. 知りませんでした。　　　　　b. 知らなかったんです。

【練習問題2】

英語で命題に対する話し手の判断を表す "should" "must" "may" などの助動詞は、それぞれが真偽判断と価値判断の両方の意味を持っていますが、日本語では、真偽判断と価値判断に異なる形式が存在します。"should" "must" "may" それぞれに当たる日本語の真偽判断・価値判断モダリティ形式を、(1)〜(6) から選んでください。

	真偽判断（認識）	価値判断（評価）
should		
must		
may		

(1) てもいい　　　　(2) にちがいない　　　　(3) べきだ
(4) かもしれない　　(5) はずだ　　　　　　　(6) なければならない

【推薦図書】

庵功雄 (2012)『新しい日本語学入門 ことばのしくみを考える 第2版』スリーエーネットワーク.
庵功雄・三枝令子 (2013)『まとまりを作る表現——指示詞、接続詞、のだ・わけだ・からだ』（日本語文法演習 上級）スリーエーネットワーク.
日本語記述文法研究会（編）(2003)『現代日本語文法4 第8部 モダリティ』くろしお出版.
宮崎和人・安達太郎・野田春美・高梨信乃 (2002)『モダリティ』（新日本語文法選書4）くろしお出版.

第23課
待遇表現とポライトネス

23.1 敬語:「*昨日はお風呂にお入りした後、テレビを拝見しました」

23.1.1 敬語の分類

　人間関係や場面などによって使い分けられる表現を、**待遇表現**と言います。日本語は高度に発達した敬語を持つ言語ですが、この**敬語**は待遇表現の一種です。学校で、敬語には「尊敬語・謙譲語・丁寧語」の3種類、または「美化語」を加えて4種類があると習った人が多いのではないかと思いますが、2007年に出された文化審議会答申「敬語の指針」では、敬語を「尊敬語・謙譲語Ⅰ・謙譲語Ⅱ・丁寧語・美化語」の5種類に分けています。まず、尊敬語・丁寧語・美化語を簡単に見ておきます。

　尊敬語は話題の人物を高めるための表現です。動詞には、「なさる」「いらっしゃる」「召し上がる」などの特定形と、「お／ご～になる」「～なさる」「～(ら)れる」のような一般形があります。また名詞には、立てるべき人の所有物等に用いる「お名前」「ご住所」などの形があり、形容詞にも「お忙しい」「お上手だ」などの形があります。

　丁寧語は「です・ます」「ございます」を用いる文体のことで、本書ではモダリティ形式として位置づけました (☞ 22.3)。

　美化語は、「お薬」「お皿」のように美化して表現した言葉です。高めるべき人が行う行為や所有物について用いられる、尊敬語の「ご研究」「お名前」などとは異なり、自分に関することについても使用できます。

(1)　病院に行ってお薬をもらってきた。
(2)　*私のご研究はなかなか進まない。

23.1.2 謙譲語

　謙譲語は、話し手側を下げることで、高めるべき人を上げる言い方です。「申し上げる」も「申す」も謙譲語と考えられますが、この2つの違いは何でしょうか。

(3)　*私は妹にそう申し上げました。

(4) 私は妹にそう申しました。

(3) は妹を高めることになってしまうため不適格ですが、(4) は問題ありません。「申し上げる」も「申す」も、主語を低めるという点では同じですが、「申し上げる」は動作の受け手など補語の名詞 (ここでは「妹」) を高めるのに対し、「申す」はその働きを持たず、聞き手への丁重さを示す点が異なります。(3) が不適格なのは、「妹」は身内で高めるべきでないのに、「申し上げる」が「妹」を高めてしまうからで、(4) が適格なのは、「申す」に「妹」を高める機能がないためです。

この「申し上げる」タイプの謙譲語は「謙譲語Ⅰ」、「申す」タイプの謙譲語は「謙譲語Ⅱ」と呼ばれます。**謙譲語Ⅰ**は補語への敬語であり、**謙譲語Ⅱ**は聞き手への敬語で**丁重語**とも言われます。謙譲語Ⅰは、「申し上げる」「伺う」「お目にかかる」などの特定形と、「お〜する (「お持ちする」等)」という一般形を持ちます。謙譲語Ⅱは、「申す」「参る」「いたす」などの特定形と、一般形「〜いたす」を持っています。

謙譲語Ⅱは聞き手への丁寧さを表すものなので、丁寧語と近い性質を持ちます。実際、謙譲語Ⅱの動詞は常に丁寧体で使用され、普通体では使用されません。

(5) 社長にお会いしようと思って、9時ごろ、社長室に伺った。
(6) *社長にお会いしようと思って、9時ごろ、社長室に参った。

謙譲語Ⅰは補語を高める機能を持つため、高めるべき補語でない場合 (3) に加え、高めるべき補語がない場合にも使えません。謙譲語を学習した後、習った謙譲語を使おうとして (7) のような文を産出する学習者がいますが、この文には高めるべき補語がないので不適格です。他方、謙譲語Ⅱは聞き手に丁重に述べるだけなので、高めるべき補語でない場合 (4) に加え、高めるべき補語がない場合 (8) にも使用できます。

(7) *昨日はお風呂にお入りした後、テレビを拝見しました。
(8) 6時ごろ駅に到着いたしました。

最初に挙げた5つの敬語のうち、尊敬語と謙譲語Ⅰは、話題の人物を高めるために用いられるので**素材敬語**、謙譲語Ⅱと丁寧語は、聞き手を高めるために用いられるので**対者敬語**と呼ばれることもあります。美化語は誰かを高めるためではなく、話し方を上品にするための述べ方ですから、他の4つと性質が異なります。

なお、尊敬語または謙譲語を重ねた「*お帰りになられる」「*お承りする」などは**二重敬語**と呼ばれ、一般に誤用とされます。ただし、「お召し上がりになる」「お伺いする」など、定着していてよく使用されるものもあります。

23.1.3 敬語の運用

　現代日本における敬語は、人間関係（上下、親疎、ウチソト）や場面などによって使い分けられ、社会生活を営む上で必要なものとして定着しています。家族の話をしようとすると、自分側に使う「家族」「兄」などと、相手側に使う「ご家族」「お兄さん」などを使い分けなければならず、日本語教育では初級から敬語が問題になります。

　日本語の敬語の運用では、ウチソトの意識が非常に重要です。他人と話すとき、身内は自分と同様に扱うことが求められるため、尊敬語を用いた(9)は不適切です。

　(9) #お母さまがそうおっしゃっていました。

　同様のシステムは、家族だけでなく社会的組織にも適用されます。例えば、会社内では上位者を尊敬語で遇する(10)が適切ですが、社外の人に対しては、たとえ発話者が社長の下位者でも、(10)ではなく(11)を用いることが必要です。

　(10) 社長がいらっしゃる予定です。
　(11) 社長が伺う予定です。

　韓国語の敬語では、身内以外に話す時でも(9)や(10)に当たる表現が適切だそうです。韓国語のような敬語は**絶対敬語**、日本語のような敬語は**相対敬語**と呼ばれます。

23.2　発話行為：「#すみません、1,000円お貸しになりませんか」

23.2.1　発話行為と間接発話行為

　23.1で敬語のシステムを観察しましたが、丁寧な言語表現には、敬語使用だけでは不十分で、具体的な場面の中でさまざまな配慮が求められます。ここでは、言語表現とそれを使う人間の意図や解釈、人間関係、発話場面との関係を考える**語用論**の観点から考察します。

　実際の場面の中で、特定の話し手によって、特定の相手に、特定の意図をもって発せられた文を**発話**と呼び、人が発話によって行う、主張、依頼、約束、詫び、感謝などの行為を**発話行為**と言います。

　Searle (1969) は、発話行為を適切に遂行するには一定の条件（**適切性条件**）が満たされる必要があるとしました。例えば、「依頼」という発話行為を適切に遂行するためには、①聞き手にその行為ができると話し手が思っていること、②聞き手によってそ

の行為が実行されることを話し手が望んでいることなどが条件となります。

　発話行為の遂行は、直接的に行うことも、間接的に行うこともできます。例えば、依頼の場合、(1)のように直接的に遂行したり、(2)のように遂行動詞 (☞ 19.1) を用いたりすることもできますが、(3)(4)のように間接的に遂行することもできます。

　(1) 消しゴム、貸してください。
　(2) 消しゴム、貸してくださるようにお願いします。
　(3) 消しゴム、貸してくれますか。
　(4) 消しゴム、貸していただきたいんですが。

　(3)は適切性条件のうち聞き手側の条件を質問したもので、(4)は話し手側の条件を述べたものです。このように間接的に遂行された行為は**間接発話行為**と呼ばれます。間接的に遂行されるので聞き手に対する発話の力が弱まり丁寧に響きますが、慣習的に依頼であることが決まっているので、聞き手は話し手の意図を正しく理解できるのが普通で、(5)(6) Bのように、応答だけして貸さないということは通常ありません。

　(5) A: 消しゴム、貸してくれますか。　B: #はい、頼まれれば貸しますよ。
　(6) A: 消しゴム、貸していただきたいんですが。　B: #ああ、そうですか。

23.2.2 行為拘束型と行為指示型

　種々の発話行為のうち、情報のやり取りではなく、行為の実行を意図した行為系表現類型の文は、特に丁寧さと深い関わりがあります。これらの行為の分類は、行為者、受益者、決定権者を基準として考えるのが一般的です。

　まず、その行為を行うのが誰かを問題にするのが**行為者**の基準です。行為者が話し手であるもの (**行為拘束型**) には、約束、申し出などがあり、行為者が聞き手であるもの (**行為指示型**) には、依頼、勧め、指示などがあります。

　受益者の基準は、その行為が誰の負担になり、その行為の結果、利益を得るのは誰かということです。日本語では話し手受益行為の要求と聞き手受益行為の要求には異なる文型を使うことが普通で、この基準は丁寧さの観点から非常に重要です。

　決定権者の基準は、その行為を行うかどうか決定することができるのは話し手か聞き手かということです。話し手受益行為を聞き手に求める場合でも、あくまで聞き手の好意に期待しての発話であれば依頼ですし、話し手の側に聞き手行為を決定できる権限があれば指示となります。ただし、必ずどちらかが全面的な決定権を持っているというわけではなく、中間的な場合が無数にあります。

23.2.3 依頼と勧め

以下の 2 つの表現はそれぞれどのような場面で適切でしょうか。

(7) どうぞお座りください。
(8) すみませんが、座っていただけませんか。

(7)(8) は、立っている聞き手に着席を促すという意味においては同じですが、疲れているであろう聞き手を慮って発話するなら (7) が、話し手の前に聞き手が立っていてスクリーンが見えないという状況なら (8) が用いられます。つまり、日本語では、聞き手受益 (勧め) と話し手受益 (依頼) を峻別し、異なる文型を用いなければならないわけです。誰の利益であるかにあまり関心を示さず、依頼でも勧めでも同じ文型を用いることのできる言語を母語に持つ学習者には、特に注意を促す必要があります。

依頼では、相手の意向を尋ねるために、通常 (8)(9) のような疑問文を使用します。同じ疑問文でも、(10) は依頼には使えません。日本語の依頼では、話し手が利益を得ることを明示するために授受動詞の使用が求められるからです。授受表現がないと、まるで勧めているように聞こえ、たとえ敬語を使用していても不適切です。

(9) すみません、1,000 円お貸しいただけませんか。
(10) #すみません、1,000 円お貸しになりませんか。

依頼に授受動詞が必要なのは丁寧体の会話だけでなく、普通体でも同様で、授受動詞のない (12) は依頼に使えず、授受動詞を用いた (11) を使用しなければなりません。

(11) 悪いけど、1,000 円貸してくれない？
(12) #悪いけど、1,000 円貸さない？

最近は、許可求めの文型「て (も) いい」が依頼に用いられることが多くなりましたが、その場合もやはり授受動詞が使用されます。

(13) 悪いけど、1,000 円貸してもらってもいい？

日本語教育の教室では、(14) のような形で「てください」が頻繁に用いられます。学習項目として導入されるときには、依頼形式であると説明されることが多いようですが、(14) では聞き手に決定権はありませんから、指示と言うべきでしょう。(15) は話し手受益の依頼として用いられている例、(16) は聞き手受益の勧めです。

(14) 繰り返してください／読んでください／書いてください。　← 指示
(15) この漢字の読み方を教えてください。　　　　　　　　　← 依頼
(16) どうぞたくさん食べてください。　　　　　　　　　　　← 勧め

「てください」は、他の行為要求形式と異なり、指示、依頼、勧めのいずれにも使えますが、実際の使用例は指示と勧めが中心です。依頼では相手の意向を聞くことが重要なのに対し、指示は話し手に決定権があるため質問する必要がなく、勧めでは聞き手に断らせないために質問でない表現が選ばれます。「てください」で依頼できるのは、学生から教師への依頼 (15) のように、相手が職務上、当然行うべき行為などに限られ、相手の好意に期待する私的な依頼に使うと不躾に聞こえます。

23.3 ポライトネスと配慮：「ねえ、さっちゃん、教科書、一緒に見よう」

23.3.1 Leech (1983) のポライトネス

人間が言語を用いてコミュニケーションをするとき、どの言語においても、内容を伝えるだけでなく、人間関係や場面への配慮が行われています。

Leech (1983) は、会話においては効率性に加えて丁寧さも求められるとし、丁寧さを具体化する6つの原則を提唱しました。以下に3つにまとめて示します。行為の実行に関わる発話行為では (1)、情報のやり取りに関わる発話行為では (2) (3) が働きます。

(1) 相手負担・自己利益を最小限に、相手利益・自己負担を最大限に。
(2) 相手の非難・自己の賞賛を最小限に、相手の賞賛・自己の非難を最大限に。
(3) 自己と相手との意見の不一致・反感を最小限に、意見の一致・共感を最大限に。

行為の実行に関わる発話においては、同じ文型でも聞き手の負担・利益の大きさによって、文の丁寧さは異なります。以下の英文は Leech (1983) が挙げた例です。上に行くほど聞き手負担が大きく**競合的**で、下に行くほど聞き手利益が大きく**懇親的**です。

(4) Peel these potatoes.　　　ジャガイモの皮をむいてください。
(5) Hand me the newspaper.　　新聞を渡してください。
(6) Sit down.　　　　　　　　すわってください。
(7) Look at that.　　　　　　あれを見てください。
(8) Enjoy your holiday.　　　休日を楽しんでください。

(9) Have another sandwich.　もう１つサンドイッチを食べてください。

　負担・利益の尺度以外には、相手にどれだけ選択を許し、間接性を増すかがポライトネスに影響することが述べられています。

23.3.2　Brown & Levinson (1987) のポライトネス

　Brown & Levinson（以下 B & L）(1987) は、人間の言語行動に普遍的な概念として、**ポライトネス**を規定しました。人間が持つ欲求には、他者に邪魔されたくないという**ネガティブ・フェイス**と、他者に承認され好ましく思われたいという**ポジティブ・フェイス**があるとし、このネガティブ・フェイス向けの配慮を**ネガティブ・ポライトネス**、ポジティブ・フェイス向けの配慮を**ポジティブ・ポライトネス**と呼びました。

　相手との接触場面では、フェイスを侵害する可能性のある行為（**FTA** = face-threatening act）を行うかどうか、行うとすればどのように行うかを選択することになります。B & L (1987) は、その可能性として５つのストラテジーを挙げました。

(10) 補償行為なしの直接行動　　：「教科書、見せろよ」
(11) ポジティブ・ポライトネス：「ねえ、さっちゃん、教科書、一緒に見よう」
(12) ネガティブ・ポライトネス：「ごめん、教科書見せてもらえる？」
(13) 非明示的行動　　　　　　：「あれ、教科書忘れてきたみたい」
(14) FTA を行わない

　(10)～(13) は FTA を行う場合、(14) は FTA を行わない場合です。ストラテジーは、その行為のフェイス侵害度（話し手と聞き手の社会的距離・相対的力、行為の負荷度で算出）に応じて決定されます。教科書を忘れたとき、不躾な発話で FTA を行う (10) には相手フェイスへの配慮がありませんが、(11)～(14) は何らかの配慮をしています。下に行くほど相手フェイスに配慮的で、(14) は依頼自体をしないケースです。(13) は依頼と明示せず、独話的に状況を述べることで希望をほのめかし、気づいてもらおうとするストラテジーです。(12) は、依頼とわかる形を取っていますが、詫びや受益表現、問いかけを用いて、相手のネガティブ・フェイスに配慮しています。

　(11) は、相手に配慮していると言えるのか疑問に思う人もいるでしょうが、聞き手との近さ・親しさを強調する親愛語、無遠慮な表現の使用などをポジティブ・ポライトネスと呼んで、ポライトネスの枠組みに入れたことが B & L (1987) の特徴です。このストラテジーでは、意見の一致や協力関係も指向されます。

23.3.3 国語審議会（第22期）答申（2000）の敬意表現

　日本語には複雑で発達した敬語の体系があり、丁寧さというとすぐに敬語を思い浮かべますが、国語審議会（第22期）答申（2000）「現代社会における敬意表現」は、敬語を使わずに配慮を表す表現もあるとして、(15)～(18)などを敬意表現としました。

　(15) その本、貸してくれない↑
　(16) この本、貸してほしいんだけど
　(17) ちょっといい↑／すみませんが
　(18) ちょっと読みたいので／図書館で見付からなかったものですから

　恩恵を示す(15)「～てくれる」や、言い切らない表現(16)を使うことだけでなく、(17)前置きや(18)理由の説明も相手に対する配慮を表すものであるとし、ほかに共感（「良かったね」）や賞賛（「春らしいスカーフですね」）などの表現も敬意表現であるとしている点は、Leech (1983) やB & L (1987)の考え方を取り入れたものと言えます。

　答申（2000）は、「声を優しくしたり重々しくしたりすることなどによって配慮を表すこともできる」として、声の大きさ・高さや語調など、言語に付随して現れるもの（**言語随伴行動**）や、「表情、身振り、行動、服装など」の言語以外の要素（**非言語行動**）にまで広げて配慮を考えることができる点にも言及しています。

23.3.4 日本語におけるさまざまな配慮

　日本語の実際の運用においては、ほかにもさまざまな点に注意が必要になります。例えば、上位者には、与益の明示(19)、相手の願望のあからさまな問い(20)に加え、褒め(21)や、ねぎらい(22)も憚られます。

　(19) #買ってきてさしあげました。
　(20) #これ、召し上がりたいですか。
　(21) #さすが専門家ですね。
　(22) #ご苦労さま。

　さらに、談話レベルでは、一続きの発話で言ってしまうよりも、相手の反応を見ながら話す方が好まれると言われます。

第23課 待遇表現とポライトネス

【練習問題1】

次の（1）〜（6）に不適切な個所があれば指摘して、その理由を述べ、適切な表現に直してください。

(1) 先生、両親がご挨拶したいと申しておりますが、お目にかかりますか。
(2) 恐れ入りますが、この用紙にお名前とご住所をお書きしてください。
(3) この電車は回送電車です。ご乗車できませんのでご注意ください。
(4) あちらで資料をいただいてください。
(5) 母にプレゼントをさしあげたら、とても喜んでくれた。
(6) はじめまして、木村と申し上げます。

【練習問題2】

次の（1）〜（3）a、bはそれぞれどのような点において対照的か、また、どのような場面で使用するのが適切か、考えてください。

(1) a. 来てください。　　　　　b. 来てくださいませんか。
(2) a. お書きになりませんか。　b. 書いていただけませんか。
(3) a. 持ちましょうか。　　　　b. 持ちませんか。

【推薦図書】

庵功雄（2012）『新しい日本語学入門 ことばのしくみを考える 第2版』スリーエーネットワーク．
小川誉子美・前田直子（2003）『敬語を中心とした対人関係の表現——待遇表現』（日本語文法演習 上級）スリーエーネットワーク．
菊地康人（1997）『敬語』講談社．
三枝令子・中西久実子（2003）『話し手の気持ちを表す表現——モダリティ・終助詞』（日本語文法演習 上級）スリーエーネットワーク．
滝浦真人（2008）『ポライトネス入門』研究社．
日本語記述文法研究会（編）（2009）『現代日本語文法7 第12部 談話 第13部 待遇表現』くろしお出版．

COLUMN 6　文法と語用論

　日本語教育の教室で、教師が(1)の文を示し、「意味がわかりますか」と聞けば、多くの学習者は意味がわかると答えるでしょう。

　(1) あなたは学生です。

　しかし、もし実際の生活の中で誰かから(1)を言われたら、学生は「どういう意味ですか」と聞きたくなるのではないでしょうか。この場合、どういう意味かと聞くのは、知らない語があったり知らない構文があったりして文の意味が取れないということではありません。その発話の意図は何かと聞いているのです。それは、忠告、助言、または批判かもしれません。

　現実の世界では、私たちは常に、話し手が誰で、聞き手が誰で、話し手はどんな状況において、何のために発話したのかを考えています。語用論はこのように、文脈から切り離された抽象的な「文」ではなく、実際の文脈の中で、特定の相手に、特定の意図をもって発せられた「発話」を扱う分野です。

　「これ」「ここ」のような直示表現（☞ 12.1）が何を指すのか、「あなたは学生です」のような発話の意図は何なのか、人はそれをどのように推論するのか、どのような言語表現がポライトだと受け取られるのか、それらに文化間の差はあるのか、などが語用論の研究対象になります。

　日本語はいろいろな側面で、発話の現場に密着して用いられる度合いが高いため、日本語教育では、狭義の文法だけを教えても、学習者が現実世界で適切に日本語を使えるようにならない可能性が高いと思われます。

　伝達したい意図を正しく伝えるためには、その発話の場に合った表現形式を使う必要があります。例えば、学習者が椅子を勧めようとして「座っていただけませんか」と言うと、その発話は依頼だと解釈され、「立っていて迷惑でしたか」という反応を引き起こすかもしれません。相手の車に同乗させてもらいたいときに「一緒に帰りましょうか」と尋ねれば、相手を不快にさせ、人間関係に支障をきたすでしょう。このように、文法的に適格であることと、語用論的に適切であることは異なるので、単に、文法を理解して適格な文が作れるようになればよいというわけではありません。その形式はどのような社会語用論的状況で使えるか、また使えないかを示すことも含め、学習者が日本語で自らの意図を適切に伝えられ、相手の意図を理解できて、日本語の世界でうまく機能できるようになるような教育が求められていると言えるでしょう。

練習問題の解答

第1課　音声と音声学
【練習問題1　解答】
(1) 振動していない　(2) 振動している　(3) 振動している　(4) 振動していない

【練習問題2　解答】
(1) ③歯茎　(2) ⑤硬口蓋　(3) ②軟口蓋　(4) ⑩前舌　(5) ④後舌　(6) ⑦声帯

第2課　単音
【練習問題1　解答】
(1) ③声帯振動の有無　(2) ②調音法　(3) ①調音点
(4) ②調音法　(5) ①調音点　(6) ②調音法

【練習問題2　解答】
(1) ⑥ [m]　(2) ④ [k]　(3) ① [s]　(4) ⑩ [b]　(5) ⑧ [ɾ]

第3課　音素
【練習問題1　解答】
(1) ⑤口蓋垂鼻音 [N]　(2) ①両唇鼻音 [m]　(3) ②歯茎鼻音 [n]　(4) ④軟口蓋鼻音 [ŋ]
(5) ⑥鼻母音

【練習問題2　解答例】
大学 [daigakɯ] と 退学 [taigakɯ]　　ガム [gamɯ] と ゴム [gomɯ]
開ける [akeɾɯ] と 上げる [ageɾɯ]　　鳴る [naɾɯ] と 寝る [neɾɯ]

第4課　環境や時代による音変化
【練習問題1　解答】
(1) 方向：逆行同化　程度：部分同化　　(2) 方向：逆行同化　程度：完全同化
(3) 方向：順行同化　程度：完全同化

【練習問題2　解答】
(1) ⓚたかぜ　(2) かきまⓈた　(3) ⓗかり
(4) Ⓢかしながら　(5) みⓉかる　(6) みなみでⓈ

第5課　音のまとまりとリズム
【練習問題1　解答】
(1) モーラ：3　音節：2　(2) モーラ：5　音節：3　(3) モーラ：6　音節：4

(4) モーラ: 8　音節: 4

【練習問題2　解答】

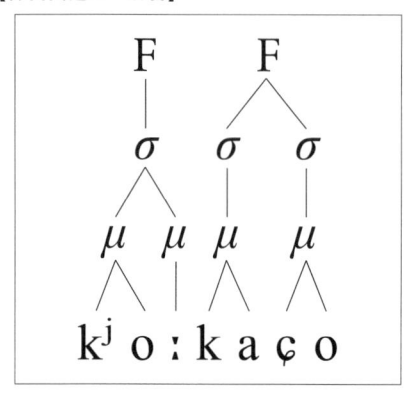

```
        F              F
        |            / | \
        σ           σ     σ
       / \         / \   / \
      μ   μ       μ   μ μ   μ
      |\  |       |\  | |   |
      k ʲo :       k a ç    o
```

第6課　アクセント

【練習問題1　解答】
(1) すべての語が「平板型」である
(2) すべての語が「－2型（または、中高型）」である
(3) すべての語が「頭高型」である　　(4) すべての語が「平板型」である
(5) すべての語が「－2型（または、中高型）」である

【練習問題2　解答例】
「橋」と「箸」と「端」　「花」と「鼻」　「白」と「城」　「熱い／暑い」と「厚い」
「柿」と「牡蠣」　「電気」と「伝記」　など

【練習問題3　解答】
(1) 隠し事はしないでね。　　(2) 書く仕事はしないでね。
(3) 「隠し事」の共通語でのアクセントは、「か̅くしごと」であるが、妻は、それを「かく̅しごと」のように発音したのではないかと推測される。その結果、夫は「隠し事」ではなく「書く仕事」と聞き取り、2人の間に誤解が生じたものと考えられる。

第7課　イントネーション・プロミネンス・ポーズ

【練習問題1　解答】
(1) イントネーション　理由:「食べる」に「食べる↗」のような疑問イントネーションが付与されることによって、平叙文の「食べる。」が疑問文の「食べる？」になるため。
(2) アクセント　理由:「広い肩」は「ひ̅ろいかた」、「拾い方」は「ひろ̅いかた」のように発音され、この違いはアクセントの有無、および、位置の違いによるものであるため。
(3) アクセント　理由:「柿」は「か き̅」、「牡蠣」は「か̅ き」のように発音され、この

違いは、平板型と頭高型というアクセントの違いによって生じているため。
(4) イントネーション　理由：声の高さを用いてプロミネンスを示す場合、イントネーションを使って強調させたい部分を高く発音するため。

【練習問題2　解答例】

きょうは∧わたしの町の祭りについて話したいと思います。∧私の町の名前は∧「諏訪(すわ)」∧といいます。∧諏訪で一番有名な祭りは∧「御柱(おんばしら)」です。∧この祭りは∧6年に1回あります。∧御柱では∧山で大きい木を切ります。∧そして∧男の人がその木に乗ったり∧川を渡ったりします。∧とても危ないですが∧男の人は∧みんなこの木に乗りたがります。∧この祭りでは∧特別な歌と∧パレードも有名です。∧御柱は∧とても古い祭りで∧1200年くらい前からありました。∧とても楽しい祭りですから∧みなさん見にきてください。∧

※ポーズを入れる位置や数は、発話速度などによっても変化するため、上記の解答例で示したポーズの位置や数が必ずしも最適というわけではありません。

第8課　学習者の音声と発音指導
【練習問題1　解答例】
〈発音指導が必要だと考える理由の例〉
・正しい文法と適切な語彙を使って話していても、発音に問題がある場合は、学習者が言いたいことが正確に伝えられなかったり、必要な情報が得られなかったりする可能性があるため。
・言いたいことが正しく伝えられたとしても、発音の仕方によって、聞き手に「感情的である」、「子どもっぽい」といった印象を与えてしまう可能性があるため。
・学習者の日本語学習における目標（将来、日本語教師や通訳になりたいなど）によっては、その目標を達成するために発音指導を十分に行う必要があるため。
・実際には、非常に日本語能力が高い学習者であっても、発音に問題があると、日本語能力が低いように誤って評価されてしまう可能性があるため。
・発音の誤りは、表記にも影響を与えることがあり、清濁や特殊拍などが適切に表記できない場合は、辞書が引けなかったり漢字変換ができなかったりする可能性があるため。

〈発音指導にそれほど時間を割く必要はないと考える理由の例〉
・発音に課題が見られても、話の前後関係や発話が行われている場面などが補助になって、意思の疎通は図れると考えられるため。
・発音に多少問題があっても、語の意味が変わってしまうような間違いが連続して起こったりしない限り、実際のコミュニケーションには、大きな影響がないと考えられる

ため。
・学習者の仕事や専門などにおいて、特に日本語が必要ない場合は、生活に最低限必要な日本語ができれば十分であり、発音指導にまで時間を費やす必要はないと考えられるため。
・発音よりも、日本語能力試験などの試験でよく問われる文法や語彙などの学習に集中すべきだと考えられるため。
・英語には、非母語話者による多様な発音が存在している。ゆえに、日本語においても、学習者が日本語母語話者と同じような発音をする必要はないと考えられるため。

〈発音指導をする際の留意点の例〉
・学習者の母語を把握し、日本語の発音において現れうる母語からの転移を予測しておく。
・学習者の日本語学習の目的や目標などに配慮し、どのくらいの時間をかけてどこまで細かく発音指導を行うかなどを検討する。
・発音練習に積極的ではない学習者には、無理強いをしないようにする。しかし、学習者が発音によって大きな不利益を被る可能性がある場合には、その旨を説明し、学習者に発音練習の必要性を納得してもらった上で指導を行うようにする。
・授業の中では、学習者が発音を間違えたり、発音の指導を受けたりしても恥ずかしくないという雰囲気を作り、学習者が萎縮せずに発音練習に取り組める環境作りに努める。
・クラスの中で発音指導を行う場合には、特定の学習者にばかりあてるのではなく、クラス全員で練習ができるような工夫をする。
・ある特定の発音指導法が必ずしもすべての学習者にとって効果的であるとは限らないため、いろいろな発音練習の方法を学習者に示し、学習者にとって取り組みやすい方法で発音指導を行うようにする。

※発音指導についてどう考えるかは人によって異なります。そのため、第8課の練習問題には、ただ1つの「正解」があるわけではありません。ここに挙げたポイントもあくまでも解答の一例です。

第9課　語と語構成
【練習問題1　解答】
(1) 複合語　(2) その他（名詞句）　(3) 派生語　(4) 単純語　(5) 複合語（の縮約）

【練習問題2　解答】
・「**お食事券**」: 派生語（接頭辞＋複合語）　　「**汚職事件**」: 複合語
・「**飲み歩く**」: 語彙的複合動詞　　「**歩き続ける**」: 統語的複合動詞
　「**落ち着く**」: 語彙的複合動詞　　「**作り直す**」: 統語的複合動詞

第10課　文字
【練習問題1　解答】
(1) 私の<u>専門</u>は社会心理学です。<u>調査</u>でときどき小学校に行きます。
　　　「専門」　　　　　　　「調査」
(2) 私は日本に来る前に、<u>會社</u>で<u>營</u>業の仕事をしました。
　　　　　　　　　　　　「会」「営」
(3) 私は小説を<u>読</u>むことが好きです。とても<u>乐</u>しいですから。
　　　　　　　　「読」　　　　　　　「楽」
(4) 土曜日、はじめて地下<u>鐵</u>に<u>乘</u>りました。そして、<u>澀</u>谷に行きました。
　　　　　　　　　　　「鉄」「乗」　　　　　　　「渋」
(5) <u>実験</u>の<u>結</u>果、薬の<u>効</u>果は<u>認</u>められなかった。
　　「実験」「結」　　　「効」「認」

【練習問題2　解答】
　"合同" の意味：〈契約〉　　"温存" の意味：〈穏やかで優しい〉

第11課　語の分類（1）語種と位相
【練習問題1　解答】
(1) 混種語（湯桶読み）　　(2) 和語　　(3) 混種語（重箱読み）
(4) 和語　　　　　　　　(5) 漢語　　(6) 混種語（外来語＋和語）

【練習問題2　解答例】

	共起する語の例	意味
整理する	情報、問題、要点、内容、資料	ばらばらの状態の情報や考えなどを筋道が通るようにまとめる
整える	味、形、環境、準備、呼吸、態勢	良い状態・バランスになるように、手を加えたり、調整したりする
アレンジする	曲、音楽、作品、花、デザイン	元になる（芸術的な）作品や創作物に変更を加える

第12課　語の意味とコーパスの活用
【練習問題1　解答】
(1) 反義語（排反関係）　　(2) 反義語（同じ事象を反対の立場から捉えた反対関係）
(3) 類義語　　　　　　　(4) 反義語（一方が他方の前提となる関係）
(5) 同位語（「くつ」という上位語に属する）
(6) 反義語（程度性があり、どちらでもない段階があり得る連続的な反義関係）

【練習問題2　解答】
(1) メトニミー　(2) メタファー　(3) メトニミー　(4) 直喩　(5) メタファー

【練習問題3　解答例】

「**やっと**」は「何回も聞いて、やっとわかった」、「2時間さまよって、やっと着いた」のように、〈長い時間をかけて苦労した末に、希望が実現した〉という文脈で使われる。

一方、「**とうとう**」は、「ほしかったカメラをとうとう手に入れた」のように、「やっと」と言い換えられる場合もあるが、「長い闘病生活の末、とうとう亡くなってしまった」のように、希望が実現したとは言えない場合にも使われる。つまり、「とうとう」は、〈良い結果であれ、悪い結果であれ、いずれはそうなるだろうと予想した結末になった〉という文脈で使われる。

第13課　語の分類（2）品詞とオノマトペ
【練習問題1　解答例】

（例）疲れ	疲れがたまっている。	名詞
（1）いつか	いつか来るだろう。五日に来ます。	「いつか」副詞、「五日」名詞（数詞）
（2）四限目	四限目の授業	名詞（数詞）
（3）さらなる	さらなる飛躍を期待します。	連体詞
（4）みんな	みんな来た。みんなの教室。	副詞、名詞
（5）あっけらかん	彼女はあっけらかんとした性格だ。	副詞だが、「～とする」と動詞で使われる
（6）とんでもない	とんでもないことだ。	イ形容詞

【練習問題2　解答例】

例1：　あなたがいなくなったら、どんなにさびしくなる<u>こと</u>か。
意味：「どんなに～ことか」で、「とても～だ」という意味。さびしさの程度がはなはだしいことに対する話し手の感嘆の気持ちを表す（感嘆を表す表現は、表現類型のモダリティ（☞ 22.1）に位置づけられることもある）。

例2：　この宿題は来週までに提出する<u>こと</u>。
意味：「～こと」で、「～ようにしなさい」という意味。聞き手に対して、「提出する」という行為を要求する表現類型のモダリティ（☞ 22.1）表現の1つ。

例3：　真面目な山田さんの<u>こと</u>だから、レポートはもう書き終わっているだろう。
意味：「Xのことだから、～だろう」で、「Xであれば、当然～だろう」という意味。「～だろう」、「～にちがいない」などの推量や確信を表す真偽判断（認識）のモダリティ（☞ 22.2）形式と一緒に用いられることが多い表現で、「～だろう」、「～にちがいない」と推測するのに足る理由や状況を、「Xのことだから」の部分で表現している。

例4：　午後3時以降は、コーヒーは飲まない<u>こと</u>にしているんです。

意味：「〜ことにしている」で、「〜ということを習慣にしている」という意味。

例5： 部長が自ら謝りに行くことはないですよ。課長が行くはずですから。
意味：「〜することはない」で、ここでは「〜する必要はない」という意味。「〜する」という行為が不必要だと、話し手が評価、判断していることを表す価値判断（評価）のモダリティ（☞ 22.2）の１つ。

【練習問題3　解答例】
「しゃきしゃき」
例1：「レタスがしゃきしゃきしている」　意味：野菜などがみずみずしく、歯ごたえがある様子。
例2：「佐藤さんはいつもしゃきしゃき働いている」　意味：動作が機敏で、手早く仕事をこなす様子。

「ぼろぼろ」
例1：「木村さんはぼろぼろと涙を流していた」　意味：大粒の涙を流して、泣く様子。
例2：「食べ方が汚いねぇ。ぼろぼろこぼしているよ」　意味：塊の物が崩れてこぼれる様子。
例3：「この服はもうぼろぼろだけど、愛着があって、捨てられない」　意味：古くなって、傷んでいる様子。
例4：「心も体もぼろぼろに疲れ切ってしまった」　意味：疲弊している様子。

第14課　第二言語の語彙知識と知識の測定
【練習問題1　解答】
(1)「合図」という漢字語彙の読み方。
(2)「あやまち」という和語に対応する漢字の表記。
(3)「ダイヤ」という語の意味。
(4)「使用」という語に接続する否定の接頭辞。
(5)「忙しい」という意味を表す連語で、「目」と共起する語。

第15課　第二言語の語彙習得過程と心内辞書
【練習問題1　解答例】
① 「洗濯したら、セーターがちぢんだ」
② 「洗濯したら、セーターがちぢんで、小さくなった。もう着られない」
③ 「一生懸命練習したら、タイムがちぢんだ」
④ 「決勝に進むためには、タイムをあと５秒ちぢめる必要がある」

　①の例文だけで、推測できる人も少なくないと思われるが、「セーターが伸びた」と推測する可能性がある。そこで、②のように、「小さくなった」という文脈を補うとよい。また、「ちぢむ」には、〈時間が短くなる〉という意味もあるため、③や④のような例文も提示するとよい。ただし、②を提示した後に、③を提示しただけでは、③の意味を正しく理解できない可能性もあるので、その場合は④の「あと５秒」のように具体的な数値

を示すと、さらに推測しやすくなる。

第16課　語と文
【練習問題1　解答】
(1) 名詞　(2) 名詞／ナ形容詞　(3) ナ形容詞
(4) 名詞／(「最高な」と言える話者にとっては) ナ形容詞　(5) イ形容詞　(6) 動詞
(7) 動詞　(8) イ形容詞　(9) 動詞　(10) 動詞

【練習問題2　解答】

文の種類		例文
平叙文		(2)　(7)　(10)
疑問文		(1)　(6)
行為要求文	命令文	(4)
	禁止文	(8)
意志文		(3)
勧誘文		(5)　(9)

第17課　格と主題
【練習問題1　解答】
(1) 動作の場所　　(2) 道具・手段　　(3) 原因・理由

【練習問題2　解答】
(1) が、は　　　(2) は　　　(3) が

第18課　活用
【練習問題1　解答】
一：一段動詞、五：五段動詞、「*」：実際には存在しない
(1) 一　いる (居る、射る等)
(2) 五　*いつ、いる (要る、煎る等)、いう (言う等)、いく (行く)
(3) 五　かす (貸す、課す等)
(4) 五　よむ (読む、詠む等)、*よぬ、よぶ (呼ぶ等)
(5) 五　かつ (勝つ等)、かる (刈る、狩る等)、かう (買う、飼う等)
(6) 一　とける (溶ける、解ける等)
(7) 五　こぐ (漕ぐ等)
(8) 五　とむ (富む)、*とぬ、とぶ (飛ぶ、跳ぶ等)
(9) 一　しめる (閉める、占める等)
(10) 一　おいる (老いる)、五　おく (置く等)

【練習問題 2　解答】
(1) 五　(2) 五　(3) 五　(4) 五　(5) 五　(6) 五　(7) 五
(8) 五　(9) 五　(10) 五　(11) 五　(12) 一　(13) 五　(14) 一
(15) 五　(16) 五

第 19 課　テンス・アスペクト
【練習問題 1　解答】
(1) b　(2) a　(3) d　(4) c　(5) a　(6) d　(7) b　(8) a
(9) b　(10) c

【練習問題 2　解答】
(1) b　(2) c　(3) d　(4) b　(5) a　(6) c　(7) d　(8) bとc

第 20 課　ヴォイス
【練習問題 1　解答】
(1) 自動詞（　○　）⇔ 他動詞（まとめる）(2) 自動詞（　○　）⇔ 他動詞（　○　）
(3) 自動詞（　出る　）⇔ 他動詞（　○　）(4) 自動詞（　○　）⇔ 他動詞（　○　）
(5) 自動詞（　○　）⇔ 他動詞（　×　）(6) 自動詞（　×　）⇔ 他動詞（　○　）

【練習問題 2　解答】
(1) 直接　(2) 間接　(3) 持ち主　(4) 直接　(5) 間接

第 21 課　方向性と恩恵
【練習問題 1　解答】
(1) A　(2) E　(3) F　(4) C　(5) D　(6) G　(7) B

【練習問題 2　解答】
(1) **くれる**：話し手自身が関わる事態は常に話し手の視点から捉えられる。話し手に向かう動きなので、「くれる」が選ばれる。
(2) **あげる**：話し手自身ではないが、話し手の身内である娘が関わる事態は、娘の視点から捉えられ、「あげる」が選ばれる。
(3) **あげたら**：聞き手と第3者が関わる場合は、発話の場にいない第3者ではなく、聞き手の視点から事態が捉えられ、「あげる」が選ばれる。
(4) **くれた**：話し手も聞き手も関わらない事態では、視点人物（ここでは花子）の視点から捉えられ、「くれる」が選ばれる。

第 22 課　モダリティ
【練習問題 1　解答】
(1) 対人モダリティの丁寧さが異なる。a は普通体、b は丁寧体。
(2) 表現類型が異なる。どちらも情報のやり取りに関わるが、a は叙述、b は疑問。
(3) 真偽判断のモダリティが異なる。a は断言、b は可能性。

(4) 対人モダリティの伝達態度が異なる。aは事態を単純に叙述しているだけだが、bは聞き手が認識すべきこととして聞き手に注意を促している。
(5) 対事モダリティの価値判断を含むかどうかが異なる。aは事態を叙述しているが、bは非容認という価値判断を下している。小学生を聞き手として発話された場合は、行為要求として機能する。
(6) 関連づけのモダリティ形式の有無が異なる。aには特段、他の事態との関連づけはないが、bは先行する文脈や発話の状況と関連づけて命題を提示している。

【練習問題2　解答】

	真偽判断（認識）	価値判断（評価）
should	(5)	(3)
must	(2)	(6)
may	(4)	(1)

第23課　待遇表現とポライトネス
【練習問題1　解答】
(1) **先生、両親がご挨拶したいと申しておりますが、お目にかかりますか。**
「お目にかかる」は謙譲語Ⅰなので、高めるべき相手の行為に使用してはならない。尊敬語は「お会いになる」だが、この場合、相手からの受益と捉えて、「お会いいただけますか」が適当。
(2) **恐れ入りますが、この用紙にお名前とご住所をお書きしてください。**
「お／ご～する」は、謙譲語Ⅰの一般形なので、高めるべき相手の行為に使用してはならない。相手行為を丁寧に指示する場合は「お／ご～ください」（ここでは「お書きください」）が適当。
(3) **この電車は回送電車です。ご乗車できませんのでご注意ください。**
「ご乗車できる」は、謙譲語Ⅰの一般形「お／ご～する」に可能の意味を付加したものなので、高めるべき相手の行為に使用してはならない。尊敬語の一般形「お／ご～になる」を可能形にした「ご乗車になれません」が適当。
(4) **あちらで資料をいただいてください。**
「いただく」は「もらう」の謙譲語Ⅰなので、高めるべき相手の行為に使用してはならない。ここでは「お受け取り」が適当。
(5) **母にプレゼントをさしあげたら、とても喜んでくれた。**
「さしあげる」は「あげる」の謙譲語Ⅰなので、高めるべきでない身内（母）に使用してはならない。ここでは非敬語の「あげたら」が適当。
(6) **はじめまして、木村と申し上げます。**
「申し上げる」は謙譲語Ⅰなので、高めるべき補語がない場合には用いられない。ここでは、名前が木村だということを丁重に伝えているので、「申し上げます」ではなく「申します」が適当。

【練習問題2　解答】
（1）aは相手の意向を尋ねることなく直接的に相手行為を求めているのに対し、bは相手の意向を尋ね、相手に決定権を与えている。
　　aは指示や勧め、bは依頼に使用される。ただしaは、聞き手が職務上当然遂行すべき行為などであれば依頼にも使用される。
（2）どちらも敬語を使用しつつ相手の意向を尋ねているが、aは授受表現を使用せず、bは授受表現を用いて話し手の受益を表現している。
　　aは勧めに、bは依頼に使用されるもので、依頼にaを使用したり、勧めにbを使用したりすることは不適切である。
（3）どちらも相手の意向を尋ねているが、aにおいて「持つ」行為の行為者は話し手、bでは聞き手である。
　　aは申し出に、bは勧めに使用される。

参考文献

第 1 部　音声

鮎澤孝子 (1999)「中間言語研究──日本語学習者の音声」『音声研究』3(3), pp. 4–12.
鮎澤孝子 (編) (2014)『日本語教育実践』凡人社.
庵功雄 (2012)『新しい日本語学入門　ことばのしくみを考える　第 2 版』スリーエーネットワーク.
池田悠子 (2000)『やさしい日本語指導 5　音韻／音声』凡人社.
石崎晶子 (2004)「ポーズは聞きやすさにどのように影響するか──日本語母語話者と日本語学習者の音読資料を用いた知覚実験」『言語文化と日本語教育』27, pp. 90–101.
井上史雄 (1997)「イントネーションの社会性」『アクセント・イントネーション・リズムとポーズ』(日本語音声 2) 三省堂 pp. 143–168.
猪塚恵美子・猪塚元 (2003)『日本語の音声入門　解説と演習　全面改訂版』(日本語教師トレーニングマニュアル 1) バベル・プレス.
梅田博之 (1985)「韓国人に対する日本語教育と日本人に対する朝鮮語教育」『日本語教育』55, pp. 48–58.
NHK 放送文化研究所 (編) (1998)『NHK 日本語発音アクセント辞典　新版』NHK 出版.
大久保雅子 (2012)「台湾人日本語学習者におけるナ行音・ラ行音・ダ行音の聴取混同」『日本語／日本語教育研究』3, pp. 173–187.
大滝靖司 (2012)「借用語における母音挿入の音韻論的解釈──共時的および通時的観点から」『音韻研究』15, pp. 35–42.
大坪一夫 (1990)「音声教育の問題点」『日本語の音声・音韻　下』(講座　日本語と日本語教育　第 3 巻) 明治書院 pp. 23–46.
小河原義朗 (1993)「外国人の日本語の発音に対する日本人の評価」『東北大学文学部日本語学科論集』3, pp. 1–12.
小河原義朗 (1999)「外国人日本語学習者の日本語発音不安」『言語科学論集』3, pp. 13–24.
小河原義朗・河野俊之 (2009)『日本語教師のための音声教育を考える本』アルク.
沖森卓也 (編) (1989)『日本語史』おうふう.
沖森卓也・木村義之・陳力衛・山本真吾 (2006)『図解　日本語』三省堂.
小熊利江 (2008)『発話リズムと日本語教育』風間書房.
「オンライン日本語アクセント辞典 OJAD」<http://www.gavo.t.u-tokyo.ac.jp/ojad/> 2015 年 6 月 15 日閲覧.
鹿島央 (1995)「初級音声教育再考」『日本語教育』86, pp. 103–115.
鹿島央 (1999)「英語話者の日本語音声」『音声研究』3(3), pp. 43–51.
鹿島央 (2002)『日本語教育をめざす人のための　基礎から学ぶ音声学』スリーエーネットワーク.
春日和男 (編) (1978)『新編国語史概説』有精堂出版.
亀井孝・河野六郎・千野栄一 (編著) (1996)『言語学大辞典　第 6 巻　術語編』三省堂.
川口義一 (1987)「発音指導の一方法」『講座日本語教育』23, pp. 48–63.
河野俊之・串田真知子・築地伸美・松崎寛 (2004)『1 日 10 分の発音練習』くろしお出版.
北原保雄 (監修)・上野善道 (編) (2003)『音声・音韻』(朝倉日本語講座 3) 朝倉書店.

金田一春彦 (監修)・秋永一枝 (編) (2014)『新明解日本語アクセント辞典 第 2 版』三省堂.
窪薗晴夫 (1992)「日本語のモーラ: その役割と特性」『日本語のモーラと音節構造に関する総合研究 (1) 文部省重点領域研究日本語音声 E10 班 研究成果報告書』pp. 48–61.
窪薗晴夫 (1998)『音声学・音韻論』(日英語対照による英語学習シリーズ 1) くろしお出版.
窪薗晴夫 (1999a)『日本語の音声』(現代言語学入門 2) 岩波書店.
窪薗晴夫 (監修)・田中真一・窪薗晴夫 (1999b)『日本語の発音教室——理論と練習』くろしお出版.
窪薗晴夫・本間猛 (2002)『音節とモーラ』(英語学モノグラフシリーズ 15) 研究社.
小泉保 (1993)『日本語教師のための言語学入門』大修館書店.
小泉保 (2003)『改訂 音声学入門』大学書林.
国際交流基金 (2009)『音声を教える』(国際交流基金日本語教授法シリーズ 2) ひつじ書房.
小松寿雄・鈴木英夫 (編) (2011)『新明解 語源辞典』三省堂.
小柳かおる (2004)『日本語教師のための新しい言語習得概論』スリーエーネットワーク.
近藤安月子・小森和子 (編) (2012)『研究社 日本語教育事典』研究社.
斎藤純男 (2006)『日本語音声学入門 改訂版』三省堂.
斎藤純男 (2010)『言語学入門』三省堂.
佐久間淳一・加藤重広・町田健 (2012)『言語学入門——これから始める人のための入門書』研究社.
迫田久美子 (2002)『日本語教育に生かす第二言語習得研究』アルク.
佐々木泰子 (編) (2007)『ベーシック日本語教育』ひつじ書房.
佐藤大和 (1989)「複合語におけるアクセント規則と連濁規則」『日本語の音声・音韻 上』(講座日本語と日本語教育 第 2 巻) 明治書院 pp. 233–265.
城生佰太郎・福盛貴弘・斎藤純男 (編著) (2011)『音声学基本事典』勉誠出版.
白井恭弘 (監修)・大関浩美 (2010)『日本語を教えるための第二言語習得論入門』くろしお出版.
菅原真理子 (編) (2014)『音韻論』(朝倉日英対照言語学シリーズ 3) 朝倉書店.
杉藤美代子 (編) (1989)『日本語の音声・音韻 上』(講座 日本語と日本語教育 第 2 巻) 明治書院.
杉藤美代子 (編) (1989)『日本語の音声・音韻 上』(講座 日本語と日本語教育 第 2 巻) 明治書院.
杉藤美代子 (2012)『日本語のアクセント、英語のアクセント どこがどう違うのか』ひつじ書房.
杉藤美代子 (監修)・国広哲弥・廣瀬肇・河野守夫 (編) (1997)『アクセント・イントネーション・リズムとポーズ』(日本語音声 2) 三省堂.
助川泰彦 (1993)「母語別に見た発音の傾向——アンケート調査の結果から」『日本語音声と日本語教育』文部省重点領域研究「日本語音声における韻律的特徴の実態とその教育に関する総合的研究」pp. 187–222.
高見澤孟 (編) (2004)『新・はじめての日本語教育 基本用語事典』アスク.
高村めぐみ (2011)「ポーズが日本語母語話者の評価に与える影響についての一考察——韓国人日本語学習者のスピーチより」『実験音声学・言語学研究』3, pp. 1–11.
高山倫明 (2012)『日本語音韻史の研究』ひつじ書房.
田中真一 (2008)『リズム・アクセントの「ゆれ」と音韻・形態構造』くろしお出版.
鶴谷千春 (2008)『第二言語としての日本語の発音とリズム』渓水社.
戸田貴子 (2004)『コミュニケーションのための日本語発音レッスン』スリーエーネットワーク.
戸田貴子 (編著) (2008)『日本語教育と音声』くろしお出版.
戸田貴子 (編著) (2012)『シャドーイングで日本語発音レッスン』スリーエーネットワーク.
中川千恵子・中村則子 (2010)『初級文型でできる にほんご発音アクティビティ』アスク.

中田祝夫（編）（1972）『音韻史・文字史』（講座国語史 2）大修館書店.
西端千香子（1993）「閉鎖持続時間を変数とした日本語促音の知覚の研究——日本語母語話者と中国語母語話者の比較」『日本語教育』81, pp. 128–140.
日本語教育学会（編）（2005）『新版 日本語教育事典』大修館書店.
服部四郎（1984）『音声学』岩波書店.
服部義弘（編）（2012）『音声学』（朝倉日英対照言語学シリーズ 2）朝倉書店.
原香織（1993）「いわゆる「尻上がり」イントネーションについて——その音響的特徴と印象の関係」『言語文化研究』11, pp. 61–71.
福盛貴弘（2010）『基礎からの日本語音声学』東京堂出版.
藤崎博也・杉藤美代子（1977）「音声の物理的性質」『音韻』（岩波講座 日本語 5）岩波書店 pp. 63–106.
プラム, ジェフリー K.・ラデュサー, ウィリアム A.（土田滋・福井玲・中川裕訳）（2003）『世界音声記号辞典』三省堂.
古田東朔・築島裕（1972）『国語学史』東京大学出版会.
文化庁「外来語の表記「外来語の表記」に用いる仮名と符号の表」<http://kokugo.bunka.go.jp/kokugo_nihongo/joho/kijun/naikaku/gairai/honbun01.html> 2015 年 6 月 15 日閲覧.
前川喜久雄（1989）「母音の無声化」『日本語の音声・音韻 上』（講座 日本語と日本語教育 第 2 巻）明治書院 pp. 135–153.
町田健（編）・猪塚元・猪塚恵美子（2003）『日本語音声学のしくみ』（シリーズ・日本語のしくみを探る 2）研究社.
松崎寛（1999）「韓国語話者の日本語音声——音声教育研究の観点から」『音声研究』3(3), pp. 26–35.
松崎寛・河野俊之（1998）『よくわかる音声』（日本語教師・分野別マスターシリーズ）アルク.
松森晶子・新田哲夫・木部暢子・中井幸比古（編著）（2012）『日本語アクセント入門』三省堂.
馬渕和夫（1993）『五十音図の話』大修館書店.
三木理（2008）「韓国語を母語とする日本語学習者の「これじゃない」の発話意図とイントネーション——音響分析と聴取に基づく考察」『言葉と文化』9, pp. 321–341.
水谷修（監修）・河野俊之・小河原義朗（編）（2009）『音声』（日本語教育の過去・現在・未来 第 4 巻）凡人社.
皆川泰代・前川喜久雄・桐谷滋（2002）「日本語学習者の長／短母音の同定におけるピッチ型と音節位置の効果」『音声研究』6(2), pp. 88–97.
峯松信明（2015）「日本語音声・テキストコーパス情報処理に基づくオンライン韻律教育インフラの構築」『音声研究』19(1).
閔光準（2007）「韓国人日本語学習者の発話に見られる促音挿入の生起要因」『音声研究』11(1), pp. 58–70.
村崎恭子（1990）「発音指導の方法」『日本語の音声・音韻 下』（講座 日本語と日本語教育 第 3 巻）明治書院 pp. 72–90.
山口仲美（2006）『日本語の歴史』岩波書店.
湯澤質幸・松崎寛（2004）『音声・音韻探究法——日本語音声へのいざない』（シリーズ日本語探究法 3）朝倉書店.
ラディフォギッド, ピーター（竹林滋・牧野武彦訳）（1999）『音声学概説』大修館書店.
ロベルジュ, クロード・木村匡康（1990）『日本語の発音指導——VT 法の理論と実践』凡人社.
Jespersen, Otto (1913) *Lehrbuch der phonetik*. Leipzig: B.G.Teubner.

Trubetzkoy, N.S.（1958/69）*Principles of phonology*. Los Angeles: University of California Press.
Vance, Timothy J.（2008）*The sounds of Japanese*. Cambridge, UK: Cambridge University Press.

第 2 部　語彙

秋元美晴（2010）『日本語教育能力検定試験に合格するための語彙 12』アルク.
荒牧英治・増川佐知子・森田瑞樹・保田祥（2012）「オンライン・コミュニケーション上での平均使用語彙数に関する研究」『第 2 回コーパス日本語学ワークショップ予稿集』pp. 325–328. <https://www.ninjal.ac.jp/event/specialists/project-meeting/files/JCLWorkshop_no2_papers/JCLWorkshop2012_2_39.pdf> 2015 年 6 月 15 日閲覧.
伊東祐郎（2008）『日本語教師のためのテスト作成マニュアル』アルク.
今井むつみ（2013）『ことばの発達の謎を解く』筑摩書房.
今井むつみ・針生悦子（2007）『レキシコンの構築——子どもはどのように語と概念を学んでいくのか』岩波書店.
今井むつみ・針生悦子（2014）『言葉をおぼえるしくみ——母語から外国語まで』筑摩書房.
ヴィトゲンシュタイン, ルートヴィヒ（丘沢静也訳）（2013）『哲学探究』岩波書店.（Wittgenstein, Ludwig（1953/2003）*Philosophische untersuchungen*. Frankfurt: Suhrkamp Verlag.）
上野恵司・魯暁琨（1995）『おぼえておきたい日中同形異義語 300』光生館.
王永全・許昌福・小玉新次郎（編著）（2007）『日中同形異義語辞典』東方書店.
大河内康憲（編）（1992）『日本語と中国語の対照研究論文集　上』くろしお出版.
大河内康憲（編）（1992）『日本語と中国語の対照研究論文集　下』くろしお出版.
大関浩美（2010）『日本語を教えるための第二言語習得論入門』くろしお出版.
大堀壽夫（2002）『認知言語学』東京大学出版会.
沖森卓也・木村義之・田中牧郎・陳力衛・前田直子（2011）『図解　日本の語彙』三省堂.
沖森卓也・木村義之・陳力衛・山本真吾（2006）『図解　日本語』三省堂.
沖森卓也・笹原宏之・常盤智子・山本真吾（2011）『図解　日本の文字』三省堂.
小野正弘（編）（2007）『日本語オノマトペ辞典——擬音語・擬態語 4500』小学館.
海保博之・柏崎秀子（編著）（2002）『日本語教育のための心理学』新曜社.
影山太郎（1996）『動詞意味論——言語と認知の接点』（日英語対照研究シリーズ 5）くろしお出版.
影山太郎（1999）『形態論と意味』（日英語対照による英語学演習シリーズ 2）くろしお出版.
影山太郎（編）（2001）『日英対照　動詞の意味と構文』大修館書店.
風間喜代三・上野善道・松村一登・町田健（2004）『言語学　第 2 版』東京大学出版会.
加納千恵子（2010）「コラム 3　漢字力の評価法——知識と運用力の評価」『日本語教師のための実践・漢字指導』くろしお出版 pp. 180–183.
加納千恵子・大神智春・清水百合・郭俊海・石井奈保美・谷部弘子・石井恵理子（2011）『漢字教材を作る』（日本語教育叢書 つくる）スリーエーネットワーク.
亀田尚己・青柳由紀江・クリスチャンセン, J.M.（2014）『和製英語事典』丸善出版.
川本茂雄・國廣哲彌・林大（1979）『意味・語彙』（日本の言語学　第 5 巻）大修館書店.
國廣哲彌（1982）『意味論の方法』大修館書店.
国広哲弥（1997）『理想の国語辞典』大修館書店.
窪薗晴夫（1995）『語形成と音韻構造』（日英語対照研究シリーズ 3）くろしお出版.
窪薗晴夫（1999）『日本語の音声』（現代言語学入門 2）岩波書店.
窪薗晴夫（2002）『新語はこうして作られる』（もっと知りたい！日本語）岩波書店.

小池生夫（編）(2003)『応用言語学事典』研究社.
国際交流基金 (2011)『文字・語彙を教える』(国際交流基金日本語教授法シリーズ 3) ひつじ書房.
国際交流基金・日本国際教育協会（編著）(2002)『日本語能力試験出題基準 改訂版』凡人社.
国立国語研究所（編）(1976)『現代新聞の漢字』秀英出版.
国立国語研究所 (1984)『日本語教育のための基本語彙調査』秀英出版.
国立国語研究所 (1984)『語彙の研究と教育 上』(日本語教育指導参考書 12) 大蔵省印刷局.
国立国語研究所 (1985)『語彙の研究と教育 下』(日本語教育指導参考書 13) 大蔵省印刷局.
国立国語研究所（編）(2000)『言葉に関する問答集 言葉の使い分け』(新「ことば」シリーズ 12) 財務省印刷局.
国立国語研究所（編）(2004)『分類語彙表 増補改訂版』大日本図書.
国立国語研究所「外来語」委員会（編）(2006)『分かりやすく伝える 外来語言い換え手引き』ぎょうせい.
国立国語研究所・西尾寅弥 (1972)『形容詞の意味・用法の記述的研究』秀英出版.
小柳かおる (2012)『改訂版 日本語教師のための新しい言語習得概論』スリーエーネットワーク.
近藤安月子・小森和子（編）(2012)『研究社 日本語教育事典』研究社.
斎藤倫明（編）(2002)『語彙・意味』(朝倉日本語講座 4) 朝倉書店.
阪本一郎 (1955)『読みと作文の心理』牧書店.
佐藤信夫 (1992)『レトリック認識』講談社.
鈴木孝夫 (1973)『ことばと文化』岩波書店.
田中章夫 (1999)『日本語の位相と位相差』明治書院.
谷口一美 (2006)『学びのエクササイズ 認知言語学』ひつじ書房.
玉村文郎（編）(1989)『日本語の語彙・意味 上』(講座 日本語と日本語教育 第 6 巻) 明治書院.
玉村文郎（編）(1990)『日本語の語彙・意味 下』(講座 日本語と日本語教育 第 7 巻) 明治書院.
田守育啓 (2002)『オノマトペ 擬音・擬態語をたのしむ』(もっと知りたい！日本語) 岩波書店.
田守育啓・スコウラップ, ローレンス (1999)『オノマトペ――形態と意味』(日英語対照研究シリーズ 6) くろしお出版.
張淑栄 (1987)『中日漢語対比辞典』ゆまに書房.
張麟声 (2001)『日本語教育のための誤用分析――中国語話者の母語干渉 20 例』スリーエーネットワーク.
辻幸夫（編）(2013)『新編 認知言語学キーワード事典』研究社.
東京外国語大学留学生日本語教育センター グループ KANAME（編著）(2007)『複合助詞がこれでわかる』ひつじ書房.
中森誉之 (2013)『外国語はどこに記憶されるのか――学びのための言語学応用論』開拓社.
仁田義雄 (1998)「日本語文法における形容詞」『月刊言語』27(3), pp. 26–35.
日本語記述文法研究会（編）(2003)『現代日本語文法 4 第 8 部 モダリティ』くろしお出版.
日本語記述文法研究会（編）(2010)『現代日本語文法 1 第 1 部 総論 第 2 部 形態論』くろしお出版.
日本語教育学会（編）(2005)『新版 日本語教育事典』大修館書店.
野口裕之・大隅敦子 (2014)『テスティングの基礎理論』研究社.
濱川祐紀代（編著）(2010)『日本語教師のための 実践・漢字指導』くろしお出版.
林四郎 (1971)「語彙調査と基本語彙」『国立国語研究所報告 39 電子計算機による国語研究 III』pp. 1–35.
春遍雀来 (2001)『Kodansha's Kanji Learner's Dictionary 講談社漢英学習字典 新装版』講談社イン

ターナショナル.
姫野昌子（1999）『複合動詞の構造と意味用法』ひつじ書房.
姫野昌子（監修）（2012）『研究社 日本語コロケーション辞典』研究社.
文化庁（1978）『中国語と対応する漢語』大蔵省印刷局.
文化庁（1983）『漢字音読語の日中対応』大蔵省印刷局.
文化庁（編）（2011）『新訂 公用文の書き表し方の基準 資料集』第一法規.
松本曜（編）（2003）『認知意味論』（シリーズ認知言語学入門 第 3 巻）大修館書店.
宮島達夫（1977）「単語の文体的特徴」松村明教授還暦記念会（編）『村松明教授還暦記念 国語学と国語史』明治書院 pp. 871–903.
村上京子・加納千恵子・衣川隆生・小林典子・酒井たか子（2013）『テストを作る』（日本語教育叢書 つくる）スリーエーネットワーク.
村木新次郎（1998）「名詞と形容詞の境界」『月刊言語』27(3), pp. 44–49.
村木新次郎（2012）『日本語の品詞体系とその周辺』ひつじ書房.
望月正道・相澤一美・投野由紀夫（2003）『英語語彙の指導マニュアル』大修館書店.
籾山洋介（2002）『認知意味論のしくみ』（シリーズ・日本語のしくみを探る 5）研究社.
籾山洋介（2009）『日本語表現で学ぶ 入門からの認知言語学』研究社.
籾山洋介（2014）『日本語研究のための認知言語学』研究社.
森敏昭（編著）・21 世紀の認知心理学を創る会（2001）『おもしろ言語のラボラトリー』（認知心理学を語る 第 2 巻）北大路書房.
森岡健二（1951）「義務教育終了者に対する語彙調査の試み」『国立国語研究所年報』2, pp. 95–107.
森田良行（1989）『基礎日本語辞典』角川学芸出版.
森山新（編著）（2012）『日本語多義語学習辞典 動詞編』アルク.
文部科学省（2011）『小学校学習指導要領 別表 学年別漢字配当表』<http://www.mext.go.jp/a_menu/shotou/new-cs/youryou/syo/koku/001.htm> 2015 年 6 月 15 日閲覧.
八亀裕美（2008）『日本語形容詞の記述的研究――類型論的視点から』明治書院.
吉岡ちさと（2004）「日本語の母音における音象徴の研究」『言語文化と日本語教育』27, pp. 116–128.
李在鎬・石川慎一郎・砂川有里子（2012）『日本語教育のためのコーパス調査入門』くろしお出版.
Aitchison, Jean (2012) *Words in the mind: An introduction to the mental lexicon* (4th ed.). Oxford, UK: Wiley-Blackwell.
Bachman, Lyle & Adrian Palmer (1996) *Language testing in practice: Designing and developing useful language tests*. Oxford, UK: Oxford University Press.（バックマン, L.・パーマー, A.（大友賢二・ランドルフ・スラッシャー監訳）（2000）『実践 言語テスト作成法』大修館書店.）
Brown, James Dean (1996) *Testing in language programs*. Upper Saddle River, NJ: Prentice-Hall.（ブラウン, J.D.（和田稔訳）（1999）『言語テストの基礎知識――正しい問題作成・評価のために』大修館書店.）
Craik, Fergus Ian Muirden & Endel Tulving (1975) Depth of processing and the retention of words in episodic memory. *Journal of experimental psychology: General*, 104(3), pp. 268–294.
Craik, Fergus Ian Muirden & Robert Lockhart (1972) Levels of processing: A framework for memory research. *Journal of verbal learning and verbal behavior*, 11(6), pp. 671–684.
Cruse, Alan (1986) *Lexical semantics*. Cambridge, UK: Cambridge University Press.
Lakoff, George (1987) *Women, fire, and dangerous things*. Chicago: The University of Chicago Press.（レイコフ, ジョージ（池上嘉彦・河上誓作・辻幸夫・西村義樹・坪井栄治郎・梅原大輔・大森文

子・岡田禎之訳）（1993）『認知意味論――言語から見た人間の心』紀伊國屋書店.）
Laufer, Batia（1997）What's in a word that makes it hard or easy: some intralexical factors that affect the learning of words. In Schmitt, Norbert & Michael McCarthy（eds.）*Vocabulary: Description, acquisition and pedagogy*. Cambridge, UK: Cambridge University Press.
Nassaji, Hossein（2004）The relationship between depth of vocabulary knowledge and L2 learners' lexical inferencing strategy use and success. *The Canadian modern language review*, 61(1), pp. 107–134.
Nation, Paul（2001）*Learning vocabulary in another language*. Cambridge, UK: Cambridge University Press.（ネーション, I.S.P.（吉田晴世・三根浩訳）（2005）『英語教師のためのボキャブラリー・ラーニング』松柏社.）
Read, John（2000）*Assessing vocabulary*. Cambridge, UK: Cambridge University Press.
Rosch, Eleanor & Carolyn Mervis（1975）Family resemblances: Studies in the internal structure of categories. *Cognitive psychology*, 8, pp. 382–439.
Sapir, Edward（1929）A study in phonetic symbolism. *Journal of experimental psychology*, 12(3), pp. 225–239.
Taylor, John R.（2010）*Linguistic categorization: Prototypes in linguistic theory*（3rd ed.）Oxford, UK: Oxford University Press.
Wesche, Marjorie Bingham & Tehereh Sima Paribakht（2009）*Lexical inferencing in a first and second language: Cross-linguistic dimensions*. Bristol, UK: Multilingual Matters.

コーパスに関する URL（2015 年 6 月 15 日現在）
『現代日本語書き言葉均衡コーパス 少納言』<http://www.kotonoha.gr.jp/shonagon/>
『NINJAL-LWP for BCCWJ』<http://nlb.ninjal.ac.jp/>

第3部 文法

天野みどり（2008）『学びのエクササイズ 日本語文法』ひつじ書房.
安藤節子・小川誉子美（2001）『自動詞・他動詞、使役、受身――ボイス』（日本語文法演習 上級）スリーエーネットワーク.
庵功雄（2012）『新しい日本語学入門 ことばのしくみを考える 第2版』スリーエーネットワーク.
庵功雄・三枝令子（2013）『まとまりを作る表現――指示詞、接続詞、のだ・わけだ・からだ』（日本語文法演習 上級）スリーエーネットワーク.
庵功雄・清水佳子（2003）『時間を表す表現――テンス・アスペクト』（日本語文法演習 上級）スリーエーネットワーク.
庵功雄・日高水穂・前田直子・山田敏弘・大和シゲミ（2003）『やさしい日本語のしくみ』くろしお出版.
池上嘉彦（1981）『「する」と「なる」の言語学――言語と文化のタイポロジーへの試論』大修館書店.
池上嘉彦・守屋三千代（編著）（2009）『自然な日本語を教えるために――認知言語学をふまえて』ひつじ書房.
小川誉子美・三枝令子（2004）『ことがらの関係を表す表現――複文』（日本語文法演習 上級）スリーエーネットワーク.
小川誉子美・前田直子（2003）『敬語を中心とした対人関係の表現――待遇表現』（日本語文法演習 上級）スリーエーネットワーク.

生越直樹（1997）「朝鮮語と日本語の過去形の使い方について——結果状態形との関連を中心に」国立国語研究所（編）『日本語と朝鮮語 下巻』（日本語と外国語との対照研究 4）くろしお出版．
加藤重弘（2006）『日本語文法 入門ハンドブック』研究社．
蒲谷宏・川口義一・坂本惠（1998）『敬語表現』大修館書店．
蒲谷宏・川口義一・坂本惠・清ルミ・内海美也子（2006）『敬語表現教育の方法』大修館書店．
神尾昭雄（1990）『情報のなわ張り理論——言語の機能的分析』大修館書店．
菊地康人（1997）『敬語』講談社．
金水敏・工藤真由美・沼田善子（2000）『時・否定と取り立て』（日本語の文法 2）岩波書店．
金田一春彦（編）（1976）『日本語動詞のアスペクト』むぎ書房．
工藤真由美（1995）『アスペクト・テンス体系とテクスト——現代日本語の時間の表現』ひつじ書房．
久野暲（1973）『日本文法研究』大修館書店．
久野暲（1978）『談話の文法』大修館書店．
小泉保（編）（2001）『入門 語用論研究——理論と応用』研究社．
国語審議会（第 22 期）答申（2000）「現代社会における敬意表現」<http://www.mext.go.jp/b_menu/shingi/old_bunka/kokugo_index/toushin/1325322.htm> 2015 年 6 月 15 日閲覧．
国際交流基金（2010）『文法を教える』（国際交流基金日本語教授法シリーズ 4）ひつじ書房．
国立国語研究所（1985）『現代日本語動詞のアスペクトとテンス』秀英出版．
国立国語研究所（2006）『言語行動における「配慮」の諸相』くろしお出版．
小松英雄（2013）『日本語はなぜ変化するか 新装版』笠間書院．
近藤安月子（2008）『日本語学入門』研究社．
近藤安月子・小森和子（編）（2012）『研究社 日本語教育事典』研究社．
近藤安月子・姫野伴子（編）（2012）『日本語文法の論点 43——「日本語らしさ」のナゾが氷解する』研究社．
三枝令子・中西久実子（2003）『話し手の気持ちを表す表現——モダリティ・終助詞』（日本語文法演習 上級）スリーエーネットワーク．
柴谷方良（1981）「主語プロトタイプ論」『日本語学』4(10), pp. 4–16．
白川博之（監修）・庵功雄・高梨信乃・中西久実子・山田敏弘（2001）『中上級を教える人のための日本語文法ハンドブック』スリーエーネットワーク．
新屋映子・陳淑梅・姫野伴子・守屋三千代（2003–2004）「「配慮表現」からみた日本語」『月刊日本語』16(4)–17(3)．
新屋映子・姫野伴子・守屋三千代（1999）『日本語教科書の落とし穴』アルク．
須賀一好・早津恵美子（編）（1995）『動詞の自他』（日本語研究資料集 第 1 期第 8 巻）ひつじ書房．
砂川有里子（1986）『する・した・している』（日本語文法セルフ・マスターシリーズ 2）くろしお出版．
第 1 期国語審議会（1952）「これからの敬語」（建議）<http://kokugo.bunka.go.jp/kokugo_nihongo/joho/kakuki/01/tosin06/index.html> 2015 年 6 月 15 日閲覧．
高梨信乃（2010）『評価のモダリティ——現代日本語における記述的研究』くろしお出版．
高橋太郎ほか（2005）『日本語の文法』ひつじ書房．
滝浦真人（2008）『ポライトネス入門』研究社．
田野村忠温（2002）『現代日本語の文法 I——「のだ」の意味と用法』和泉書院．
寺村秀夫（1978）『日本語の文法 上』大蔵省印刷局．

寺村秀夫（1981）『日本語の文法 下』大蔵省印刷局.
寺村秀夫（1982）『日本語のシンタクスと意味I』くろしお出版.
寺村秀夫（1984）『日本語のシンタクスと意味II』くろしお出版.
寺村秀夫（1993）『寺村秀夫論文集I』くろしお出版.
寺村秀夫・鈴木泰・野田尚史・矢澤真人（編）（1987）『ケーススタディ 日本文法』おうふう.
ドルヌ，F・小林康夫（2005）『日本語の森を歩いて――フランス語から見た日本語学』講談社.
中西久実子・庵功雄（2010）『助詞――「は」と「が」、複合格助詞、とりたて助詞など』（日本語文法演習 上級）スリーエーネットワーク.
名嶋義直（2007）『ノダの意味・機能――関連性理論の観点から』くろしお出版.
仁田義雄（編）（1991）『日本語のヴォイスと他動性』くろしお出版.
仁田義雄（1991）『日本語のモダリティと人称』ひつじ書房.
仁田義雄（1997）『日本語文法研究序説――日本語の記述文法を目指して』くろしお出版.
仁田義雄・益岡隆志（編）（1989）『日本語のモダリティ』くろしお出版.
日本語記述文法研究会（編）（2003）『現代日本語文法4 第8部 モダリティ』くろしお出版.
日本語記述文法研究会（編）（2007）『現代日本語文法3 第5部 アスペクト 第6部 テンス 第7部 肯否』くろしお出版.
日本語記述文法研究会（編）（2008）『現代日本語文法5 第9部 とりたて 第10部 主題』くろしお出版.
日本語記述文法研究会（編）（2008）『現代日本語文法6 第11部 複文』くろしお出版.
日本語記述文法研究会（編）（2009）『現代日本語文法2 第3部 格と構文 第4部 ヴォイス』くろしお出版.
日本語記述文法研究会（編）（2009）『現代日本語文法7 第12部 談話 第13部 待遇表現』くろしお出版.
日本語記述文法研究会（編）（2010）『現代日本語文法1 第1部 総論 第2部 形態論』くろしお出版.
日本語教育学会（編）（2005）『新版 日本語教育事典』大修館書店.
日本語文法学会（編）（2005）『日本語文法5巻2号 特集ヴォイスの射程と本質』くろしお出版.
日本語文法学会（編）（2014）『日本語文法事典』大修館書店.
沼田善子（1999）「授受動詞文と対人認知」『日本語学』18（9），pp. 46–54.
野田春美（1997）『「の（だ）」の機能』くろしお出版.
野田春美（2004）「否定ていねい形「ません」と「ないです」の使用に関わる要因――用例調査と若年層アンケート調査に基づいて」『計量国語学』24（5），pp. 228–244.
野田尚史（1985）『はとが』（日本語文法セルフ・マスターシリーズ1）くろしお出版.
野田尚史（1991）『はじめての人の日本語文法』（はじめての人シリーズ）くろしお出版.
野田尚史（1996）『「は」と「が」』（新日本語文法選書1）くろしお出版.
野田尚史（編）（2005）『コミュニケーションのための日本語教育文法』くろしお出版.
野田尚史・高山善行・小林隆（編）（2014）『日本語の配慮表現の多様性――歴史的変化と地理的・社会的変異』くろしお出版.
野田尚史・迫田久美子・渋谷勝己・小林典子（2001）『日本語学習者の文法習得』大修館書店.
蓮沼昭子・有田節子・前田直子（2001）『条件表現』（日本語文法セルフ・マスターシリーズ7）くろしお出版.
原沢伊都夫（2010）『考えて、解いて、学ぶ 日本語教育の文法』スリーエーネットワーク.
文化審議会答申（2007）「敬語の指針」<http://www.bunka.go.jp/seisaku/bunkashingikai/sokai/sokai_6/

pdf/keigo_tousin.pdf> 2015 年 6 月 15 日閲覧.
堀口純子（1987）「『〜テクレル』と『〜テモラウ』の互換性とムード的意味」『日本語学』6(4), pp. 59–72.
前田直子（2009）『日本語の複文——条件文と原因・理由文の記述的研究』くろしお出版.
益岡隆志（1987）『命題の文法——日本語文法序説』くろしお出版.
益岡隆志（1991）『モダリティの文法』くろしお出版.
益岡隆志（1997）『複文』（新日本語文法選書 2）くろしお出版.
益岡隆志（2001）「日本語における授受動詞と恩恵性」『月刊言語』30 (5), pp. 26–32.
益岡隆志（2007）『日本語モダリティ探求』くろしお出版.
益岡隆志・田窪行則（1987）『格助詞』（日本語文法セルフ・マスターシリーズ 3）くろしお出版.
益岡隆志・田窪行則（1992）『基礎日本語文法 改訂版』くろしお出版.
益岡隆志・野田尚史・沼田善子（編）（1995）『日本語の主題と取り立て』くろしお出版.
町田健（編）・井上優（2002）『日本語文法のしくみ』（日本語のしくみを探る 1）研究社.
松岡弘（監修）・庵功雄・高梨信乃・中西久実子・山田敏弘（2000）『初級を教える人のための日本語文法ハンドブック』スリーエーネットワーク.
三上章（1960）『象は鼻が長い——日本文法入門』くろしお出版.
水谷信子（1980）「外国語の修得とコミュニケーション」『言語生活』344, pp. 28–36.
南不二男（1974）『現代日本語の構造』大修館書店.
南不二男（1987）『敬語』岩波新書.
三宅和子・野田尚史・生越直樹（編）（2012）『「配慮」はどのように示されるか』ひつじ書房.
宮崎和人・安達太郎・野田春美・高梨信乃（2002）『モダリティ』（新日本語文法選書 4）くろしお出版.
宮地裕（編）（2010）『日本語と日本語教育のための日本語学入門』明治書院.
宮島達夫・仁田義雄（編）（1995）『日本語類義表現の文法 上』くろしお出版.
宮島達夫・仁田義雄（編）（1995）『日本語類義表現の文法 下』くろしお出版.
村木新次郎（2012）『日本語の品詞体系とその周辺』ひつじ書房.
森篤嗣・庵功雄（編）（2011）『日本語教育文法のための多様なアプローチ』ひつじ書房.
森山卓郎（2000）『ここからはじまる日本語文法』ひつじ書房.
森山卓郎・仁田義雄・工藤浩（2000）『モダリティ』（日本語の文法 3）岩波書店.
山岡政紀・牧原功・小野正樹（2010）『コミュニケーションと配慮表現——日本語語用論入門』明治書院.
山田敏弘（2004）『日本語のベネファクティブ——「てやる」「てくれる」「てもらう」の文法』明治書院.
山田敏弘（2009）『日本語のしくみ』白水社.
山梨正明（1986）『発話行為』大修館書店.
Brown, Penelope & Stephen C. Levinson (1987) *Politeness: Some universals in language usage.* Cambridge, UK: Cambridge University Press. (ブラウン, ペネロピ・レヴィンソン, スティーヴン C. (田中典子監訳) (2011)『ポライトネス——言語使用における、ある普遍現象』研究社.)
Leech, Geoffrey N. (1983) *Principles of pragmatics.* London: Longman. (リーチ, ジェフリー N. (池上嘉彦・河上誓作訳) (1987)『語用論』紀伊國屋書店.)
Searle, John R. (1969) *Speech acts: An essay in the philosophy of language.* Cambridge, UK: Cambridge University Press. (サール, ジョン R. (坂本百大・土屋俊訳) (1986)『言語行為——言語哲学への試論』勁草書房.)

Searle, John R. (1979) *Expression and meaning: Studies in the theory of speech acts.* Cambridge, UK: Cambridge University Press. (サール, ジョン R. (山田友幸監訳) (2006) 『表現と意味——言語行為論研究』誠信書房.)

索　　引

◎ページは、語の定義や意味が記されている箇所のみを挙げている。

〔あ行〕

アクセシビリティー　117
アクセント　46
アクセント核　49
アクセントの滝　49
アスピレーション　7
アスペクト　168
頭高型　49
異音　21
イ音便　35
イ形容詞　139
意志　191
意志動詞　111
意志文　142
位相　93
位相語　93
一段動詞　155
一定間隔法　119
移動動詞　111, 181
意図的語彙学習　127
意符　88
意味推測　130
意味成分　98
意味素性　98
意味特徴　98
意味の透明性　78
意味の漂白化　108
隠語　94
咽頭　4
咽頭壁　4
イントネーション　54
隠喩　103
引用節　143

ヴィトゲンシュタイン　104
ヴォイス　172
ウ音便　35
受身　174
後舌　4
後舌母音　10
内の関係　142
絵カード　97
円唇後舌中母音　10
円唇母音　10
送り仮名　87
尾高型　49
踊り字　79
オノマトペ　112
音位転換　37
音位転倒　37
音韻論　20
音響音声学　3
恩恵　186
音象徴　113
音象徴語　113
音声学　3, 20
音声器官　4
音節　38
音節言語　39
音節文字　83
音節リズム　44
音素　20
音素文字　83
音便　35
音符　88
音読み　86

〔か行〕

「が」　152
会意　87
開音節　38
下位語　100
外国人なまり　62
解説　151
階層関係　100
外来語　91
書き言葉コーパス　105
ガ行鼻音　32
ガ行鼻濁音　32
格　145
学習　138
学習ストラテジー　128
学習方略　128
格助詞　145
拡大五十音図　24
学年別漢字配当表　85
過去　165
仮借　88
下唇　4
家族的類似性　104
価値判断のモダリティ　194
学校文法　138, 154
カテゴリー　100
カテゴリー化　133
可能　178
カバー率　74
簡易表記　9
漢音　86
感覚形容詞　109
漢語　91
漢字音　86
漢字圏学習者　86
漢字圏日本語学習者　86
漢字熟語　91
感情・感覚形容詞　109
感情形容詞　109
感情動詞　111

間接受身　176
間接発話行為　202
完全同化　29
簡体字　86
換喩　103
勧誘　191
勧誘文　142
慣用句　101
関連性　103
関連づけのモダリティ　192, 195
キーワード法　128
気音　7
擬音語　111
気管　4
聞こえ度　39
「聞こえる」　179
基数詞　108
擬声語　111
擬態語　111
機能語　98
義符　88
起伏式　49
基本義　102
基本語彙　73
疑問　190
疑問節　143
疑問文　141
脚　42
逆行同化　29
吸気　6
旧情報　151
教育漢字　85
境界表示機能　49
業界用語　94
競合的　204
強勢　47
強勢アクセント　47
強勢リズム　43
強調　58
共通語　48

索引　233

許慎　88
禁止文　142
空所補充　118
偶発的語彙学習　127
屈折接辞　75
句頭イントネーション　57
クローズテスト　119
訓読み　86
訓令式　83
敬語　199
形式名詞　108
形声　88
継続動詞　111
敬体　195
形態素　75
形態論　137
形容詞　109, 139
形容詞文　141
結果副詞　111
決定権者　202
言語随伴行動　206
現在進行　168
謙譲語　199
謙譲語Ⅰ　200
謙譲語Ⅱ　200
「現代社会における敬意表現」　206
現代日本語書き言葉均衡コーパス　105
語　72, 74
語彙　74
語彙学習　127
語彙サイズ　116
語彙知識の質的側面　116
語彙知識の量的側面　116
語彙的複合動詞　78
語彙テスト　117
語彙レベルテスト　120
行為系　191
行為拘束型　202
行為指示型　202
行為者　174, 202

行為要求　191
行為要求文　142
口音　5
口蓋化　12
口蓋垂　4
口蓋垂鼻音　17
口蓋帆　4
『康熙字典』　88
口腔　4
硬口蓋　4
硬口蓋歯茎　4
硬口蓋接近音　16
口腔断面図　4
恒常的真実　164
合成　80
合成語　76
構造シラバス　138
拘束形態素　75
高低アクセント　46
肯定文　141
喉頭　4
喉頭蓋　4
肯否　155
後部歯茎　4
構文論　137
項目分析　122
呼応の副詞　111
コーパス　105
コーラス　64
呉音　86
語幹　154
呼気　6
国際音声記号　9
国際音声字母　9
語種　91
呼称　95
五段動詞　155
固定アクセント　48
異なり語数　91
言葉の性差　93

語の形式　97
語の出自　91
語尾　154
コピュラ　159
固有語　91
固有名詞　108
語用論　137, 201
コロケーション　101
混淆　80
混交　80
混種語　91
懇親的　204
混成　80
困難度　122

〔さ行〕
最小対　20
産出　115
産出語彙　115
産出的語彙知識　115
恣意性　113
恣意的　113
子音　9
子音動詞　155
使役　177
字音　86
字義通りの意味　101
識別力　122
歯茎　4
歯茎硬口蓋　4
歯茎硬口蓋鼻音　14
歯茎弾き音　16
歯茎鼻音　14
指事　87
自称詞　95
辞書的意味　97
時制　163
時制の一致　167
舌先　4
自他同形　173

視点　185
自動詞　172
自発　179
借用　80
借用語　91
シャドーイング　64
自由アクセント　48
自由異音　21
習慣　164
自由形態素　75
従属節　142
従属節のテンス　165
習得　138
重箱読み　87
周辺義　102
受益　186
受益者　202
熟字訓　87
縮約　80
縮約形　32
主語　147
主語の人称制限　109
授受動詞　184
授受動詞の補助動詞用法　186
主節　142
主題　151
受容　115
受容語彙　115
受容的語彙知識　115
瞬間動詞　111
順行同化　29
上位語　100
情意表出文　191
象形　87
条件異音　21
条件節　143
畳語　77
使用語彙　72
昇降調　57
上歯　4

上昇調　58
上唇　4
常体　195
状態動詞　163
情態副詞　111
状態副詞　111
使用頻度　73, 125
情報系　190
情報構造　152
情報の焦点　152
常用漢字　85
省略　80
食道　4
叙述　190
助数詞　77, 108
序数詞　108
処理水準説　129
シラバス　138
シラビーム方言　42
尻上がりイントネーション　57
自立拍　25
自立モーラ　41
唇音退化　34
真偽判断のモダリティ　192
親近性　125
進行同化　29
新情報　152
親族名称　95
身体語彙　101
心的辞書　129
心内辞書　129
親密度　125
遂行動詞　164
数詞　108
数量詞　108
ストレス　47
ストレスアクセント　47
ストレスリズム　43
スピーチレベルシフト　196
「する」的な言語　173

清音　25
声帯　4
声帯振動　6
正中断面図　4
声調　47
声道　4
声道断面図　4
正答率　122
正の転移　62
成分分析　98
精密表記　9
声門　4
節　142
舌　4
接近音　16
舌根　4
接辞　75
舌尖　4
絶対敬語　201
絶対テンス　168
舌端　4
接頭辞　75
接尾辞　75
説明のモダリティ　192, 195
狭母音　10
線条性　2
前進同化　29
相　168
総記　152
相互同化　29
造語法　80
造語力　125
相対敬語　201
相対テンス　168
相補的な関係　99
相補分布　21
促音　23
促音化　33
促音便　35
俗語　94

属性形容詞　109
遡行同化　29
素材敬語　200
外の関係　142
尊敬語　199

〔た行〕
態　172
第一言語の語彙習得　133
帯気　7
対義語　99
大規模客観テスト　117
待遇表現　199
ダイクシス　98
退行同化　29
対事モダリティ　192
対者敬語　200
対称詞　95
対人モダリティ　192, 195
第二言語の語彙習得　125
対比　152
ダウンステップ　56
高母音　10
多義語　102
濁音　25
濁点　25
夕形　156, 163
夕形のテンス　165
だ・である体　195
他動詞　172
多読　129
単音　9
単語　75
単純語　76
単文　142
談話　137
談話文法　137
チェックリスト方式　120
着脱動詞　111
中心義　102

中立叙述　152
調音　6
長音　24
調音音声学　3
調音器官　4
調音点　11
調音法　11
聴覚音声学　3
重複語　77
長母音の短母音化　32
直音　25
直示表現　98
直接受身　174
直接法　128
直喩　103
陳述副詞　111
通過率　122
「で」　147, 148
「てあげる」　188
「てある」　174
ティーチャー・トーク　68
提題助詞　151
丁重語　200
程度副詞　111
丁寧語　199
丁寧さ　195
丁寧体　195
「ている」　168, 174
適格文　137
適切性条件　201
テクスト　137
テクスト文法　137
「てくれる」　186
テ形　156
です・ます体　195
「てもらう」　187
転移　62
転音　31
テンス　155, 163
転成　80

伝達態度　197
転注　88
「と」　149, 150
「と一緒に」　150
同位語　100
等位節　143
唐音　86
同音異義語　102
同化　29
東京方言　46
同形語　89
統語機能　49
統語的複合動詞　78
統語論　137
動作者　174
動作動詞　169
動詞　110, 139
動詞文　141
動態動詞　163
トーン　47
特殊拍　22
特殊拍音素　22
特殊モーラ　41
特別丁寧体　195
独立形態素　75
読解ストラテジー　130
読解方略　130
取り立て助詞　151

〔な行〕
内容語　98
中舌　4
中高型　49
中母音　10
ナ形容詞　140
「なる」的な言語　173
軟口蓋　4
軟口蓋接近音　17
軟口蓋鼻音　12
「に」　147, 148, 149

二重敬語　200
二重母音　11
日本語教育のための基本語彙調査　74
日本語教育文法　138, 155
日本語能力試験　72
認識のモダリティ　192
ネガティブ・フェイス　205
ネガティブ・ポライトネス　205
能動文　174
延べ語数　91

〔は行〕
「は」　152
排反関係　99
ハ行転呼　34
拍　40
拍感覚　40
破擦音　13
弾き音　16
派生義　102
派生語　77
派生接辞　75
撥音　22
撥音化　33
撥音便　35
発声　6
発話　201
発話行為　201
発話速度　60
春遍雀来　88
破裂音　12
反意語　99
反義語　99
半狭母音　10
反対語　99
繁体字　86
半濁音　25
半濁点　25
半広母音　10
半母音　16

索引

非円唇後舌狭母音　10
非円唇（後舌）広母音　10
非円唇母音　10
非円唇前舌狭母音　10
非円唇前舌中母音　10
鼻音　5
被害受身　176
美化語　199
非過去形　164
非漢字圏学習者　86
非漢字圏日本語学習者　86
低母音　10
非言語行動　206
鼻腔　4
非上昇調　58
非対話的　190
鼻濁音　32
必須補語　147
ピッチアクセント　46
ピッチ曲線　54
否定文　141
被動者　174
一つ仮名　35
非文　137
鼻母音　5
百科事典的知識　98
比喩　102
表意文字　83
表音文字　83
評価のモダリティ　194
表現類型のモダリティ　190
表語文字　83
広母音　10
品詞　139
頻度副詞　111
フィラー　60
複合形容詞　77
複合語　77
複合助詞　79
複合動詞　78

複合名詞　77
副詞　111
副詞節　143
副次補語　147
複文　142
部首　88
付随的語彙学習　127
二つ仮名　35
普通体　195
普通拍　25
普通名詞　108
フット　42
不適格文　137
不適切文　138
負の転移　62
部分同化　29
プロソディー・シャドーイング　64
プロトタイプ　103
プロミネンス　58
文　136
文型　138, 147
文章　137
文体　155, 195
文体的特徴　94
文文法　137
文法　136
文法化　108
文法シラバス　138
文末イントネーション　58
『分類語彙表』　107
「へ」　148
閉音節　38
閉鎖音　12
平叙文　141
平板型　49
への字型イントネーション　56
ヘボン式　83
変化動詞　169
変化の結果の存続　169
変則間隔法　119

弁別機能　49
弁別素性　20
弁別的特徴　20
弁別力　122
母音　9
母音挿入　28
母音動詞　155
母音の無声化　30
方言　94
包摂関係　100
ポーズ　60
補語　147
ポジティブ・フェイス　205
ポジティブ・ポライトネス　205
補助記号　12
補助動詞　181
ポライトネス　205
本数詞　108
本動詞　181
本来語　91

〔ま行〕
前舌　4
前舌母音　10
摩擦音　13
交ぜ書き　86
「見える」　179
未知語　130
未知語の意味推測　130
三つ仮名　35
ミニマルペア　20
無意志動詞　111
無気音　7
無声音　6
無声硬口蓋摩擦音　15
無声歯茎硬口蓋破擦音　14
無声歯茎硬口蓋摩擦音　13
無声歯茎破擦音　14
無声歯茎破裂音　14
無声歯茎摩擦音　13

無声声門摩擦音　15
無声軟口蓋破裂音　12
無声両唇破裂音　15
無声両唇摩擦音　15
無対自動詞　173
無対他動詞　173
名詞　140
名詞修飾節　142
名詞節　142
名詞文　141
命題　190
命令文　142
迷惑受身　176
メタファー　103
メトニミー　103
メンタルレキシコン　129
モーラ　40
モーラ言語　39
モーラの等時性　40
モーラリズム　44
文字　83
文字通りの意味　101
モダリティ　190
持ち主の受身　176

〔や行〕
有縁性　113
有気音　7
有契性　113
有声音　6
有声歯茎硬口蓋破擦音　13
有声歯茎硬口蓋摩擦音　13
有声歯茎破擦音　13
有声歯茎破裂音　14
有声歯茎摩擦音　13
有声軟口蓋破裂音　12
有声両唇破裂音　15
有題文　151
有対自動詞　173
有対他動詞　173

湯桶読み　87
揺れがある　51
揺れている　51
拗音　12
拗音の直音化　33
幼児語　94
様態副詞　111
与益　186
四つ仮名　34

〔ら行〕
ライマンの法則　31
ら抜き言葉　178
ラベル化　133
ラベルづけ　133
理解語彙　72, 115
六書　88
リズム　43
リピート　64
利用可能性　117
両唇　15
両唇鼻音　16
隣接性　103
「る」　168
類義語　99
類似性　103
ル形　163
ル形のテンス　163
レアリア　97
連語　101
連体詞　110
連体修飾節　142

連濁　31
連母音　11
レンマ　76
連用形　156

〔わ行〕
ワードファミリー　75
分かち書き　74
若者言葉　94
和語　91
和製英語　93
和製漢語　91
「を」　148

〔欧文〕
Balanced Corpus of Contemporary Written Japanese　105
BCCWJ　105
face-threatening act　205
FTA　205
GP分析　123
IPA　9
NINJAL-LWP for BCCWJ　105
NLB　105
Roget, Peter Mark　107
Roget's Thesaurus of English Words and Phrases　107
Verbo-Tonal Method　65
VLT　120
Vocabulary Levels Test　120
VT法　65

● 著者紹介

姫野伴子(ひめの・ともこ)　第 3 部担当
元明治大学国際日本学部教授。文学修士。専門分野は日本語学、日本語教育。著書に、『日本語教科書の落とし穴』(アルク、共著、1999 年)、『日本語文法の論点 43』(研究社、共著、2012 年)などがある。

小森和子(こもり・かずこ)　第 2 部担当
明治大学国際日本学部教授。博士(学術)。専門分野は第二言語習得、日本語教育。著書に、『中国語を第一言語とする日本語学習者の同形語の認知処理』(風間書房、2010 年)、『研究社 日本語教育事典』(研究社、共著、2012 年)などがある。

柳澤絵美(やなぎさわ・えみ)　第 1 部担当
明治大学国際日本学部准教授。博士(学術)。専門分野は日本語音声学、日本語教育。著書に、『日本語教育学研究への展望 柏崎雅世教授退職記念論集』(ひつじ書房、共著、2009 年)、『日本語多義語学習辞典 名詞編』(アルク、共著、2011 年)などがある。

日本語教育学入門
にほんごきょういくがくにゅうもん

2015 年 8 月 31 日　初版発行　　2024 年 1 月 31 日　3 刷発行

著　者　姫野伴子
　　　　小森和子
　　　　柳澤絵美

KENKYUSHA
〈検印省略〉

発行者　吉田尚志

印刷所　図書印刷株式会社

発行所　株式会社　研究社
https://www.kenkyusha.co.jp/

〒102-8152
東京都千代田区富士見 2-11-3
電話　(編集) 03(3288)7711(代)
　　　(営業) 03(3288)7777(代)
振替　00150-9-26710

© Tomoko Himeno, Kazuko Komori, and Emi Yanagisawa, 2015

装丁・レイアウト：ナカグロ グラフ (黒瀬章夫)
写真提供 (カバー)：PIXTA

ISBN 978-4-327-38471-5　C 3081　　Printed in Japan